교사
영업
기밀

초등 교사 영업 기밀

초판 1쇄 발행 2022년 2월 10일

지은이 윤지선
발행인 조상현
마케팅 조정빈
편집인 경영선
디자인 Design IF
펴낸곳 더디퍼런스

등록번호 제2018-000177호
주소 경기도 고양시 덕양구 큰골길 33-170 (오금동)
문의 02-712-7927
팩스 02-6974-1237
이메일 thedibooks@naver.com
홈페이지 www.thedifference.co.kr

ISBN 979-11-6125-338-1 (03370)

'우리 아이 이번에
초등학교 가요'라는 말에
책가방보다
먼저 사줘야 할 책

초등 교사 윤지선 지음

초등
교사
영업
기밀

더 디퍼런스

누구나 첫걸음마의 순간이 있었고
넘어졌으나 울지 않고 일어난 순간이 있었다.

학교라는 낯선 공간에서
불안과 싸워야 하는 순간도 있었고
어느새 운동장에서 친구들과
해 지는 줄도 모르고 즐겁게 놀던 순간도 있었다.

이제 어른이 된 이는 세상과 고군분투하느라
그날들에 자신이 얼마나 멋진 사람이었는지
얼마나 용감한 사람이었는지 잊었다.

그래서 내 아이가 걱정된다.
얼마나 넘어지고 부딪칠지 또 얼마나 낯설지.

아이를 키운다는 건
뾰족한 세상에서 넘어지지 않도록
손을 잡아 주고 지치고 힘들 때
말없이 안아 주는 토닥임이리라.

당신의 아이는
그때의 그대처럼 용감하고 씩씩할 것이다.
누구의 아들과 딸인가!

당신은 분명 참으로 좋은 '부모'이다

올 겨울이 모두에게 시리지 않은 계절이 되었으면 한다. 곧 꽃피는 봄이 올 테니.

선생님으로 엄마로 늘 최선을 다하며 살아왔지만 '최선'이란 정말 주관적이고 추상적인 단어라서 타인의 평가에 좌절되기도 하고 자존감이 무너져 내리기도 한다.

누군가 꽃바구니를 들고 내 앞에 꽃을 뿌려 주는 상상을 해 본다.

"네가 가는 길은 꽃길일 테니 너는 아무 걱정 없이 네가 할 수 있는 최선의 삶을 살아라!" 하고 말해 준다면 인생이 조금은 쉬울 것 같다.

난 글을 쓰면서 이 글을 읽는 독자들 옆에 꽃바구니를 들고 선 사람이고 싶었다. 다들 열심히 잘 살고 있다고 그대 가는 길이 꽃길이니 주저하지 말고 자책하지 말고 돌아보지 말고 앞으로 가시라! 응원만 하는 꽃바구니 든 여인이 되고 싶었다.

누구나 한번 사는 인생. 내 앞에 문제는 수천, 수만 가지고 그 답을 찾는 정답지도 수천, 수만 가지다. 경우의 수는 많고 거기에 운이나 경제적, 사회적 환경도 작용한다. 내 의지대로 안 되는 일도 있고, 어쩌다 행운이 찾아와 줄 때도 있다.

당신의 오늘은 세상 누구나 아는 역사가 되지는 않겠지만 한 걸음 한 걸음이 당신과 당신 가족의 역사가 될 것이다. 내 아이가 그걸 알 것이고 내 아이가 내가 만들어 놓은 길을 밟고 나보다는 조금 더 편하게 그들의 역사를 만들어 갈 것이다.

그러니 부모들이여!

너무 자책하고 고민하지 않았으면 좋겠다.

지금 아이 곁에 함께 있는 당신의 존재 자체가 아이에게는 축복과도 같은 일일 테니 말이다.

우리는 지금 동화 속에 살고 있는 지도 모르겠다.

'왕자와 공주는 행복하게 살았습니다.'

우리는 그 후의 이야기를 만들어 가고 있다. '그런데 왕자와 공주는 서로 잘 맞지 않아 싸우는 일이 많았습니다'라든가, '왕자와 공주는 그들을 닮은 아이를 낳고 잘 살았습니다'라든가, '왕자와 공주는 아이를 낳았으나 서로의 교육관이 달라 부딪치는 일이 많았습니다'라든가 하는 것 말이다.

우리는 해피엔드 동화에 열광하고 내 삶도 해피엔드의 삶이길 바란다. 그러나 결국 '~해서 ~됐다'는 누가 만들어 준 인생이다. 사는 동안 내가 만들어 가는 인생, '왕자와 공주는 부딪칠 일도 많았지만 그들을 닮은 아이를 낳아 최선을 다해 키우면서 행복하게 사는 중입니다'는 어떨까?

난 우리의 인생이 끝을 의미하는 해피엔드가 아니라 현재 진행 중인 해피엔딩이 되길 바란다.

우리의 인생은 유한하지만 끝은 알 수 없고 끝날 때까지 끝난 게 아니다. 매번 좌절의 순간에 당신 곁에 있어 줄 가족과 당신만을 바라보는 당신의 사랑스러운 아이를 생각하길 바란다. 때로는 그 아이가 인생 최대의 난제가 되는 고비도 넘기겠지만, 당신 곁엔 당신을 응원하는 꽃을 든 여인이 지켜 줄 테니 마음을 조금은 편히 가져 보면 어떨까 감히 고백해 본다.

여러분 가는 길이 가시밭길이라면 누군가는 가시밭을 정리하고 있을 테고 누군가가 없다면 내가 낫을 들고 가시밭을 헤쳐 나가면 된다. 진흙탕으로 발이 푹푹 빠지는 길이라면 내가 뒤에 올 누군가를 위해 징검다리를 놓는 사람이면 된다. 앞길에 무엇이 있느냐보다 내 아이가 살아갈 인생을 내가 먼저 살면서, 그들이 조금은 더 행복한 세상을 살 수 있게 노력하는 삶을 산다고 생각하면 마음이 조금은 편안해지지 않을까?

부르기만 해도 가슴 따뜻해지는 '부모'라는 단어. 당신은 여자이고 남자이고 나쁜 사람이고 좋은 사람이고 회사원이고 주부이고 사회적 타이틀은 모두 다르겠지만 '부모'임을 명심해라!

당신이 울면 아이가 아프다. 당신이 쓰러지지 않고 지치지 않고 주저

앉지 않고 앞으로 나아갈 수 있게 용기를 준 건 분명 당신 인생 최대의
난제인 '아이'일 것이다.
　이 글을 읽는 당신은 분명 참으로 좋은 '부모'이다.

　사랑하는 나의 부모님, 사랑하는 나의 가족, 나에게 영감을 주는 소빈,
준우 사랑스러운 내 아이들에게 감사하며….

새날의 기운을 모아

윤지선 올림

차례

CHAPTER. 1

엄마 교사 편

CHAPTER. 2

교사 엄마편

엄마
교사편

"당신의 교육 철학은 무엇인가요?"

인생은 어떤 일이 언제, 어디서 튀어나올 지 모르는 '두더지 잡기 게임'이다. 두더지 잡기를 재미로 하는 사람이 있는가 하면 기계와 한판 붙을 기세로 열심히 임하는 사람도 있다. 인생이 두더지 잡기가 아니라 오뚜기처럼 한 대 치면 다시 올라오고 또 올라오는 '펀치게임'이라면 더 열심히 도전해 볼 만할까?

tvN 예능 프로그램 <유 퀴즈 온더 블럭>을 보는데, 진행자 유재석 씨가 한 말을 듣고 뜻밖의 고민거리가 생겼다. 그는 방송에서 과거에 겪은 에피소드를 털어놨다.

"제가 그래도 방송을 꽤 할 때인데, 매니저였던 분이 저한테 그러는 거예요. '너는 다 좋은데 카리스마가 없어' 하면서 몇몇 방송인을 말하더라고요. 그러면서 '너도 그 사람들처럼 카리스마를 가져 봐' 하고 충고하셨어요. 그때는 매니저 형님이라 알겠다고 대답했죠. 그런데 내가 갖고 싶지 않은 걸 왜 나한테 강요하지, 내가 가진 많은 장점을 놔두고 또 다른 무언가를 찾아서 나를 괴롭히는 건 스스로 자존감을 떨어뜨리는 아주 최악의 길이라고 생각했죠."

머리를 띵 맞은 것 같았다. '누군가는 우리나라 최고의 예능인에게 카리스마를 가지라 말하고, 또 그 최고의 예능인은 내게 카리스마는 필요 없다고' 말한다. 카리스마가 있으면 무조건 존재감 있고 멋져 보일까? 그렇다면 유재석 씨에게는 카리스마가 없을까? 꼬리에 꼬리를 무는 의문이 생겼다. 카리스마가 없어도 충분히 멋진 사람에게 그것을 가지라고 말하는 이유는 무엇일까?

필자는 교사로서 나를 되돌아보았다. 나는 과연 아이들에게 어떤 것을 가지라고 요구했던가? 그것이 그 아이에게 꼭 필요했을까? 이미 장점이 많은 아이에게 세상 살아가는 데 굳이 필요 없는 치렁치렁한 액세서리 같은 어떤 것을 더 갖추라고 요구하는 선생님은 아니었을까?
인생이 '두더지 잡기 게임'이라면, 우리는 경우의 수를 대비하지 못할까 봐, 온갖 장비를 갖추고 계획과 준비를 하면서 무장하듯 살아가는 건 아닐까? 경우의 수에 공부도 인간관계도 재산과 명예도 해당될 것이다. '혹시 우리 아이가 2학기 교과 과정을 선행하지 않아서 혹은 다음 학년 것을 선행하지 않아서 공부에 어려움을 느끼지 않을까?', '엄마인 내가 적극적으로 나서 주지 않아서 다른 아이보다 공부를 못 하는 걸까?', '내가 아이에게 너무 자유를 주지 않아서 아이가 친구 관계에 어려움을 느끼는 건 아닐까?' 어디 램프의 요정, 지니 같은 사람이 있다면 붙잡고 물어보고 싶을 때가 한두 번이 아니었을 것이다.

부모도 선생님도 아이도 모두 처음 사는 인생이다. 해답은 없고 해야 할 일은 많다. 우리 아이를 어떻게 키워야 할지, 굳이 필요 없는 화려한 것들로 아이를 채우려고 달리고 있지는 않은지, 내 아이에게 꼭 필요한 삶의 무기는 무엇인지, 과연 내 아이를 어떻게 키워야 할지 고민하고 또 고민해 보자.

초등
친구 사귀기 입문 편

엄마인 나는 항상 내 아이에게 미안하다.

KBS2 드라마 〈동백꽃 필 무렵, 2019〉에 이런 대사가 있다.

"자식은 늘 아홉을 뺏고도 하나를 더 달라고 조르는데
부모는 열을 주고도 하나가 더 없는 게 가슴 아프다."

모든 부모의 마음속에는 미안함이라는 업보가 숨어 있는 것 같다. 필자가 교사로 학부모 상담을 하면 열에 아홉의 학부모는 상담 중 눈물을 보인다. 교사도 엄마이기에 학부모가 울면 그 마음에 함께 눈물을 흘리곤 하는데, 얼마나 많은 밤 홀로 외롭게 고민했을지 고독했을지 그 마음이 보여서 더 아프다. 모범생의 부모님은 아이가 반듯하게 자라는 것이 자신의 잔소리나 어떤 강박 때문이 아닐까 고민하며 울고, 장난꾸러기 부모님은 아이를 잘 못 키운 자신을 탓하며 운다.

그런데 말이다. 이렇게 상담 중 우는 분들은 정말 모두 훌륭한 부모다. 무엇이 문제인지를 깊이 고민하며 수많은 불면의 밤을 보냈기에 가능한 짜디짠 눈물이 그 증거가 아니겠는가? 진짜 소통이 필요한 아이의 부모는 상담 신청 자체를 하지 않거나 자신의 아이는 전혀 문제가 없다며 교사의 조언을 깔아뭉갠다. 당신이 최소한 아이의 문제에 고민해 본 엄마라면 당신은 충분히 훌륭한 엄마임을 명심해라!

친구 관계의 기틀, 3월 초 하굣길

자 이제 아이들은 초등학교에 입학했고 일정 부분 엄마의 손을 떠났다. 하지만 단언하면 오산이다. 1학년은 친구 관계의 기틀을 마련하는 중차대한 시기이다. 브런치의 여유는 아이가 유치원에 다닐 때 까지다. 1학년 아이는 빠르면 12시 전후, 늦으면 1시 전후에 하교한다. 물론 연계해서 학원을 다니기도 하지만 1학년 1학기에는 스케줄 관리가 필요하다.

1학년은 모든 것이 처음이라 실내화 갈아 신는 일도 비 오는 날 우산을 접고 펴는 일도 터널처럼 긴 복도를 지나 화장실에 가야 하는 일도 어렵다.
혹시 직장을 다니는 엄마라면 이 시기의 휴직을 고려해 보시길 바란다. 내가 워킹맘이라 아직 아이들 엄마의 커뮤니티에 끼지 못했다면 이 시기가 마지노선임은 틀림없을 테니까 말이다.

1학년 엄마들은 축구 클럽을 조직해서 코치 선생님을 모신다거나 키즈 카페를 빌려 생일 파티를 하기도 한다. (코로나 시국에는 대면 접촉을 최소화

하며 비대면으로 진행하는 일이 많아 오프라인 모임보다는 온라인 커뮤니티를 중심으로 친목을 다진다.) 이 시기의 엄마 커뮤니티는 유모차 시기부터 단단히 올라온 조직일 수도 있지만 나처럼 그 앞 시기를 다 놓친 엄마들의 각개 전투 현장일 수도 있다.

먼저 3월 1~2주 학교 정문 앞 상황을 조금 설명하자면, 1학년 입학 시기에 맞춰 많은 학원에서는 아이들 유치 경쟁을 벌인다. 이미 2월에 학원을 선택한 엄마들도 있겠지만 학교도 낯선 아이들을 학원 차에 바로 태워 보내는 엄마들은 많지 않다. 부득이 휴직할 수 없는 워킹맘들이나 하교를 도울 수 없는 전업 맘들은 아이를 픽업 가능한 학원에 보내고 학교에서 운영하는 돌봄 교실에도 보내겠지만, 3월 초에는 엄마가 못 나오면 조부모님이 나오셔서 하교를 돕는다. 그래서 실질적으로 3월이 아니면 학부모들 얼굴을 볼 수 있는 시간이 많지 않다.

이렇게 1~2주가 지나면 합기도, 태권도, 피아노, 발레, 미술 등 수많은 학원에서 아이들을 픽업해 간다. 그러면 내 아이도 그 학원행 버스에 올라타거나 엄마와 놀이터로 외로운 발걸음을 옮겨야 한다.

자~! 3월 초의 설렘과 어수선함이 잔뜩 묻어 있는 학교로 아이를 마중 나가 보자!

매일 10분 정도 서둘러 나간다. 이때 절대 핸드폰에 코를 박고 있으면 안 된다. 학교 주변의 위험 시설도 보고 주변의 엄마들 성향도 스캔해 본다.

어떤 엄마는 혼자 서 있기도 하고 어떤 엄마는 이미 친해진 무리와 이야기를 나누고 있을 것이다. 이삼일 내 아이가 하교할 때 내 아이에게 인사를 건네거나 내 아이가 인사를 건네는 아이의 이름을 외워 두자! 그 아이의 엄마가 와 있다면 금상첨화이다. 학교에 놀이터가 있다면 3월 초에는 학교 놀이터에서 10~20분 놀리면 1학년 아이들과 엄마들을 만나 볼 수 있다. 내 아이가 사교적이라면 그곳에서 분명 친구를 만들어 와 내가 노력하지 않아도 엄마들과 눈인사 정도는 하게 해줄 것이다.

그러나 보통의 아이는 그렇게 사교적이지 않을 것이다. 그렇다면 내 아이와 잘 노는 아이, 내 아이 주변의 아이에게 친절하게 다가가고 그 아이의 엄마에게 눈인사를 건네 보자! 매일 하굣길에 만나는 사이라면 눈인사 속에 대화가 오갈 것이다.

> "저희 개똥이가 소똥이 얘기 많이 하더라고요", "저희 개똥이가 그러는데 소똥이가 엄청 달리기(장점)를 잘한다고 하더라고요"라는 식으로 칭찬하며 친분을 쌓아야 한다. 그러면서 자연스럽게 "소똥이는 어느 학원 보내세요?" 하며 공통 관심사로 주제를 좁힌다. 그러다 보면 우리 개똥이에게 소똥이라는 친구가 생겨 있을 것이다.

3월 하굣길을 스캔하는 또 다른 이유는 아이들이 어느 학원을 얼마나 다니는지를 내 눈으로 확인할 수 있기 때문이기도 하다. 원장님의 행동이나 말투를 알 수 있고 그곳에 다니는 아이들의 성향은 어떠한지도 한눈에 보인다. 그럼 내 아이도 어느 학원에 보낼지 감을 잡을 수 있다. 그곳에서는 아이가 스스로 친구를 사귀어 올 것이다.

그러나 내 아이가 친구 사귀기를 어려워한다면 혹은 그 시기를 안타깝게 놓쳤다면 부모와의 시간, 형제와의 시간에서 안정감과 사회성을 길러 주면 된다. 차분히 앉아서 하는 보드게임과 책 읽기, 소소한 에피소드로 자연스럽게 대화를 나누는 것만으로도 오늘 우리 아이는 행복한 아이로 한 뼘 더 자라고 있을 것이다.

1학년에 왕따는 없다

취학 아이를 둔 대부분의 학부모는 아이의 학습보다는 학교 적응을 가장 걱정한다. 학부모 상담 시 가장 많이 묻는 질문이 친구 관계이고 그다음이 아이의 학습 태도이다. 학교 폭력과 왕따 문제가 심각한 사회적 이슈로 떠오르는 시기이니, 교사 엄마인 필자도 이 부분이 가장 걱정인데 학교라는 낯선 곳에 자녀를 보내는 엄마는 얼마나 더 걱정스러울까?

'내 아이가 왕따가 되지는 않을까?'
답을 하자면 내 아이도 왕따가 될 수는 있다.
그렇지만 1학년 때는 아닐 가능성이 크다.
1학년 아이들은 타인에게 신경 쓸 여력이 없다.
아무리 유치원 때 날고 기던 아이라도 내 몸 하나 건사하기도 벅차다.

유치원보다 확장된 공간, 체계적인 시간표, 엄격한 규칙과 규율, 낯선 선생님과 친구들, 장소마다 붙어 있는 생경하고 어려운 단어가 주는 중압감. 아무리 쎈 아이도 이 시기에는 긴장한다. 물론 오해는 마시라! 아이들이 긴장해서 바르게 앉아 있거나 조용히 앉아 수업에 집중한다는 이야기는 아니다.

교사들에게 1학년은 기피 학년이다. 1학년 교실에 공자나 맹자를 1시간 더도 덜도 말고 딱 1시간만 앉혀 놓으면 그들은 말할 것이다.

"나 그냥 돌아갈래~!"

필자도 대학 시절에는 교사가 오르간을 치면 아이들은 종달새처럼 노래를 부르는 교실을 상상했다. 아이들은 귀를 쫑긋 세우고 천진한 미소로 그림처럼 앉아 수업에 집중하는 교실 풍경 말이다. 그때 이미 선생님이 된 선배들은 희망 찬가를 부르는 후배에게 차마 교실의 실상은 말해 주지 않았다. 코딱지를 파서 맛보거나 바지에 대변 실수를 하는 아이들의 그것을 살뜰히 챙겨 줘야 한다는 사실 같은 것 말이다. 교실의 실상이 밝혀지면 초등 교사의 맥이 끊어질까 염려하는 애교심에서였을지도 모르겠다. 그저 "네가 교사가 되어 보면 알 거다" 하며 혀를 끌끌 찼을 뿐. 그때 왜 나는 눈치채지 못했는가? 교사라는 직업은 인생에서 가장 불완전하고 철없는 시기인 '어린이'라는 존재를 상대하는 직업이라는 것을….

1학년 교실은 귀는 열려 있으나 옹알이만 하는 신생아 30명을 모아 놓은 토크 배틀의 장이다.
누가 보든 말든 코딱지를 파고 심지어 코딱지의 맛을 음미하기도 하며 모든 교과서의 상황은 자신이 경험한 과거의 추억이라며 교사의 말끝마다 손을 들고 말한다.

"저요, 저요. 저 가 봤어요. 저 해 봤어요."

"오늘 뭐 할 거예요?"

"근데 오늘 국어 시간에 뭐 해요?"

고장 나 하나의 구간만 반복되는 카세트 플레이어. 아무말 대잔치의 현장. A4 용지를 반으로 접으라고 하면 가방에 넣기 좋게 가로 면을 접어 작게 만들지 않고 세로 면을 길게 접어 버리는 패기의 현장.

맨 앞자리 개똥이에게 그 분단 인원 수만큼 가정통신문을 나눠 주고 뒤로 넘기라고 하면, 개똥이가 한 장을 갖고 나머지 장을 뒤로 넘기는 것이 아니라 종이를 앞면에서 뒷면으로 넘기고 가만히 앉아 있는 전달 시스템 파괴의 현장.

엄마가 너무 보고 싶어 우는 소똥이와 '일 더하기 오'를 모르겠다고 우는 말똥이가 있는 대통곡의 현장.

이런 현장에서는 모두가 각개 전투다. 아이도 교사도.

요즘 1학년 아들과 손을 잡고 집으로 걸어오면서 매일 대화를 나눈다.

"준우야, 오늘 학교에서는 뭘 배웠어요?"

"국어 시간에 한글도 배우고 칼림바도 배우고 롤린 춤도 췄어요"

"재미있었어요?"

"네!"

"여름 시간에는 어떤 걸 배웠어요?"

"친구가 뭘 좋아하는지, 친구가 어떤 걸 하는지 배웠어요."

아들에게 여름 과목과 친구 사이에 무슨 연관 관계가 있는지 묻고 싶었지만 꾹 삼켰다. '여름과 친구라….'

1학년은 배울 것도 많고 알아야 할 것도 많다. 바른 자세로 40분 수업을 하고 10분간의 쉬는 시간에 화장실도 가고 친구랑 이야기도 하고 다음 시간 준비도 해야 한다. 흥에 겨워 복도에서 뛸라치면 선생님의 불호령이 떨어진다. 1교시는 국어, 2교시는 수학을 했는데 3, 4교시는 미술을 한단다. 색종이, 가위, 풀을 좁은 책상 위에 옹기종기 모아 놓고 선생님 말씀에 귀를 기울여야 한다. 종이 치면 마무리해야 하는데 작품을 완성하려면 시간이 촉박하다. 성급히 하다 작품을 망치기도 한다.

실제로 대부분 아이들의 미술 작품은 용두사미로 끝나는 일이 많다. 아이들은 2시간의 미술 시간을 굉장히 긴 시간으로 생각한다. 그러나 학교에서 진행하는 2시간은 40분씩 두 번, 1시간 20분이고 아직 가위질 등 미세한 조작 활동이 어려운 아이들에게는 그리 긴 시간이 아니다. 그러나 아이들은 그걸 깨닫기에는 아직 어리다.

그래서 1학년 교사는 랩을 발사하듯 작업의 순서를 수십 번은 말해야 한다. 그렇지만 자기 중심성이 강한 저학년 아이들은 교사가 아무리 이야기를 해도 처음부터 적극적으로 열심히 하지는 않는다. 유심히 듣지 않아서 잘 모르기도 한다. 1번 문제를 풀고 2번 문제를 풀어야 하는 도식화되고 체계적인 수학 시간을 지나고, 꽃을 먼저 오리든 나무를 먼저 오리든 분홍색을 칠하든 파란색을 칠하든 자신에게 주어진 자유를 어떻게 사용해야 할지 몰라서 그럴 수도 있다. 코도 파야 하고 다른 친구의 작품도 참견해야 하고, 물도 마셔야 하고 창밖도 봐야 하고 지우개 가루를 모아 지우개 가루 똥도 만들어야 하기에 바쁜 것일 수도 있지만 말이다.

이제 급식실로 점심을 먹으러 간다. 놀이동산 바이킹 줄처럼 느껴질 화장실 앞

긴 줄에 서서 새치기의 유혹을 뿌리친 아이는 힘들게 손을 씻고 수저, 젓가락과 무거운 급식판을 스스로 들고 또다시 줄을 서서 배식을 받는다.

앉아 있으면 선생님이 급식판을 가져다 주시거나 소인수가 모인 교실에서 몇 발자국 걷기만 해도 급식판이 채워지던 유치원의 친절한 시스템은 없다. 짝꿍이나 반 친구들의 먹는 속도를 신경 쓰며 너무 느리게도 너무 빠르게도 아닌 식사를 마친다. 교실에 가서 알림장을 쓰고 주변 정리를 하고 하교한다.

아이는 오늘 국어, 수학, 미술도 배웠지만 기다리는 법을 배웠고, 시간을 어떻게 효율적으로 사용하는지를 배웠고, 내가 질서를 잘 지키고 남들과 속도를 맞춰야 하교가 제시간에 이루어진다는 것도 배웠다.
정말 숨막히는 여덟 살 인생의 하루다.
매일이 새롭고 매일이 긴장되는 상황에서 친구를 미워하거나 친구를 이유 없이 왕따를 시킬 수 있는 초강력 멘탈을 가진 여왕벌을 아직 필자는 만나 보지 못했다.

단, 2학기에 유난히 적응력이 빠른 날고 기는 아이가 생겨날 수 있겠다. 그런데 너무 걱정하지는 마시라! 여왕벌도 무리가 없으면 그냥 조금 기 센 아이일뿐 아직 펄럭일 날개를 펼칠 수는 없으리라!

1학년 학부모들이여!
아이가 학교에 들어가서 왕따를 당할까 전전긍긍하지 말고, 아이의 학교생활에 집중해라. 오늘은 뭘 공부했는지, 어떤 친구의 이름을 알게 되었는지, 급식으로 어떤 음식이 나왔고 어떤 음식이 맛있었는지, 미술 시간에 만든 작품은 어떤 이야기를 담고 있는지, 피곤하지는 않은지, 덥거나 춥지는 않은지.

1학년 학부모의 고민은 이 정도로 충분하다. 1학년 교사는 대부분 베테랑이니 교사를 믿고 가자!

그리고 또 하나 내 아이의 확장력을 믿어라! 이제 엄마가 놀이터에서 아이들에게 얼린 요구르트를 나눠 주며 내 아이에게 친구를 만들어 주던 시기는 지났다. 미취학 시기의 요구르트 영업처럼 부모가 나서서 친구 관계에 지나치게 개입하거나 '내 아이를 해하는 모든 것은 내가 해결해 주겠어!' 하는 식의 전전긍긍에서 벗어나야 한다. 이미 여덟 살 내 아이는 수업 시간과 쉬는 시간의 구분을 아는 아이가 되었고, 토끼를 좋아하는 나와 달리 사슴을 좋아하는 짝꿍이 있다는 것을 알게 되었고, 급식에서 내가 싫어하는 나물이 나와도 한 젓가락 정도는 씩씩하게 씹어 용감한 여덟 살의 위용을 선보인다.

내 아이는 숨 쉬듯 확장하고 있다. 그게 사고력이든 친화력이든, 문제해결력이든. 내 아이의 확장력을 믿어 보는 1학년을 보내 보자! 그때가 아이 학령기에서 최고의 황금기였다는 걸 고학년이 되면 알게 될 것이니.

맞선 자리 같은 1학년 친구 사귀기

'낯선 교실 낯선 환경에서 우리 아이는 친구를 어떻게 사귈까?', '우리 아이만 외톨이처럼 지내지 않을까?'

맞다. 당신의 아이가 외톨이처럼 지낼 수도 있다. 그러나 대부분의

1학년 아이는 외톨이처럼 지낸다. 물론 몇몇 여자아이가 친구와 손잡고 화장실을 가거나 오지랖이 넓은 친구들이 남의 학습에 감 놔라 배 놔라 하기도 하지만 대부분은 자기만의 세계 속에 있다.

3월이 지나고 4월이 될 즈음 낯선 공간이 편안해졌을 때 비로소 '교실에서의 나'를 인식하기 시작한다. 그때 즈음엔 친구를 알아 가는 활동도 활발히 한다.

실제 1학년 1학기 『봄』 '학교에 가면' 단원의 '친해지고 싶어요'를 보면 정말 적극적으로 친구에 대해 알아 가는 활동을 한다. 아이들은 이제 환경에 적응하고 내가 아닌 타인을 향한, 타인과의 관계에 관심을 갖는다.

"어디에 사니?"
"어떤 동물을 좋아하니?"

「봄」(통합) 교과서 학습 과정에 맞춘 활동지

"어떤 계절을 좋아하니?"

"어떤 과일을 좋아하니?"

"어떤 동물을 기르고 싶니?"

"생일은 언제니?"

"너는 형이나 동생, 누나나 오빠가 있니?"

"너는 운동을 잘하니? 어떤 운동을 잘하니?"

"너는 어떤 음식을 좋아하니?"

이것은 마치 어색한 맞선 자리에서나 나올 것 같은 질문이지만 아이들은 친구에게 질문하고 대답을 받아 적으면서 그 친구를 이해하게 된다.

또 친구들 앞에서 내 짝꿍을 소개하며 받아 적은 내용을 발표하는데 그러면 내 짝꿍은 이제 '나만 아는 친구'가 아니라 우리 반 전체 30명의 친구가 '잘 아는 친구'가 된다. 내 짝꿍이 나에게 질문한 '나'에 대한 내용도 반 친구들 앞에서 발표하는데, 그럼 다른 친구들도 내가 어떤 동물을 좋아하고 어떤 음식을 싫어하는지 운동을 잘하는지 못하는지를 알게 된다.

이런 활동이 끝나면 교사는 반 전체를 대상으로 퀴즈를 낸다. 방금 들었던 친구들에 대한 정보로 스무고개 활동도 하고 '토끼를 좋아하는 사람?', '언니나 누나가 있는 사람?' 같은 질문도 하며 참여를 이끌어 낸다. 이런 활동을 1~2시간 정도 하면 아이들이 낯설었던 친구의 이름과 그 친구가 사는 집, 형제 관계, 그 친구의 호불호 음식까지 알 수 있게 된다.

그런데 이럴 때 꼭 복병이 있다. 선택적 함구증. 너무 쑥스러운 개똥이, 자기가 뭘 좋아하는지 아직 정하지 못한 소똥이. 이런 친구들이 대답을 잘해 주지 않으면 마음 급한 짝꿍은 화를 내거나 소똥이, 개똥이를 다그친다. 그럼 얌전했던 개똥이, 소똥이도 화나서 싸우기도 하고 교사가 즐겁게 마련한 친구 만들기 게임은 하지도 못한 채 개똥이, 소똥이와 짝꿍을 어르고 달래고 혼내느라 많은 시간을 보낼 수도 있다. 1학년 교실은 정말 장담할 수 없는 공간이다.

필자가 1학년 담임일 때 친구들의 이야기를 듣고 스무고개 퀴즈를 낸적이 있다.

"이 친구는 형이 있어요."

"이 친구는 바나나를 좋아해요."

이 정도 나오면 그 친구에게 질문했던 그 친구의 짝꿍이 유력한 정답자 후보이나 그가 수줍음을 많이 타는 아이라면 알아도 대답하지 않는다.

"조금 더 힌트를 주면, 이 친구는 토끼를 좋아해요."

그래도 정답자가 없다면 교사가 아는 것을 덧붙인다.

"이 친구는 안경을 꼈어요."

"이 친구는 지금 마블 시리즈 그림의 티셔츠를 입고 있네요."

그럼 이제 너도 나도 손을 들고 주인공 친구 이름을 외친다.

보통 교사는 약간 소심하거나 소외되었다고 생각하는 친구를 스무고개 문제의 주인공으로 만든다. 그런데 웃기게도 정답을 외치는 친구들의 답은 절대 우리 반 친구만은 아니다. 다른 반 친구의 이름도 나오고 자신의 형 이름도 나오고 만화 캐릭터 이름을 외치기도 한다. 그야말로 아무말 대잔치다.

1학년 1학기『여름』1단원은 '우리는 가족입니다'인데, 이 단원에서는 가족사진을 소재로 사진의 주인공을 맞혀 보는 활동도 한다. 아이들은 주로 어린 시절의 사진을 가지고 오기 때문에 생각보다 잘 맞히지 못해 엉뚱한 친구의 이름을 불러 웃음을 자아내기도 한다.

1학년 2학기『가을』1단원은 '내 이웃 이야기',『겨울』1단원은 '우리의 겨울'이다. 봄에 나를 둘러싼 환경인 '학교'와 '친구'를 배우고, 여름에는 '가족', 가을에는 '이웃', 겨울에는 학년과 4계절을 마무리한다.

혹시 눈치챘는가?

1학년 통합 교과는 내 가까운 환경, 나로부터 친구, 가족, 이웃으로 점차 사고와 공간을 확장한다는 것을 말이다. 교과서 진도도 다 이런 의미로 설계되었다.

착한 놈들은 끝없이 백업된다

필자가 2학년 담임 시절 우리 반에는 별님이라는 '울보' 아이가 있었다. 정확하게는 '울보'라는 꼬리표가 붙어 온 아이였다. 별님이의 1학년 담임 선생님께서는 필자의 손을 꼭 잡으며 가여운 눈길을 건네주셨고 별님이에게 하지 말아야 할 교사의 언행을 설명해 주셨다.

이 아이로 말할 것 같으면 친구의 사소한 잘못에도, 교사의 어색한 눈길 한번에도 울기 시작하는데 우는 정도가 전교를 집어삼킬 만큼이었다고 한다. 아이가 대성통곡을 시작하면 그 반뿐 아니라 옆 반 수업이 진행되지 못할 정도로 소리가 컸고, 옆 반 친구들은 별님이의 울음소리로 불안에 떨어야 했다고 했다. 한마디로 '전설의 울보 1학년 아이'였다.

별님이는 2학년이 되어서도 늘 울 준비를 하는 것처럼 보였다. 너무 울다 보니 1학년 때 친구를 잘 사귀지 못해 겉도는 것처럼도 보였다. 아직 어리지만 자신의 존재가 민폐가 될 수 있다는 걸 아는 아이는 수줍고 소심했다.

그러나 별님이는 반짝반짝 빛나는 아이였다. 작은 칭찬에도 씩 웃어 주는 마음이 고운 아이였다. 저학년 아이들은 자꾸만 친구의 일에 간섭하는데 어느 만들기 시간에 별님이가 분홍 색종이로 펭귄을 접고 있었다. 참견쟁이 개똥이가 "선생님 별님이가 펭귄을 핑크색으로 접어요" 하고 이른다. 그럼 이미 별님이의 눈에서는 눈물이 떨어지려고 한다. 영화 〈미션 임파서블〉에서 톰 크루즈가 밧줄에 매달려 땀 한 방울의 스릴을 선사했던 것처럼 필자의 긴장도는 이루 말할 수 없었다. 울면 그치지 않는 별님이의 습성을 알고 있어서였다. 교사의 한마디가 중요했다. 최대한 침착하게 이건 마치 사탕을 까서 먹거나 비누로 손을 씻는 것처럼 당연한 일인 듯 행동해야 한다.

"어머 우리 별님이가 정말 창의력이 뛰어나구나! 선생님은 생각지도 못했는데 펭귄이 핑크 옷을 입으면 얼마나 잘 어울릴까? 매일 검정 옷만 입어야 하는 펭귄들은 가끔 이렇게 예쁜 옷도 입고 싶을 거야. 오늘 펭귄이 친구 생일잔치에 초대받았나 보다" 하고 자연스러운 호들갑을 떤다.

또 한 명 신경 써야 할 개똥이. 머쓱할 개똥이에게는 "개똥아~! 우리 개똥이는 친구에게 정말 관심이 많구나. 앞으로 우리 별님이가 힘든 일이 있을 때는 우리 개똥이가 선생님께 알려 주는 거야. 우리 개똥이가 별님이 보디가드네! 멋지다" 이런 식의 멘트도 날린다. 그럼 두 아이 모두 만족스러운지 씩 웃는다.

두 아이는 보이지 않는 연대로 이미 '놀리는 자'와 '놀림 받는 자'가 아니라 '친구'가 되어 있다.

필자가 '울보' 공주님을 맡는 동안 정말 다행히도 이 아이는 한 번도 운 적이 없다. 비결이라면 별님이가 하교하기 전에 늘 마음을 담아 듬뿍 칭찬했다는 정도이다.

"선생님은 오늘 별님이가 너무 예뻤어. 별님아! 넌 어쩜 이렇게 예쁘니. 너희 엄마는 참 좋으시겠다. 선생님은 오늘도 잘 보낸 별님이가 정말 자랑스러워! 별님이는 웃는 모습이 사랑스러우니까 내일은 더 많이 웃어 줘!"

이렇게 잘 웃는 우리 반 '울보' 공주님은 얼마나 힘든 1학년을 보냈을까? 스트레스에 반응해 분비되는 물질이라는 '코르티솔' 호르몬은 얼마나 이 아이를 괴롭혔을까? 학교에서 하루도 빠짐없이 대성통곡을 하는 1학년. 흔치 않지만 가끔 이런 울보들도 있다.

울보뿐 아니라 아직 복도에서 교실로 들어가기 싫다는 1학년도 있고, 매일 창문만 보며 친구와의 관계를 만들지 못하는 1학년도 있다. 그럼 이 아이들은 2학년 여왕벌에 맞설 친구 그룹을 형성하지 못하기도 한다. 하지만 우리에게는 시간이 많이 남아 있다. 아이라는 세계는 눈빛 한번에도 '우정'을 나누는 친화력이 있기 때문이다.

42.195km를 달리는 마라톤의 세계 신기록은 2시간 1분 정도라고 한다. 누가 마의 2시간을 깰 것인가도 육상계에서는 초미의 관심사이다. 곧 그 기록은 깨질 것이다. 그 긴 거리를 인간은 가벼운 운동화 하나만

신고 2시간에 정복할 것이다.

1학년의 친화력은 마의 2시간이 아니라 2초면 충분할 수도 있다.
1학년은 잠시 화장실에서 내 뒤에 줄 서 있는 아이와 몇 마디 주고받아도 그 아이는 내 친구가 되고, 미술 시간에 다정히 풀을 빌려준 옆자리 아이와 둘도 없는 친구가 된다. 아이들의 친화력은 빛의 속도로 강하다는 걸 명심하자.

또 아이들의 측은지심(惻隱之心)과 수오지심(羞惡之心)은 어떤가?

1학년 아이들은 수업 중에 유치가 많이 빠지는데 친구의 유치가 빠지면 반 친구 모두가 치과 의사가 된다. 휴지를 가져다주고 긴급 이송이 필요한 환자처럼 서로 보건실로 그 친구를 에스코트하겠다고 한다. 교실에 남은 아이들은 수술실 밖에서 간절히 마취에서 깬 가족이 건강한 모습으로 나오길 기도하는 사람처럼, 유치 빠진 친구를 걱정한다.

"선생님 소똥이 괜찮아요?", "선생님 저도 이빨 4개 빠졌어요.", "저는 6개 빠졌어요.", "저는 하나도 안 빠졌어요."

물론 이렇게 유치가 몇 개 빠졌는지 기네스북에 등재하려는 사람처럼 적극적으로 자신의 유치와 영구치의 숫자 배틀도 하지만 말이다. 이렇게 그들은 친구가 된다. 유치 한 개도 안 빠진 아이들끼리 동질감을 느끼고 보건실에 데려다 준 개똥이와 이 빠진 소똥이가 친구가 되고, 휴지를 가져다준 친구는 유치 빠진 친구에게 괜찮냐고 이야기하면서 그들은 스며들 듯 친구가 되는 것이다.

마라톤보다 훨씬 긴 인생의 코스에서 이제 첫발을 내딛은 아이들이다.

넘어지기도 하고 무릎에서 피가 나기도 할 것이다. 그런데 그때 학교에서는 선생님이 상처를 치료해 줄 것이고 입김을 호호 불며 어루만져 줄 것이다.

필자가 좋아하는 드라마 대사가 있다.
"나쁜 놈은 100 중에 하나 나오는 쭉정이지만은 착한 놈들은 끝이 없이 백업이 된다." <동백꽃 필 무렵, 2019>

세상에는 나쁜 사람보다는 좋은 사람이 더 많지 않은가? 학교도 마찬가지다. 나쁜 아이들에게 내 아이가 힘들어할 것을 생각하지 말고 좋은 아이들 속에서 내 아이의 친구 관계가 넓어질 교실 풍경을 상상해 보자. 여행지에서 처음 보는 사람과 가볍게 인사를 나누거나 이방인인 내가 길을 물어볼 때 건네는 따뜻한 사람들의 눈빛. 학교도 마찬가지다. 측은지심과 수오지심이 있는 개똥이와 소똥이가 있는 곳, 울고 웃고 짠내 나며 시큼하고 쓴맛보다는 어우러져 사는 달콤한 향이 가득 한 곳이다.
　내 아이의 1학년에 엄마가 너무 겁먹지는 말자.

한글을 익히고 입학하자

진단 평가와
1학년 발달 과업

3월 첫째 주에는 아이들의 실력이 어느 정도인지 진단 평가를 본다. 문제는 매우 쉽다. 아이가 2학년이라면 1학년 수준의 평이한 문제를 3학년이라면 2학년 수준의 평이한 문제를 낸다. 보통은 올백을 맞으니 우리 아이가 올백을 맞았다고 너무 좋아할 필요는 없다. 문제가 매우 쉽다.

　문제는 이 쉬운 시험에서 60점 미만을 맞은 아이들이다. 이 아이들은 기초 학습 부진으로 차후 대학생 멘토링 과외를 신청해서 방과 후에 지도를 받거나 학년 교사 중 한 명이 지도하거나, 방학 중에 기초학력 부진 캠프 같은 걸 운영하여 지도한다.

　1학년의 발달 과업은 한글 읽고 쓰기!
　2학년의 발달 과업은 단연코 구구단!
　3학년부터는 과목이 많아지니 과목마다의 최저점을 통과해야 한다.

1·2학년 발달 과업만 잘 수행하면 기초학력 부진에는 속하지 않으리라! 세종대왕님이 그리도 쉽게 만들어 주신 한글을 못 떼고 3학년까지 올라가는 아이도 있고, 생일 축하 노래 다음으로 대한민국 국민이면 다 안다는 구구단 노래까지 만들어 지도하지만 6학년이 되어도 구구단을 못 떼는 아이도 있다. 읽고 쓰고 셈하기를 평가하기 위한 것이 진단 평가라 할 수 있으니 학부모님들은 큰 부담은 갖지 마시길!

문해력이 필요한 1학년 수학

혹시 1학년 교과서를 본 적이 있는가?

　요즘 저학년 교과서는 『국어』, 『수학』 외에 통합 교과(『봄』, 『여름』, 『가을』, 『겨울』), 『안전한 생활』이 있다. 통합 교과는 계절에 맞게 진도를 나가는데 보통 3월에서 5월은 『봄』, 6월에서 여름 방학까지는 『여름』, 2학기 시작부터 10월까지는 『가을』, 11월부터 겨울 방학까지는 『겨울』 교과서로 수업을 한다. 그런데 이게 참 웃기다.

> 국어 시간에는 아, 야, 어, 여, 가, 갸, 거, 겨 자음과 모음, 받침 있는 글자를 배우는데 수학 시간에는 '다음 그림을 보고 문제를 푸시오'라며 동물원의 동물 삽화를 제시한다.
> '코끼리는 토끼보다 몇 마리 더 많나요?', '토끼와 원숭이는 모두 몇 마리인가요?' 이런 문장이 나와 버린다.

1학년 1학기에 배우는 수학 문제 몇 가지를 분석해 보자.

<table>
<tr><td>1. 공은 모두 몇 개인지 덧셈식을 써 보세요.</td></tr>
<tr><td>3 + 4 = 7</td></tr>
<tr><td>2. 축구공이 농구공보다 몇 개 더 많은지 뺄셈식을 써 보세요.</td></tr>
<tr><td>4 - 3 = 1</td></tr>
</table>

□안에 알맞은 수를 써 넣으세요.

○	○	○	○	○
○	○	○	○	○

○   ○   ○

· 동그라미는 10개씩 묶음이 1개,
낱개가 □개 있습니다.

1학년 교과 과정에 맞춘 수학 연산 문제

(이제 더 이상 교사의 무기는 교과서만 있는 건 아니다. 구성주의 교육은 교사가 교육 과정을 만들고 교과서를 재구성할 수 있다. 국어와 미술을 통합해서 가르치기도 하고 수학과 음악을 통합할 수도 있다. 본 책에 나오는 수학 문제들은 교과서 문제를 교과 과정에 맞게 수정하여 실었다.)

· 공은 몇 개인지 덧셈식을 써 보세요.
· 축구공이 농구공보다 몇 개가 더 많은지 뺄셈식을 써 보세요.

이 문제를 풀어내려면 가장 먼저 이 문장의 문제를 읽을 줄 알아야 한다. 두 번째는 그래서 어떻게 하라는지 의미를 알아야 한다. 위의 문제는 덧셈 문제이고 아래 문제는 뺄셈 문제인데 심지어 아래 문제는 큰 것과 작은 것을 비교해서 스스로 식을 만들어야 한다.

내 아이가 아직 입학 전이라면 이 문제를 풀어낼 정도의 독해력과 이해력이 있어야 한다는 이야기다.

두 번째 문제는 묶음과 낱개의 의미를 알고 10개가 한 묶음이면 십의 자리에, 낱개는 일의 자리에 써야 하는 규칙을 알아야 한다. 그래 이 정도는 아마도 내 아이는 할 수 있을 것이다. 그럼 다음 문제를 보자.

동전을 던져서 빈칸을 채워 보세요. 누구의 점수가 더 큰지 말해 봅시다.

동전 뒷면	10점	동전 앞면	1점
지선		나	
뒷면, 앞면	10	뒷면, 앞면	
뒷면, 앞면	10	뒷면, 앞면	
뒷면, 앞면	1	뒷면, 앞면	
뒷면, 앞면	1	뒷면, 앞면	
뒷면, 앞면	10	뒷면, 앞면	
점수	32	점수	

1학년 수학 연산 문제

1. 동전을 던져라.

2. 동전의 뒷면은 10점, 앞면은 1점이다.

3. 다섯 번 동전을 던진 후 점수를 써라.

4. 숫자의 합을 구해라.

5. 지선이와 '나' 중 누가 이겼는지 비교해라.

이 문제에서 아이들에게 주는 미션은 약 다섯 가지다. 동전을 던지는 행위와 동전의 앞과 뒤의 점수를 알고 기록하는 것, 기록한 점수를 합하는 것, 내 점수와 지선이의 점수를 비교해서 누가 더 좋은 기록을 세웠는지 발표하는 것이다.

이 문제는 심화 문제이거나 상위 문제가 아니라 보통 난이도 문제다. 이 미션을 수행하는데 어려움이 없을 정도가 되어야 수업 시간이 조금은 수월할 것이다. 물론 이 과정에서 아이들에게 질문 천백 개는 쏟아지고 담임 교사는 친절히 설명해 줄 것이다. 그렇기에 사실 입학 전에 이 문제를 몰라도 크게 상관은 없다. 하지만 1학년 수준이 이 정도는 되어야 한다는 걸 알고 입학은 시켜야 한다.

입학 전에 한글 공부는 어느 정도 해야 하냐는 질문을 받는데 필자가 생각하는 정답은 '1학년 『수학』 교과서의 문제를 이해할 만큼'이다.
국어와 수학은 연결되어 있다. 한글을 알아야 수학 문제를 풀 수 있다는 것이다.

여기서 궁금하지 않은가?

우리가 알던 바른 생활, 슬기로운 생활, 즐거운 생활은 어디에 갔는가? 우리가 알던 그것이 바로 통합 교과 속에 들어 있다. 과거에는 친절한 교과서 이름 덕분에 바른 생활은 도덕, 슬기로운 생활은 과학, 즐거운 생활은 음악 미술 관련 과목이라고 생각하면 됐었다. 그러나 통합으로 들어가 『봄』, 『여름』, 『가을』, 『겨울』 교과서를 보자. 제목만 보면 계절의 특징을 가르치는 과목으로 생각할 수 있지만 그 안에는 무한 확장의 세계가 있다.

예를 들면 1학년 1학기 1단원 '학교에 가면'은 학교의 규칙을 알아보는

원쪽 위로부터 시계 방향으로 낱말 찾기(국어), 관찰책 만들기(통합), 종이접기(창의적 체험 활동), 한글 공부(국어), 가족 소개하기(통합, 여름)

'바른 생활', 학교 이곳저곳을 알아보는 '슬기로운 생활', 친구와 놀이를 하는 '즐거운 생활'로 이루어져 있다.

통합교과서를 펼쳐 보면 모든 단원이 알아보고 생각해 보고 체험해 보는데 그 안에 과학적, 도덕적, 예술적 사고력이 포함되어 있다.

아이들은 눈치 채지 못하겠지만 계절이 바뀔 때마다 다양한 체험 활동을 하면서, 친구도 사귀고 계절감도 느끼면서 만들기 등의 노작 활동도 한다.

한글을 배우고 수학을 배우고 봄에 자라는 식물 관찰도 하고 종이접기를 하며, 가족 소개도 하고 가족의 관계를 알아보며 명칭도 배운다.

향후 과학과 사회, 수학, 미술 교육의 근간이 되는 교육을 하는 것이다.

한글 깨치기보다 중요한 감정과 생각을 '잘' 표현하는 법

'공부와의 전쟁'이라는 제목의 다큐멘터리를 본 적이 있다. 공부가 전쟁이라니…. 진짜 전쟁은 공부가 아니라 친구 관계가 아닐까? 그런데 학교에서 아이는 '친구와의 전쟁'에서 패배하기도 하고 승리하기도 하며 성장한다. 결국 아이의 성장은 아이가 '사회화'되는 과정인데 이 친구와의 전쟁에서 겪은 우여곡절이 아이의 사회화를 돕는다. 요즘 필자도 딸의 친구 문제로 머리가 아프다.

아이를 키우면서 성장 단계마다 고비가 있었다. 신생아 때는 너무 안자는 아이가 제발 통잠을 세 시간만 자면 소원이 없겠다 싶었다. 100일의 기적을 꿈꾸며 하루하루를 버텼고 젖몸살을 앓기도 하였으며 남들보다 늦게 뒤집고 돌이 다 되었는데 걷지 않아 걱정했다. 하루 종일 아기띠를 매고 다니다 보면 잠깐이라도 아이가 혼자 섰으면 싶었고, 아이가 두 발로 걸어 다니면 넘어질까 걱정했다. 아이가 이유식을 너무도 안 먹어서 머리가 지끈 지끈 아팠고 '엄마', '아빠'를 너무 늦게 말해서 유의미한 문장을 제대로 말하지 못할까 봐 고민했다.

어린이집 적응 기간에는 안 들어가겠다고 떼쓰는 아이를 냉정한 척 들여보내고 아이 우는 소리가 환청처럼 들려 시계만 보았다. 모임에 참석했다가도 아이 하원 시간이면 대화를 속사포처럼 하며 식탐 많은 사람처럼 허겁지겁 음식을 씹지도 않고 넘겼다. 그 시기는 육아 선배들이 말하는 '지랄 총량의 법칙'을 믿고 또 믿으며 조리원 동기들의 아이와 내 아이의 성장 발달을 공유하며 총량이 있다는 그 '지랄'을 미리 경험하는 거라 위안 삼았다. 아이 학령기에는 그래도 남들보다는 조금 수월하게 한글을 떼고 숫자도 100까지 세는 아이가 대견스럽기도 했다.

생각해 보면 그때가 좋았다. 꾸벅꾸벅 졸며 수유하고 뽀로로와 뿡뿡이가 내가 만나는 매체의 전부였던 그때. 우울증도 왔고 내 인생 최고의 몸무게를 찍으며 내 젊음을 갈아 넣어 아이를 키웠지만 그래도 그때는 정신적으로 이렇게 힘들지는 않았다.

언제까지 엄마가 나서 줘야 할까

딸아이가 겪는 친구 관계의 성장통은 그때의 그것과는 다르게 참 아리고 아프다. 얼마 전 딸의 친구 문제로 친구 엄마들과 아이들이 함께 모여 이야기를 나누게 되었다. 오랫동안 봐 왔던 아이들이 많이 컸다는 생각이 들었다. 말하는 것도 생각하는 것도 이제는 엄마들이 아이들의 관계에 끼어들 수 없는 뭔가가 느껴졌다. 그래도 필자는 딸의 가장 든든한 백 엄마가 아니겠는가? 이 어렵고 힘든 관계의 매듭을 좀 풀고 싶었다.

그때 한 아이의 엄마가 "아이들 문제는 자기들끼리 해결해야 하지 않을까요? 문제가 있을 때마다 어른들이 나서서 이야기할 필요는 없잖아요"라고 말했다. 그렇다. 이 젊은 엄마의 말을 듣고 현타가 왔다. '내가 이것 때문에 뭔가 계속 찜찜하다고 생각했었구나.'

아이들 문제에 어른이 끼어도 되는 걸까?

필자는 교사이고 학교에서 발생하는 많은 '관계'의 문제에 교사가 끼어들지 않았을 때 일어나는 사건을 많이 보아 왔다. 그냥 아이들끼리 해결하겠거니 혹은 별일 아니겠지 하며 덮은 사건들이 나중에는 '학폭'으로까지 번지거나 심각하면 '자해'나 '가출'까지 이어지는 일들. 나는 그 엄마에게 말했다.

"그럼 어른이 왜 필요할까? 아이들은 아직 미성숙한데 모든 일을 아이들이 해결할 수 있을까? 오늘은 내 딸이 상처받았지만 내일은 너의 딸이, 그다음 날은 다른 딸이 상처받을 수 있어. 교육은 왜 필요할까?"

물론 그 엄마와는 십 년을 알고 지낸 사이라 내 감정을 솔직히 말할 수 있었지만 딸 문제 앞에서 애미는 이성을 잃기 직전이었다. 아이가 친구 관계를 해결하면서 사회성을 기른다고? 아! 필자도 그렇게 언급했지만 실제 그게 내 아이라면 이성의 끈을 놓치지 않으려고 애를 써야 할 정도로 판단이 잘 서지 않는다. 다만 생각하고 또 생각하자!

부모는 어른이고 아이는 오늘만 살지 않는다. 내일도 살아 내야 하고 부모가 없는 세상도 살아 가야 한다. 모든 곳에서 부모가 백이 되어 줄 수 없고, 모든 일에 싸움닭처럼 나서서 대신 싸워 줄 수 없다.

그렇다면 인정하자!

이 시기는 지나가고 내 아이는 분명하게 성장하고 있다고. 부모나 아이에게나 이 학령기는 인격 수양의 시기라고.

내 아이가 설마 대소변 실수를?

K는 똑순이로 소문이 난 여자아이다. 자기표현도 확실하고 공부도 생활도 야무지게 잘하는 눈에 띄는 똑똑한 아이. K의 어머니께 필자는 1학년 엄마는 무조건 아이에게 대소변 가리는 걸 가르쳐야 한다는 조언을 했다. 아이가 대소변 실수하는 건 'may(~일지도 모른다)'가 아니라 'must(틀림없이 ~일 것이다)'라고 강조했다. 그 엄마는 '똑똑한 K가 대소변 실수를 할 수도 있다니 말도 안 된다'고 필자의 말을 귀담아 듣지 않았다.

예상대로 학교생활을 야무지게 잘하던 K가 하교 후 집에 들어오는데 정말 비 오는 날 길강아지에게 나는 지린내가 진동을 했단다. 옷을 만져 봐도 젖은 곳이 없었다. 이상하게 여긴 엄마는 아이가 동물의 대소변을 밟았나 해서 신발 밑바닥까지 살폈다고 했다. 그런데 아무래도 빳빳한 바지가 이상했다. 알고 보니 모범생 K는 수업 중에 도저히 화장실에 가고 싶다고 말을 못해서 1교시에 바지에 오줌을 싸고는 한번도 일어나지 않고 5교시를 마쳤다는 것이다.

지린내가 풍겨도 몰랐던 옆 짝꿍과 '내 말만 들어 달라' 외치는 아이들 속에서 소변을 본 아이를 눈치채지 못한 선생님. K의 엄마는 선생님이 원망스럽기도 했지만 그보다는 바지에 소변을 보고 축축하다는 표현을 하지 못한 채 다섯 시간을 버텼을 1학년 딸아이가 안쓰럽고, 눈치채지 못한 짝꿍이 감사했고, 표현하는 방법을 가르치지 못한 자신을 많이 자책했다고 말했다.

이 책을 읽는 1학년 학부모 중에는 "내 아이는 똑똑해", "내 아이가 설마 그럴 리가 없어", "설마 대소변 실수를 하겠어?"라고 생각할 것이다. 필자가 십여 년 전 맡았던 1학년 아이 중 똘똘이 스머프 같은 아이가 있었다. 어느 날 복도에 아이들이 몰려서 뭔가를 진지하게 의논하고 있었다. 똘똘이 스머프는 딱딱한 무언가를 손에 들고 있었다. 마치 자갈돌같이 보였다. "이게 똥꼬에서 나왔는데 이게 똥일까?" 아이들은 꽤나 진지해 보였다. 그건 정말 아이의 똥이었다. 너무 된 똥이라 손에 묻어나지도 않는 단단한 똥이었다. 얼마 후 학부모 상담 때 어머님께 이 사실을 말씀드렸다. 선생님이셨던 어머님은 대략 난감한 표정이었고 믿고 싶지 않아 하셨다. 믿고 싶지 않은 건 필자도 마찬가지였다.

여자아이뿐 아니라 남자아이도 대소변 실수를 하면 당황스러워한다.

미술 수업 중 미소년 Y의 표정이 이상했다. Y를 살펴려고 근처에 가니 코를 찌르는 구린 냄새가 났고 필자는 얼른 그 아이를 학년 연구실로 데리고 갔다. 아침부터 배가 아팠던 Y는 차마 담임인 나에게 화장실을 가겠다고 말하지 못하고 바지에 실수를 했다. 이미 실내화까지 흘러 있었다. 당시 필자는 미혼이었고 그 아이는 1학년 남자아이였다. 그래도 그냥 방치하고 어머니를 기다리기엔 아이가 너무 괴로울 것 같았다. 아이의 허락을 받고 일단 물티슈로 꼼꼼하게 아이 몸을 닦았다.

"Y야! 선생님도 1학년 때 이런 실수한 적 있어. 지금은 선생님이 아니라 이모라고 생각해. 그러니까 전혀 부끄러운 일이 아니야" 하며 아이를 달랬다.

교실에는 영문도 모르고 담임의 부재에 당황하고 있을 아이들이 있었다. Y에게는 옛이야기 '햇님 달님'의 엄마가 그랬던 것처럼 선생님이 아니면 절대 문을 열어 주지 말라고 신신당부하고는 문을 잠그고 교실로 돌아왔다. 교실의 아이들에게 만들거리를 잔뜩 제공하고는 비닐봉지에 아이의 그것을 화장실에서 처리하며 어머님께 놀라지 마시라며 상황 설명을 드렸다.

필자의 멀티 플레이를 정말 스스로 칭찬해 주고 싶은 순간이었다. Y를 씻기고는 교실 아이들을 챙겼고 어머님께 전화를 하며 화장실에서 냄새나는 그것의 흔적을 지우는 일을 신속하게 처리했다. 축구장의 멀티플레이어가 '박지성'이라면 이 구역의 멀티 플레이어는 감히 '필자'라고 할 수 있었다. 사실 자아도취에 빠질 시간은 없었다. Y의 어머님은 다행히 금방 도착하셨고 Y는 새 옷을 갈아입고 교실로 컴백했다. 아이들은 숨이 막히는 교실의 냄새가 어떤 의미인지 모르는 순진함을 보여 줬고 다행히 그 일은 Y와 필자, Y의 어머님만의 비밀이 되었다.

필자가 이렇게 소변과 대변으로 어려움을 겪은 아이들의 사례를 진지하고 장황하게 설명하는 이유가 뭘까?

1학년 아이가 습득해야 할 중요한 덕목은 한글 깨치기, 숫자 세기를 제치고 단연코 대소변을 쉬는 시간에 맞추어 볼 수 있는 능력이라고 말하고 싶어서이다.

그러나 어찌 배설 본능을 어린아이가 조절할 수 있을까? 그럼 이때 필요한 건 뭐다? '표현하는 것'이다. 나의 지금 상황을 당당히 표현해야 한다.

"선생님 저 화장실 다녀올래요."

"선생님 화장실 가고 싶어요."

이 솔직 담백한 표현은 친구들의 놀림감이 되지 않을뿐더러 화장실 동지들을 만들기에 충분하다.

내 아이의 이 말은 화장실을 가고 싶지 않았던 아이의 방광도 움직이게 하는 '나비효과'를 불러일으킬 수는 있다. 아마 선생님이 "화장실 가고 싶은 사람?" 하는 순간 3분의 2의 아이는 이미 일어나 화장실을 향하고 있을 것이다.

자신의 감정을 '잘' 말하는 아이

원하는 바를 정확히 '표현'하는 것은 비단 배변에만 해당하지는 않는다. 아이가 다양한 색종이 중에서 색을 고를 때도, 비록 피구 공을 잘 던지지 못해도 내 손에 들어온 피구 공을 스스로 던지고 싶을 때도 마음이 원하는 대로 표현해야 한다.

1인 1역할을 정할 때 키가 작아도 게시물 관리를 하고 싶다면 손을 들어 말해야 한다. 반장을 하고 싶으면 '0표'를 받더라도 선거에 나가야 한다.

나대라는 말이 아니다. 내 감정이 어떤지 그 누구도 모른다.

교실에서 꿉꿉한 냄새가 나도 코끝이 찡할 만큼 쉰 냄새가 나도 짝꿍이 한 시간 동안 돌아오지 않다가 새 옷으로 갈아입고 돌아와도 눈치를 못 채는 아이들이다. 표현하지 않으면 내 아이가 쥐고 있는 피구 공을 뺏어 던질 아이들이 가득하다. 표현하는 아이들은 자신이 좋아하는 색을 고르고 검정이나 회색 색종이만 내 아이 차지가 될 수도 있다. 아이들이 나빠서가 아니라 몰라서 그렇다.

필자의 아들은 수줍음이 많아서 곤란한 상황에서는 고개를 외로 꼰다. 그건 엄마만이 아는 아들의 모습이다. 하교할 때 나오는 모습만 봐도 '학교에서 뭔가 일이 있었구나' 감이 온다. 고개를 외로 꼬고 나오면 '뭔가를 누군가에게 말하지 못하고 엄마에게 털어놓을 비밀이 있구나' 싶다.

엄마에게는 재잘재잘 떠드는 아이가 왜 학교에서는 표현하지 않는 걸까?
가장 큰 이유는 표현에 대한 '두려움' 때문일 것이다. 그 두려움은 '거부'에서 기인한다. 일종의 '자기방어'라고 할까? 아이가 표현했을 때 상대방에게 질책을 듣거나 거부당할 수 있다는 부담감 때문에 아이는 표현하지 못하는 것이다. 아니면 자신의 '눈치' 수준을 본인이 너무 잘 알고 있는 나머지 표현해야 할 타이밍인을 잘 모를 수도 있다.

너무나 많은 걸 표현하는 아이를 양육하느라 부모는 너무 지쳐 있다. '더워요', '추워요', '아이스크림 먹고 싶어요', '저건 뭐예요?', '이 닭기 싫어요', '잠자기 싫어요', '나 저거 싫어요', '나 쟤 싫어요', '나 집에 가고 싶어요', '저거 먹기 싫어요' 수많은 표현에 부모는 어쩌면 타인의 눈치를 보면서 타인의 시선 때문에 아이의 표현을 거부하고 있지는 않았을까?

"이모가 이렇게 맛있게 음식을 차려 주셨는데 맛없다고 하면 안 돼. 조금만 먹어 봐."

"오랜만에 친구네 집에 놀러 왔는데 집에 가고 싶다고 하면 어쩌니? 조금만 있다 가자."

이런 수많은 표현에 부모의 엄격한 잣대가 더해져 아이의 표현을 거부하지는 않았을까?

"아이스크림 너무 많이 먹으면 배 아파. 그만 먹어."

"10시 전에 잠을 자야 키가 크지."

"지금 양치질하지 않으면 이 다 썩는다."

"골고루 먹지 않으면 키 안 커."

아이도 수많은 표현에 거부당한 경험을 기억하고 있을 것이다. 그러니 학교라는 공적 영역의 낯선 환경에서는 더욱 '표현'을 거부할 수밖에 없다.

아이에게도 사정이 있다. 말 못할 사정은 어른들에게만 있는 건 아니다.

놀이터 지킴이 생활을 오래 한 필자는 아직도 놀이터에서 아이들의 그네 밀어 주기 셔틀을 하는데, 어떨 때는 내 아이보다 다른 아이 그네를 더 자주 밀어 주고 있다. 필자의 아들과 같은 반인 야무진 여자아이 A는 "이모! 나 그네 좀 밀어 줘요"라며 나를 곧잘 부려 먹는다. 그 아이의 아빠는 그 모습을 멀리서 지켜보고 계신다. 귀여운 그 녀석에게 복화술로 "너희 아빠께 밀어 달라고 해 봐"라고 시키면 "아니에요. 이모가 밀어 줘요. 이모가 해 줘야 재미있단 말이에요"라며 자신의 생각을 표현한다.

그럼 필자는 좋은 이모 미소로 열심히 그네를 밀어 준다. A의 당돌한 표현력은 A의 아빠를 쉬게 한다. 그에 비해 필자의 아들은 A의 아빠가 그네를 밀어 주면 고개를 외로 꼬고 표현하지 않는다. 아니 애타게 눈으로 필자를 갈구하는 표현을 한다. 그래서 필자는 또 그네를 민다. '잘 표현하는' 딸 하나 표현 못하는 열 아들 안 부럽다는 속담이 있던가?

아이는 자신의 감정을 '잘' 말할 수 있어야 한다.

여기서 방점은 '잘'에 맞춰져야 한다. 자신의 감정을 단답형이나 장황하게 말하는 표현 방식은 잘 말하는 것이 아니다. 사실과 감정을 잘 구분해서 말해야 한다는 것이다.

10여 년 전, 운동장에서 전교생이 아침 조회를 하던 때였다. 아이들을 학년, 반별로 줄 세우고 국민체조를 했다. 구령대가 쩌렁쩌렁 울리도록 훈화하시는 교장 선생님의 말씀도 들었다. 그때는 방송 시설이 지금처럼 좋지 않아서였는지 운동장 조회가 월요일 아침 학교생활의 루틴이었던 것 같다.

교사들은 운동장 조회 시간에 줄 선 모양만 봐도 우리 반에 얼마나 장난꾸러기가 많은지 알 수 있었다. 앞사람 뒤통수만 봐야 하는데 삐죽삐죽 삐져나오는 개성 있는 아이들의 몸짓을 수정해 주고 나면 수업 시작 전부터 진땀이 났다. 그날은 교장 선생님께서 운동회에서 열심히 한 학년과 반을 선정해 노트 등 학용품을 선물로 주시는 날이었다.

"각 반 반장은 구령대로 올라와 선물을 가지고 가세요."

필자의 옆 반은 2학년 1반이었는데 키가 매우 작은 여자아이가 반장이었다. 담임 선생님은 그 아이 대신 덩치가 큰 부반장 남자아이를 단상에 올려 보냈다. 반 친구 모두가 나눠가질 수 있는 노트와 필기구는 양도 많고 무거워서 부반장 아이도 힘들게 학용품을 가지고 내려왔다.

며칠 후 마트에 갔는데 마트 주인이 나를 불렀다. 그 마트는 2학년 1반 반장 부모님이 하시는 가게였다. 그분은 심각한 얼굴로 필자에게 담임 선생님이 자기 아이를 미워하고 계시는 게 아니냐고 물으셨다.

필자는 당황스러웠다. 그 어머님은 울기 직전의 표정으로 지난번 아침 조회 때 구령대에서 교장 선생님이 회장을 불렀고 아이가 너무 나가고 싶었는데 담임 선생님께서 부반장 남자아이를 올려 보내셨다고 들었다며 서운해하셨다. 본인이 가게 하느라 아이에게 신경을 안 썼더니 선생님께서 섭섭해서 그런 게 아니겠느냐가 어머님의 속마음이었다.

'하아~ 그 상황이 이렇게 전달될 수 있구나!' 아이는 주로 사실을 전달한다. 가끔 자신에게 유리하게 거짓을 섞기도 하지만 나름의 팩트를 전달하는 건 맞다. 다만 자신의 '시선'에서의 사실이다. 사실과 진실이 늘 같을 수는 없다. 주변과 환경의 변화로 발생한 문제나 상황이 변화하여 순서가 뒤바뀐다거나 효율성을 높이려고 규칙을 조금 수정한다거나 그때의 상황 판단에 의해 변화시킬 수밖에 없는 일은 통합적으로 사고할 수 없다.

'이렇게 저렇게 되어 이렇게 되었다'라는 진실보다는 '이건 이거다'라는 사실 탓에 아이는 상처를 받고 그것을 그대로 부모님께 전달한 것이다. '반장이 나가야 하는데 부반장을 내보냈다' 이건 사실이다. 하지만 '반장이 나가야 하는데 들고 와야 할 학용품의 무게가 무거워 부반장이 나갈 수밖에 없었다'는 진실이다. 아이가 감정을 말할 때는 당연히 부모는 아이의 감정을 어루만져 주고 아이의 시선에서 위로해 주어야 한다. 그러나 그럴 수밖에 없는 사정은 없었는지 아이가 주변 상황을 통합적으로 표현할 수 있게 부모는 질문해야 한다.

"선생님이 왜 그러셨을까?", "다른 반도 그런 반이 있었니?", "왜 부반장을 나오라고 하셨니?" 등의 질문이다. 이런 질문에 답을 찾으려고 노력하며 아이는 전체적인 상황을 머리에 떠올리고 상황을 내려다 볼 수 있게 된다. 이런 훈련이 잘 된 아이는 자신의 감정을 '잘' 말하는 아이로 성장한다.

자신의 감정을 잘 말해야 학교에서 만나는 많은 '관계' 속에서 오해 없이 현명하게 생활할 수 있다.

우물쭈물대지 말고 핵심만 "What if…."

본의 아니게 초등학생 자녀의 실시간 화상 수업을 듣게 될 때가 있다. 교사인 필자는 아이들이 '음 소거'를 하지 않은 채 얼마나 많은 질문을 하는지, 얼마나 불필요한 말을 하는지 학부모들이 한번쯤 들었으면 좋겠다는 생각을 한다. 필자의 지인은 "이렇게 아이들이 수업과 관련 없는 말을 많이 하는지 몰랐다. 남의 이야기는 듣지 않고 자신의 이야기만 하는 줄 몰랐다"라며 깜짝 놀라 했다.

사실 교실에서는 '말'만하지 않고 그 이야기를 하며 앞으로 나오거나 자리에서 일어나거나 돌아다니거나 큰 몸짓으로 자신을 어필하기 때문에 실시간 수업만 보고 놀라면 안 된다. 실시간 화상 수업을 하는 아이들을 한번 유심히 보길 추천한다. 선생님이 한마디를 하면 열 마디 스무 마디 메아리를 일으키는 아이들의 모습과 주제와 상관없는 이야기를 하는 아이들이 얼마나 많은지, 답을 말할 때 아이들이 얼마나 뜸을 들이는지 야무진 다른 친구들은 어떻게 이야기를 하는지 잘 들어 보자.

예를 들어 국어 시간에 '그림일기'를 배우며 선생님이 "여러분 어제 저녁엔 무엇을 하였나요?"라고 질문을 한다. '네', '아니오' 혹은 단답으로 답이 정해져 있지 않은 열린 질문이다.

이런 질문을 '확산형 혹은 발산형 질문'이라고 하는데 이런 질문에 다양한 답을 하고 다양한 답을 들으면서 아이들의 인지는 발달한다. 이런 답을 찾으며 고차원적 생각 기술인 '메타인지(metacognition)'가 발달한다.

좋은 교사는 이런 열린 질문으로 아이들의 사고를 확장시키려고 노력한다. 하지만 실제 상황은 이 질문이 나비효과가 되어 교실을 '아수라장'으로 만들기도 한다. 아이들은 정말 '자기 말'만 하기 때문이다. 우리가 기대하는 대답은 "어제 볶음밥을 먹고 할아버지 댁에 갔어요", "책을 읽고 산책을 했어요", "강아지와 놀고 일찍 잠이 들었어요", "유튜브를 봤어요", "게임을 했어요" 등의 다양한 자신의 경험에 대한 답이다. 그러나 아이들의 답은 주제를 벗어나는 경우가 많다.

"선생님 안 들려요", "저 물 마실래요", "저 지금 나가야 된대요", "근데 내일은 뭐해요?", "저 화면이 안 보여요", "저 어제 모기 물렸어요", "저 배고파요" 등이다. 그런데, 우리 아이가 이런 엉뚱한 대답을 하는 아이가 아니라 진지하게 답을 하고 싶은 아이라면 어떻게 이야기해야 할까?

아이들은 대부분 의욕이 넘치고 선생님의 질문에 답을 하고 싶어한다. 일단 손을 든다. 아니 손을 들고 본다. 손을 든 아이에게 답을 할 기회를 주면 대부분은 바로 답을 하지 못한다.

왜냐하면 아이들은 손을 드는 행위에 집중해서 생각했던 답을 잊어버리거나 질문이 어렵지 않다고 생각해서 들었는데, 말하는 훈련이 되지 않아 어떻게 말해야 할지 방법을 모르기 때문이다.

"음, 저, 근데요. 냉면을 먹었어요."

"음음음 근데 뭐라고 물어본 거예요?"

"어… 어… 오빠랑 놀이터에서 놀았어요."

이런 식으로 진지하게 답하고 싶지만 핵심이 아닌 '어… 음…' 등의 감탄사가 너무 길어져서 핵심적인 대답에 방점을 찍지 못한다. 물론 아이는 다음에 이어질 단어를 생각하거나 자연스러운 표현으로 다듬기 위한 수단으로 자연스럽게 감탄사를 쓸 수 있다. 그러나 감탄사의 남발은 말하기 속도를 불규칙적으로 만들어 유창성을 떨어트릴 수 있다. 우리 아이들은 이제 유아가 아니라 어엿한 학생이다.

학령기의 어린이들은 핵심을 정확하게 말하는 방법을 연습해야 한다. 그렇지 않으면 참을성 없는 친구가 다른 대답으로 내 발표 기회를 낚아채거나 기다림에 지쳐서 귀를 닫아 버릴 수도 있기 때문이다.

어떻게 아이의 표현 능력을 키워 줄 수 있을까?

집에서도 학교에서처럼 확산적인 질문, 열린 질문을 주고받는 것이다.

"What if…?"

만약 이렇게 된다면 어떻게 될까?

아이들은 이런 확산적 질문에 다양한 가능성을 찾아 나가며 생각을 넓히고 창의력을 발휘한다. 이런 훈련으로 메타인지를 성장시킬 수 있으며 생각을 정리하면서 핵심만 말하는 표현 능력을 기를 수 있다.

"오늘 저녁은 언제 먹으면 좋을까?", "젓가락 대신 포크로 먹으면 어떤 점이 편리할까?"처럼 자연스러운 질문에서 시작한다.

"세상에 있는 다양한 색 중에서 자신을 색으로 표현해야 한다면 너는 어떤 색 일까?"
"그럼 엄마 아빠는 어떤 색이야? 왜 그렇게 생각해?"
"동물이 말을 할 수 있다면 어떻게 될까?"
"장난감이 사람처럼 말을 할 수 있으면 너는 어떤 이야기를 나누고 싶니?"처럼 재미있는 질문도 가능하다.
2007년 스티브 잡스는 '아이폰' 프레젠테이션에서 'What if'의 질문을 던진다.
"만약 전화, 인터넷, 아이팟(음악플레이어)이 하나로 묶이면 어떻게 될까요?"

우리가 손에서 놓지 못하는 스마트폰의 탄생은 이 질문에서 시작되었다. 당시에 이 질문을 받았다면 어떻게 대답할 수 있었을까?
"만약 선풍기의 날개가 없다면?", "만약 청소기에 코드가 없다면?", "만약 드라이기의 바람이 머리카락을 스스로 말아 준다면?"
혹시 이 질문에서 눈치챘는가? 이 질문은 다이슨 디자이너들이 고민한 질문이었다. 이런 질문이 발전하여 날개 없는 선풍기와 코드 없는 무선 청소기와 머리카락을 자동으로 말아 주는 에어랩이 탄생했다.
우리도 열린 질문을 하면 스티브 잡스나 다이슨의 C.E.O를 키워 낼 수 있지 않을까?
"만약 티브이에서 향기가 난다면 어떨까?", "만약 모든 자동차가 하늘을 날아다니면 어떨까?", "만약 우주 여행 티켓이 생긴다면 어떨까?" 등의 질문. 돈이 들지도 않고 시간이 그리 많이 걸리지도 않는다. 차를 타고 가면서, 간단히 식탁에 음식을 차리면서 아이에게 툭 던지듯 질문해 보자.

처음에 아이는 어떻게 말해야 할지 몰라서 '어… 음… 그…'를 남발할 것이다. 인내심을 갖고 기다려 주자. 가정에서 하는 다양한 질문과 표현법의 습득은 내 아이를 반짝반짝 빛나는 대답을 하는 학생으로 만들어 줄 것이다.

양치기 소년과 닮은 '프로 표현러'

인간은 결코 합리적인 존재가 아니다. 내가 좋아하는 사람이 하는 말은 다 좋아 보이고 내가 싫어하는 사람이 하는 말은 좋아 보이지 않는다. 내가 좋아하는 사람이 저렴한 음식을 먹자고 말하면 '소박한' 사람이고 내가 싫어하는 사람이 같은 음식을 먹자고 말하면 '찌질한' 사람이 된다. 인간은 표현하기 좋아하지만 그 표현은 굉장히 주관적이고 비합리적이라는 것이다. 교실에는 '프로 표현러'들이 많다. 자신의 소소하고 주관적인 감정을 끊임없이 표현하는 아이들 말이다.

1학년 아이들은 말을 주로하고 남의 이야기에는 귀 기울이지 않는다.
2학년 아이들도 비슷하지만 눈치 없이 남의 이야기에 쉽게 자신의 주관적인 생각을 덧붙여 친구와 신경전을 벌이기도 한다.

예를 들어 "오늘 아침 식사로 무엇을 먹고 왔나요?"라는 선생님의 질문에 "콩나물국이랑 밥이요"라고 금쪽이가 대답한다. 그때 반쪽이는 "난 콩나물이 제일 싫어", "난 콩나물 같은 건 안 먹어"라고 말하면 금쪽이는 반쪽이를 째려보고 예민한 금쪽이라면 씩씩거리며 울 것이다. 이렇게 눈치 없는 표현 습관은 점점 나아지지만 초등 전 학년에 걸쳐 투머치(too much) 표현러들은 존재한다. "자신의 감정이나 느낌을 솔직히 표현하면 좋은 거 아닌가요? 저희 아이는 오히려 표현하지 못할까 봐 걱정이 되는 데요"라고 생각하는 부모도 있을 것이다.

그러나 지나친 표현은 상대를 피곤하게 한다. 양치기 소년을 생각해보자. 사람들은 왜 양치기 소년을 도와주지 않았을까? 양치기 소년은 분명 수차례 거짓말을 했다. 순진한 마을 사람들은 양치기 소년을 믿고 도왔다가 실망하기를 반복했다. 진짜 도움이 필요한 순간 사람들은 양치기 소년을 도와주지 않았다.

양치기 소년은 1학년 아이와 비슷하다. 지루한 것이 싫고 사람들을 놀리면서 재미있어 한다. 자신의 말에 반응하여 우왕좌왕하는 사람들의 모습을 보며 얼마나 재미 있어 했을까?

하지만 양치기 소년은 어린이다. 여느 어린이처럼 소년은 진짜 늑대가 나타났을 때를 대비하지 못하는 우를 범한다. 소년은 사람들이 자신을 믿어 주지 않을 거라고는 추호도 생각지 못했을 것이다. 어쩌면 자신의 장난을 마을 사람들도 재미있게 생각하고 있을 것이라고 착각하고 있었을지도 모르겠다. 양치기 소년이 거짓말을 했을 때 왜 마을 사람들이나 양치기 소년의 부모는 제대로 가르치지 않았을까? 왜 거짓말에 실망만 하고 돌아서며 투덜대기만 했을까? 이런 태도가 양치기 소년에게 '거짓말'을 학습시키지는 않았을까?

교실의 '프로 표현러'들도 마찬가지다. 교사와 친구들은 처음에는 마을 주민들처럼 잘 들어준다. '아무 말 표현' 중에서 "어떤 핵심 내용이 들어 있지 않을까" 하며 중심 내용을 파악하려고 귀를 쫑긋했을 것이다.

그러나 핵심 없는 자기 위주의 이야기에 실망하고 돌아서기를 반복했을 것이다. 이제 '표현러'가 꼭 필요한 '표현'을 할 때 아무도 들어주지 않을 가능성이 크다.

자! 우리 아이는 더이상 유치원생이 아니다. '입학(入學)'의 의미가 단순히 물리적으로 학교에 들어가는 것이라 생각한다면 오산이다. 아이는 '배움'의 길로 들어섰다는 걸 명심하라! 양치기 소년에게는 진정한 '어른'이 없었지만 우리 아이에게는 이 글을 읽고 있는 당신 '부모'가 있다. 지나친 표현을 받아주면 아이 '기(氣)'를 살려주는 것이 아니라 아이를 '피곤한 사람'으로 낙인찍히게 하는 학습일 수 있다.

우리는 아이가 표현하지 않는 기술도 가르쳐야 한다. 예를 들어 '봄에 피는 꽃'을 공부한다고 하자. 선생님이 "봄에는 어떤 꽃이 필까요? 여러분이 아는 봄꽃이 있나요?"라는 질문을 하신다. 그때는 봄에 피는 꽃의 종류와 특징 등을 말하면 된다. '개나리요. 진달래요' 혹은 선생님의 말씀에 귀를 기울이면 또 다른 봄꽃에 대해 공부할 수 있겠다.

그런데 내 아이는 이 질문에 "저는 꽃을 좋아해요", "저희 집에 꽃 많아요", "그런데 지금 무슨 수업이에요?", "물 마셔도 돼요?", "저는 주말에 놀이동산에 놀러 가요", "저도 지난번에 놀이동산 간 적 있어요", "저는 주말에 할머니 댁에 가요"라는 표현을 할 수 있다. 이런 표현은 불필요한 표현이다. 내 아이의 표현으로 교실의 '프로 표현러'들이 다 함께 날개를 달고 수업을 방해할 수 있다. 아이들에게 교실에서는 선생님 말씀을 잘 듣고,

묻는 말에 맞는 대답을 해야 한다고 가르치자.

답을 모르면 가만히 친구들의 이야기를 듣는 것이라고 가르쳐야 한다. 그리고 내가 주말에 어디를 가며 내가 과거에 어디를 갔었는지 내가 꽃을 좋아하는지 친구들과 선생님은 궁금해하지 않는다는 것을 가르쳐야 한다.

아이들이 좋아하는 애니메이션 '뽀로로'의 주인공은 뽀로로지만 매회 차의 주인공은 바뀐다. 오늘은 '똑똑 박사 에디의 모험'이고 내일은 '요리 대장 루피', 다음날은 '장난꾸러기 크롱'이 주인공이 된다. 아이들에게 매일 모든 시간 네가 주인공이 아니라는 걸 말해 줘야 한다. 모르면 표현하지 않는 것, 표현한다고 네가 주인공이 되지 않는다는 사실을 분명히 가르쳐라. 네가 주인공이 될 때를 기다리면 너의 차례가 온다는 것을 이야기해 줘야 한다.

가정에서 아이와 대화할 때 주제에서 벗어난 이야기를 하면 최대한 주제에 접근할 수 있도록 부모가 중심을 잡고 이야기를 리드해 주어야 한다. '어디서든 주인공이 되어 표현해야 우리 아이의 기가 산다'는 편견을 버리고 표현하지 않는 것도 삶의 기술이라고 생각해야 한다.

어른들도 자기 말만 하는 사람은 타인을 질리게 하지 않는가?
교실은 사회의 축소판이니 내 아이가 타인을 질리게 할 수 있다는 사실을 명심하고 대화의 방향에 어긋나는 질문을 계속하거나 대화의 주제와 관련 없는 대답을 한다면 낯선 곳에서 여행자의 길을 안내해 주는 지도처럼, 네비게이션처럼 친절하게 대화의 방향을 바꿔 줘야 한다.

자기주도
초등 인간관계법

시골 외갓집 마루에 누워서 들었던 개구리들의 힘찬 합창이 그리워지는 밤이 있다. 똑깍똑깍 시곗바늘 소리, 자동차 경적 소리, 스피커에서 나오는 온갖 세상 소리에 묻혀 있다 보면 정겨운 개구리들이 들려줬던 돌림 노래가 떠오른다.

개구리들은 한 개구리가 울면 단체로 운다. 사실 그들이 우는 건지 노래를 부르는 건지는 모르겠지만 노래라고 생각하는 게 청자 입장에서는 정겨우니 노래라고 생각해 본다. 그들의 노래는 이어지다가 잠시 쉬기를 반복하지만 그 행동은 일사분란하다. 지휘자가 있는 것도 같고 구애를 위한 소통인 것도 같다.

필자와 같은 궁금증으로 일본 츠쿠바대학교 이큐 아이하라 교수 연구 팀에서 청개구리를 한 마리씩 상자에 넣어 50cm 간격으로 두고 노랫소리를 분석했다. 신기하게도 개구리들은 소리가 겹치지 않도록 차례

대로 노래하다가 약 25초 후에 모두 노래를 끝냈다. 그리고 약 5분의 쉬는 시간이 지나면 다시 노래를 시작했다. 연구 팀은 이 현상을 '무리 지능'이라 설명했다.

'무리 지능'은 여럿이 모이면 나타나는 능력을 말한다. 이러한 '무리 지능'으로 사물 인터넷이 발달했다. 생뚱맞게 사물 인터넷과 '무리 지능'의 관계라니. 연구 팀은 무선통신기기가 청개구리들이 노래를 부르는 방법처럼 서로 겹치지 않게 정보를 주고받게 한다고 설명했다. 그 결과 정보를 주고받을 때 전송 속도가 빨랐고 서로 충돌하지도 않는다는 사실도 발견했다. 또, 사용되는 전력도 절약할 수 있었다. 청개구리 무리가 모여 서로 경쟁하지 않고 순서를 지켜 만든 약속된 합창이 인류의 발전에도 효용성이 있다니 놀랄 일이다.

필자는 이러한 '무리 지능'을 '집단 지성'이라 생각한다. 지성인들이 모인 집단에서 토론과 토의, 깊이 있는 의견 제시 등으로 긍정적인 사회 변화를 이끌어 내는 '집단 지성' 말이다. 교사인 필자는 우리 교실의 아이들이 이러한 '무리 지능', '집단 지성'을 뽐낼 수 있는 아이들로 성장하길 소망한다. 그러기 위해 아이에게 이것만은 꼭 가르쳐야 한다.

인간관계법 1조 1항 : 욱하지 마라

교사 10년 차 이상이면 아이들 얼굴을 보고 아이의 성격이나 가정 환경 정도는 파악할 수 있는 기술을 터득한다. 교사는 매 학기 각 학년 아이들의 특성을 파악하고 몇 학년 담임을 맡을지 고민한다.

"지금 4학년은 1학년부터 힘든 아이들이었어", "근데 3학년 애들이 더

심하다는데요?", "그래? 근데 4학년 애들이 이상하게 3학년부터 순해졌어", "그 아이들이 아마 '용띠'지? 입학 때부터 드세다고 소문났던 애들이야" 이상하게도 매해 매 학년은 그 무리의 특징이 있다. 말이 많은 아이들이 모인 학년, 학부모가 유독 민원을 많이 넣는 학년, 과잉 행동을 하는 아이들이 많은 학년. 그 특징이 정말 아이들이 태어난 해와 관련 있는지 그게 어떤 의미인지는 명확히 모르겠지만, 정말 교사 입장에서는 특정 해에 태어난 아이들을 조심스러워하게 되는 뭔가가 있긴 하다.

필자가 긴 육아 휴직을 마치고 복직했을 때 괴짜들의 집합이라고 소문난 3학년 아이들을 맡게 되었다. 우리 반에는 개똥이가 '관심이 많이 필요한 어린이'표를 달고 들어왔는데 그 아이의 일화는 정말 '놀랄 노'자였다. 개똥이는 1학년 때 선생님 얼굴에 침을 뱉고 그걸 말리는 옆 반 선생님을 발로 찼다. 입에 담지 못할 욕을 하고 다른 친구들을 심하게 때렸다. 다행인 건 그 아이가 일당백을 담당해서 그 아이를 능가하는 아이는 반 배정에서 살포시 다른 반으로 옮겨졌다는 것이다.

하지만 이 아이와 만나 시너지를 일으키는 얌전했던 소똥이는 막지 못했다. 개똥이의 특성을 숙지한 필자는 아이 '비위 맞추기' 작전에 돌입했다. 절대 비굴하지 않게 당당한 카리스마를 뿜내면서도 개똥이와 눈이 마주칠 때마다 시크하게 웃어 주기, 주변에 다른 아이가 없을 때 은근슬쩍 손잡아 주기, 아이들 활동 시간에 교실 순시하며 개똥이 머리 한번 쓰다듬어 주기. 요즘 스타일로 '츤데레' 콘셉트로 다가갔다.

개똥이가 다른 아이와 싸움을 하고 들어와 씩씩거리면서 화를 온몸으로 표현할 때 "그래 네가 얘기하고 싶은 거 억울한 거 다 얘기해 봐. 지칠 때까지 얘기해 봐. 선생님은 다 들어줄 거야" 하면서 개똥이 감정의 쓰레기통을 자처했다. 짜증과 '욱'하는 성격을 다 받아 내야 하는 건 정말 힘든 일이었지만 그래도 개똥이가 누굴 때리는 것보다는 낫다고 생각했다. 그리고 개똥이가 한풀 꺾이면 양손을 잡고 눈을 똑바로 보면서 이야기했다.

"개똥아! 선생님이 널 아끼고 사랑해서 다 들어준 거야. 이제부터는 선생님이 이야기할게. 너 지금 친구 때린 건 정말 잘못한 행동이야. 다른 사람도 다 너처럼 화낼 수 있지만 참는 거야. 화가 날 때 참는 사람이 진짜 이기는 사람이거든. 다들 너처럼 싸우지 못해서 싸우지 않는 건 아니란다. 지금 선생님이 널 참아 내준 것 대단하지? 선생님은 널 믿는 거야. 앞으로는 절대로 그러지 않을 거라는 걸 믿는 거야."

내가 이렇게 '천사들의 합창'의 천사 같은 '키메라 선생님'에 빙의해서 이야기를 해도 교실의 아이들은 늘 드라마 같은 아름다운 화해의 모습을 보여 주진 않는다. 매일 노력해도 개똥이가 달라지지 않으면 '관계를 위한 '소통'은 끝인가?' 생각하면서도 쉽게 포기하지 못하고 대화를 이어 나갔다. 그래도 개똥이는 쉬운 아이는 아니었다. 매번 그랬다. 아무리 비위를 맞추고 어르고 달래도 개똥이의 화는 바로 잠잠해지지 않았다.

"선생님이 네게 1시간의 시간을 줄 거야. 평상시처럼 공부하고 물도 마시고 화장실도 가. 그러다가 화가 가라앉고 생각이 바뀌면 선생님한테 슬쩍 와."

그 아이는 자리로 돌아가면서 보란 듯 죄 없는 친구들의 의자를 발로 뻥뻥 찼다. 필자는 다른 아이들에게 대신 사과했다.

"지금 개똥이가 화가 많이 났어요. 사람마다 화를 다스리는 방법은 다르고 화가 풀어지는 시간도 달라요. 선생님은 개똥이를 기다려 주기로 했어요. 너희들도 힘들겠지만 조금만 기다려 주자."

"개똥이랑 싸운 소똥아. 너에게는 선생님이 먼저 사과할게. 너는 오늘 잘 버텨 주었다. 개똥이가 좀 생각을 다듬으면 너에게 사과할 거야. 너에게도 조금 시간을 줄게. 잠시 후에 이야기하자."

3학년 아이의 '오기'가 얼마나 길게 갈까? 1시간이면 개똥이도 코를 벌렁거리면서 필자에게 다가온다. 그때 개똥이를 복도로 데리고 가서 손을 꼭 잡고 눈을 맞추며 이야기한다.

"역시 선생님은 사람을 잘 봐. 선생님은 개똥이가 이렇게 좋은 아이라는 걸 알고 있었어. 개똥아 선생님 실망하지 않게 해 줘서 고마워."

개똥이는 '내가 선생님 때문에 한번 참는다'는 거만한 몸짓으로 싸웠던 친구와 화해를 했다. 그렇게 한 학기를 버티고 버텨 냈다.

개똥이는 달라졌다.

이 정도 했는데 안 달라지면 필자는 벌써 사직을 했을 것이다. 아마도 우리나라 교사들은 아이가 바람직하게 성장하는 모습을 보는 보람으로 심장이 터질 것 같은 스트레스를 견뎌 내고 있을 것이다. 개똥이는 하교하다가도 운동장에서 놀다가도 내가 보이면 달려와 인사를 꾸벅했다. 자기 동생도 소개시켜 주고 예쁜 풀꽃도 선물해 줬다.

이런 로맨티스트 개똥이는 그동안 왜 그랬을까? 개똥이는 '의사소통' 하는 법을 몰랐던 거다. 어떻게 화를 억누르고 이성적으로 행동해야 하는지 방법을 몰랐던 거다. 그동안의 어른들은 개똥이가 화를 내면 혼내고 싸우는 건 나쁜 행동이라고 가르쳤다. 그게 틀린 건 아니지만 개똥이가 화를 풀 수 있는 방법을 가르쳐 주지 않았다. 화를 통제하는 방법과 제3자의 입장에서 상황을 객관적으로 바라볼 시간을 주지 않았다. 잘못한 아이가 있을 때 다그치고 혼내고 가르치기만 한다고 그 아이가 바른 길로 간다고 생각하지 않는다.

아이가 한번쯤은 오롯이 자신의 감정을 통제하고 이성적인 판단을 할 수 있는 경험을 할 수 있게 해주어야 한다. 자신이 스스로 화를 제어할 수 있는 사람이라는 걸 깨닫게 해야 한다. 스스로 화를 제어할 수 있는 자신감이 보상이 되어 점차 좋은 행동을 강화시킨다.

개똥이는 어른을 신뢰하지 못했을지 모른다. '내가 이 정도 화내면 당신은 화를 내겠지?' 하는 오기를 부려 봤을 것이다. 그래서 개똥이 같은 아이에게는 어른을 믿고 신뢰할 수 있도록 '굳건한 믿음'을 보여 줘야 한다.

필자는 개똥이와 소통할 때 늘 손을 잡고 허리를 숙여 눈을 맞췄다. 그리고 "나는 너를 믿는다. 네가 분명히 선생님의 마음을 알아줄 걸 믿는다", "나는 네가 화를 참고 용감하게 사과를 하는 아이라는 걸 믿는다", "나는 네가 마음속에 귀한 보석이 많은 좋은 아이라는 걸 믿는다"라고 끊임없이 이야기해 주었다. 이렇게 아이와 믿음을 형성하고 나니 아이와 의사소통이 가능해졌고, 개똥이도 의사소통하는 방법을 배워 나갈 수 있었다.

좋은 학교생활의 시작은 무조건 '의사소통 능력'에서 나온다. 우리는 꼭 '의사소통 능력'을 가르쳐서 아이를 학교에 입학시켜야 한다.

인간관계법 1조 2항 : 의사소통 능력 실전 편

내 아이가 소통을 잘하는 아이가 되려면 크게 7가지 실전 능력을 길러야 한다.

첫 번째. 과정을 즐기는 아이로 키우자.

결과를 중시하는 우리나라 교육에서 과정을 즐기는 아이로 키우는 건 사실 쉽지 않다. 결과를 중시하다 보니 과정에서 일어나는 수많은 유의미한 것을 쉽게 지나치고 아이들을 경쟁의 구도 속에 넣음으로 소통을 차단시킨다. 교육이든 놀이든 과정에는 수많은 '소통'이 필요하다. 규칙을 정하는 것부터 승자와 패자의 결정까지 원활한 의사소통이 전제되지 않으면 시간만 끌고 유의미한 결과를 도출할 수 없다.

교사가 없는 놀이터라는 공간에서 아이들이 피구를 한다. 아이들은 순식간에 팀을 짜고 규칙을 정한다. 얼굴과 머리에 맞는 공은 무효이며 공을 잡으면 생명이 하나 늘어나고 공을 맞은 사람은 공격자가 된다. 게임을 하면서 싸울지언정 생각보다 규칙을 정하는 과정은 일사천리로 진행된다. 즐거운 놀이를 시작하기 위해 처음부터 힘을 빼거나 자기주장이 옳다고 싸워서 판을 뒤엎지는 않는다는 말이다. 물론 이 게임의 승패에 따라 이긴 팀과 진 팀 아이들의 마음은 다르겠지만 아이들은 팀을 짜고 경기를 진행하면서 이미 많은 의사소통을 하였다.

이건 아이들이 '놀이'라는 과정을 즐겼기에 가능했던 일이다. 이 과정에서 아이들은 '배려하고 협력'한다. '배려와 협력'은 소통을 통해 가능하다. 다정한 눈빛과 상대를 존중하는 태도에서 시작되는 소통은 '배려와 협력'을 낳는다. 이기기 위한 전술일 수 있지만 아이들은 귀를 쫑긋 세우고 규칙을 경청하며 자신의 의견도 제시했다. 이런 과정을 즐기다 보면 '의사소통 능력'은 향상된다.

두 번째. 지는 연습, 실패하는 연습을 시키자.

인간은 누구나 '성공'을 향한 열망이 있다. 아이들도 성공하고 이기기 위해서 타인과 끊임없이 경쟁한다. 교실에서 삼삼오오 모여 '보드게임'에 열중한 아이들을 보면 게임에서 이기기 위해 전략을 짜고 얼마나 신중하게 게임에 임하는 지를 알 수 있다. 그 과정에서 아이들끼리 많은 의견과 대화가 오고 간다. 몸짓으로 의사소통을 하기도 하고 웃고 떠들지만 나름 진지하게 대화하며 의사소통을 하기도 한다.

그러나 게임의 결과가 나오면 승부욕이 강한 아이는 울기도 하고 따지기도 하고 근본적으로 규칙이 잘못되었다는 원망을 퍼붓기도 한다. 유독 승부욕이 강한 아이가 있다. 그런데 그렇게 승부욕이 강한 아이의 우기는 모습을 지적하는 아이도 있다. 이 둘은 즐겁게 즐겼던 게임의 과정은 잊고 싸우기 시작한다. 게임 전에 했던 '소통'은 하지 않고 일방적으로 비난하거나 인신공격을 하기도 한다. 공격의 포인트가 지금 하고 있는 '게임'에 있지 않고 평상시의 태도나 평상시에 쌓아둔 감정에 전이되어 더 큰 싸움이 되기도 한다.

그러나 경쟁 자체가 나쁜 건 아니다. 나쁜 경쟁은 나만 생각하는 이기적인 행동이지만 좋은 경쟁은 모두의 발전을 위한 것이기 때문이다. 단, 이기는 것만이 '승리'라고 생각하는 태도는 좋지 않다. 이 과정에서 싸움이 일어나고 돌이킬 수 없는 관계 악화를 가지고 오기도 한다. 아이들의 싸움이라고 우습게 보면 큰 코 다칠 수 있다. 요즘 아이들은 '교사에게 이르기'가 아닌 '학교 폭력 신고'를 감행할 수도 있기 때문이다.

가정에서는 끊임없이 지는 연습과 실패하는 연습을 시켜야 한다. 부모와 보드게임을 하든 운동을 하든 문제 풀이를 하든 일부러 져 줘서 아이에게 승리감만을 줄 필요는 없다.

비행기가 사뿐히 착륙하려면 속도를 줄이고 고도를 낮춰야 하듯 아이들도 실패에 담담해지려면 고도와 속도를 낮출 수 있어야 한다.

인생이 계속 승리로만 장식되는 사람은 없다. 승리감에만 도취한 아이는 실패했을 때 비행기가 갑자기 추락하는 듯한 고통을 느낄 수 있다. 사뿐히 안전하게 착륙하기 위한 비행기의 날갯짓처럼 승리감 사이에 실패와 좌절의 연습을 시키자.

세 번째. 게임의 룰을 다양하게 바꾸는 융통성을 교육하자.

손바닥을 앞뒤로 하는 '편 가르기'를 할 때 외쳤던 구호가 기억나는가? 필자는 이 구호를 '엎어라 뒤집어라'로 알고 40년을 살았다. 그런데 이 구호가 전국 지역과 동네에 따라 구호의 내용이 100여 개가 넘는다고 한다. 서울은 '데덴찌', 대구는 '탄탄비', '데엔지시 오렌지시', 충청도는 '우에시다리', 전라도는 '으라으문떼라', 부산 '하느을따앙'처럼 같은 지역이라도 동네마다 구호가 다르다고 하니 참 신기한 일이다. 어른들이 치는 '고스톱'이나 '민화투'도 동네마다 지역마다 규칙이 다른 걸로 알고 있다. 이것들은 모두 다 '의사소통'의 산물이 아닌가? 서로 의견을 나누면서 자기 지역에 맞게 자신들에게 편리하게 수정해 나갔으리라.

이렇게 게임의 룰을 바꾸면서 하는 의사소통으로 아이들은 융통성을 기를 수 있다. 내 의견만 주장하지 않고 타인의 의견이 좋으면 내 의견을 좀 내려놓는 타협의 방법도 배울 수 있다. '게임의 룰!' 솔직히 귀에 걸면 귀걸이 코에 걸면 코걸이 아닌가?

네 번째. 작은 승리의 경험을 안겨 주어야 한다.

아이가 어떤 의견을 제시했을 때 그 의견이 별로거나 상황에 맞지 않아도 한번 받아들여 보자. 나이가 어려 논리가 부족하다고 해도 아이의 의견이 수용되는 경험만으로도 아이는 의사소통의 중요성을 알게 된다. 아이가 제시한 의견으로 해 보고 안 되면 수정해 나가면 된다. 아이는 성장하면서 어떻게 해야 자신의 의견이 받아들여지는지 소통하는 기술을 자연스럽게 습득할 수 있을 것이다. 자신의 의견이 수용되는 작은 승리의 경험이 아이의 의사소통에 자신감을 심어줄 것이다.

다섯 번째. 타인을 존중해야 한다.

'아이는 부모의 등을 보고 자란다'는 말처럼 아이는 부모의 말투, 행동을 모델링하며 성장한다. 부모가 난폭 운전을 하고 욕을 하며 끊임없이 타인을 뒷담화한다면 아이는 불안감도 느끼겠지만 그 행동을 그대로 학습할 것이다. 부모가 타인을 존중하지 않는 사람이고 일방적으로 자신의 주장만 하는 사람이라면 아이도 그렇게 자랄 것이다. 아이가 타인을 존중하고 타인과 의사소통을 잘하는 아이로 자라기를 바란다면 부모가 먼저 타인을 존중해야 한다. 내 아이에게 이야기를 할 때도 청유형으로 부드럽게 이야기해 보자.

"이걸 해 보면 어떨까?", "길이 험하니 조심히 가자." 청유형은 상대에게 선택권을 부여한다. '이렇게 해도 되고 안 해도 되는데 네가 결정해라'의 의미이다. 이것은 타인을 존중하는 화법이다. '내 의견이 있지만 네 의견을 존중해 줄게'라는 느낌을 주는 화법이다.

'가는 말이 고와야 오는 말이 곱다.' 내 아이가 '의사소통'을 잘하는 아이로 자라기를 바란다면 타인을 존중하며 말하는 청유형으로 대화해 보자. 그럼 상대 아이도 고운 말로 내 아이를 대할 것이다. 고운 두 아이의 의사소통은 둘의 '관계'를 돈독히 한다.

여섯 번째. 행동에 대한 결과를 인정해라.

어차피 인생의 총량으로 보면 일정 부분 열정과 성실이 담당하는 부분이 있다. 어떤 것을 결정적으로 해야 하는 시기에 그걸 하지 않으면 인생의 어느 순간 구멍이 나고, 그 구멍을 메꾸기 위해 또 다른 열정을 쏟아부어야 한다. 어떤 행동을 하지 않으면 그 행동을 하지 않아 벌어진 결과를 받아들이고, 최선을 다한 행동에도 실패했다면 그 결과로 얻는 소득을 인정해야 한다. 사람은 누구나 실수할 수 있다. 실수와 잘못을 받아들이고 행동에 대한 결과를 인정해라. '내가 이렇게 해서 이런 결과가 나왔구나'를 쿨하게 받아들이는 연습을 시켜라. 그러면 싸울 일도 오해할 일도 없다.

아이를 지나치게 사랑하는 엄마를 말하는 신조어 '헬리콥터 맘'. 사실 필자도 헬리콥터 맘이었다. 아니 어쩌면 지금도 헬리콥터 맘이기에 아이들의 작은 상처가 제 상처인 양 아이보다 더 아파하기도 한다. 그러나 과도한 보호자의 관여는 자신의 행동이 어떤 결과를 불러일으킬지 결과를 관찰하는 아이의 학습권을 박탈할 수 있다. 어떤 행동을 해서 어떤 결과가 나왔다면 그것은 오롯이 아이가 감당해야 할 몫이다. 내 행동이 이러했는데 그 행동과 반대인 결과가 나올 수도 있고 의외로 좋은 결과가 나올 수도 있는 거다.

아이들의 건전한 '의사소통'을 방해하는 것 중에 하나가 결과를 받아들이지 못하는 태도이다. '내가 왜 실패해야 하는가? 어떻게 나한테 이런 결과가 나올 수 있을까?'에 대한 의문보다 '왜 실패하게 되었나 왜 이런 결과가 나오게 되었나'를 생각해 보고 '소통'해야 한다. 어떤 결과가 나왔을 때 구석으로 사라져 삐져 있거나 의기소침해하는 아이들이 있다.

> 왜 토라졌는지 자신의 감정을 말하지 않으면 그 누구도 나를 알아주지 않는다. 말하지 않으면 그 감정을 공감해 줄 수 없다. 결과를 받아들이고 인정할 수 없다면 '의사소통'을 통해서 풀어야 한다는 걸 훈련시켜야 한다.
> 성공이든 실패든 결과를 마주했을 때 드는 자신의 감정을 공감하고 수용하면서, 받아들이기 힘든 부분은 '대화'로 풀어내야 한다.

일곱 번째. 분노를 다스려라.

사람이 살면서 늘 좋을 수는 없다. 부정적인 감정은 시시때때로 찾아온다. 이런 부정적인 감정을 잘 표현하고 자연스러운 감정이라고 인식하는 과정이 '소통'의 첫 단추가 될 것이다. 보통 분노는 불안정한 정서, 낮은 자존감, 자기 통제 능력의 결여 등으로 나타날 수 있다. 하지만 분노하는 것과 분노를 표출하는 것은 다르다.

분노를 표출하지 않고 다스리는 법을 가르쳐야 한다. 언어적 단서뿐 아니라 비언

어적 단서인 억양, 목소리, 표정에도 초점을 맞춰서 '소통'하는 기술을 가르쳐야 한다. 아무리 화가 나도 억양을 높이지 않고 감정을 조절한다. 목소리 톤을 유지하고 평온한 표정을 지으며 '의사소통'해야 함을 강조해야 한다.

아직 어린 아이가 분노를 삭이고 평온하게 대화를 이어나가는 것은 쉬운 일이 아니다. 그럼 그 상황을 피할 수 있는 행동을 가르치자. 분노가 일어 참을 수 없을 때는 자리를 피하거나 심호흡을 하거나 멈추고 숫자를 세라. 물을 마시거나 좋았던 기억을 떠올리거나 '곰 세 마리' 같은 짧은 동요를 속으로 한 번 부른 후 다시 대화를 해 보는 것이다. 이렇게 훈련이 된 아이는 '분노'라는 극심한 감정의 변화로 인해 '의사소통'을 망치지는 않을 것이다.

인간관계법 1조 3항 : 태도가 곧 본질이다

정치적 이념을 떠나서 필자는 청와대 페이스북에 실린 한 장의 사진 (2018. 5. 24.)을 보고 큰 충격을 받았다. 사진에서 뿜어 나오는 '애티튜드(Attitude-태도)'에 반했다고 할까? 미국의 존 볼턴 백악관 국가안보보좌관 앞에서 다리를 꼬고 앉아 여유롭게 그를 바라보는 강경화 외교부 장관의 '태도'. 그녀는 우리나라의 외교부 장관이었고 우리나라를 대표하여 한미 정상회담에 참석했다. 그녀의 태도가 우리나라의 얼굴인 상황에서 그녀의 자유롭고 거리낌 없지만 자신감 있는 애티튜드를 보라. 나는 내 아이도 어디서든 당당하고 기품 있는 태도를 지닌 아이로 자라기를 바란다.

몇 년 전 담임을 맡았던 아이 중에 외모도 곱상하고 공부도 잘하는데다 독서광인 상전님이 있었다. 그 아이의 외형적인 조건과 가정 환경, 학습 능력은 가히 우리 반의 최상이었다. 하지만 이 아이는 필자의 많은 제자 중에서도 유독 필자를 정신적으로 힘들게 했다. 아이의 실내화는 늘 다른 아이 자리에 한 짝씩 놓여 있었고 필기구는 보물찾기라도 하는 양 여기저기 숨겨져 있었다. 급식을 먹은 후 수저와 젓가락은 책상 위나 바닥에 방치되었으며 책상은 흘리고 간 음식물로 지저분했다. 책상 서랍은 늘 그 부피의 한계가 어디까지인지를 뽐내고 있었고 아침에 가득 차 있던 필통은 텅 빈 채로 버려져 있었다.

아이의 빛나는 외모와 지적 능력은 산만한 주변과 흐트러진 태도에 가려 보이지 않았다. 아이의 지우개는 자르고 또 잘라 여기저기 버려졌는데, 자신이 필요할 때면 다른 아이의 지우개가 자신의 지우개라고 우기느라 싸움을 일으키기도 했다. 네 번째 줄에 앉은 아이의 실내화가 첫 번째 줄에 앉은 아이의 의자 밑에까지 도달하는 동안 반 아이들의 불평과 불만은 쏟아져 나왔다. 수업 종이 쳐도 도서관에서 돌아오지 않았고 수업 중에는 읽던 책에서 빠져나오지 못해 수업에 전혀 집중하지 못했다.

필자가 교과서를 펴라고 하거나 자리 정리를 하라고 하면 귀를 막고 "아아아아아" 하는 소리를 내며 잔소리는 듣고 싶지 않다는 걸 온몸으로 표현했다. 수업 중에 문득 아이를 보면 필자를 향해 손으로 총을 만들어 사격하듯이 '땅' 하고 총질을 했다. 여러 차례 어머님과 전화 상담을 하고 아버님과는 긴 시간 대면 상담을 하였지만 아이의 상황은 좀처럼 나아지지 않았다. 부모님은 아이를 사랑하셨고 해결 방안을 모색하려고 노력하셨지만, 부모님이 생각하는 해결 방안과 교사가 생각하는 해결

방안에는 큰 괴리가 있었다.

필자는 아이 부모님이 아이의 상황을 '인정'하는 게 먼저라고 생각했다. 필자가 아이의 어지러운 자리를 사진으로 찍어 뒀던 이유도 '아이의 부모님이 직접 눈으로 확인하면 심각성을 알아차리시지 않을까' 하는 바람이 있었고, 현실이 이러니 한 단계 한 단계 고쳐 나가면 아이의 품행이 교정되지 않을까 하는 기대에서였다.

그러나 부모님은 교사의 사랑과 관심이 아이의 행동을 교정할 수 있을 것이라고 확신하셨다. 또, 아이의 이런 행동은 지나온 담임 교사들의 무심함과 독설 때문이라 이야기하셨다. 물론 교사들의 무심한 태도와 아이 마음을 읽어 주지 못하는 행동으로 아이가 상처받았을 수 있다. 하지만 매일 같이 밥 먹고 잠자고 생활하는 부모의 책임은 없을까? 굳이 책임으로 치자면 교사와 부모는 몇 대 몇의 지분일까?

필자는 책임을 전가하는 이 부모의 태도에서 아이의 태도가 오버랩되어 보였다. 냉정하게 교사는 아이와 1년 동안 만나며 뜨겁게 사

상전님의 어지러운 자리

랑하다 신데렐라 타임처럼 반강제적으로 완벽하게 세이 굿바이(Say Goodbye) 하면 그만인 사이이고 부모는 그 아이의 전 인생과 관계되어 있다. 아이의 태도가 엉망이건 품행 장애를 겪던 교사는 실상 1년만 '나 죽었소' 하고 방학만을 손꼽아 기다리면 된다는 말이다. 아이의 현재 상황을 진지하게 받아들이는 부모의 태도가 절실했다. 그 부모님이 아무리 전 학년 담임 선생님 욕을 해도 필자는 흔들리지 않으려 노력했다.

> 가장 먼저 아이에게 결핍을 주셔야 한다고 설득했다. 필통도 들려 보내지 마시고 지우개는 절대 보내지 마시라고 했다. 아이는 교사에게 매일 연필 한 자루와 지우개 하나를 지급받고 다시 교사에게 돌려준다. 그렇게 하니 아이 자리 아래 떨어진 학용품이 사라졌다. 아이의 실내화가 나뒹굴면 실내화를 조용히 교사 책상 아래 두고 아이가 찾으면 주었다.

아이의 자리는 교사 앞자리로 바꿔 주기도 하고 맨 뒷자리로 바꾸기도 했다. 맨 앞자리에 있으면 교사가 힘들고 맨 뒷자리로 보내면 다른 친구들이 힘들었다. 보통 칠판 앞의 빈 공간에서 아이들이 보드게임도 하고 간단한 놀이를 하는데 이 아이가 버린 휴지와 학용품, 책, 휴대폰 가방 등이 자유 활동에 방해가 되었다. 교사의 잔소리가 좀 덜 미치는 맨 뒷자리로 그 아이에게 자유를 주었는데 그 아이 앞쪽에 앉은 아이들은 줄줄이 지우개 가루 테러를 당하고 있었다.

이 아이를 어떻게 해야 할까? 전 학년 담임들에게도 의논해 보았지만 모두 입을 모아 쉽지 않다고 하셨다. 학부모의 교사를 향한 불신과 자녀에 대한 지나친 믿음으로 1, 2학년이라는 귀한 시간을 낭비한 상태였다.

이대로 4학년으로 진학시킬 수는 없었다. 교사도 사람인지라 교사에게 '총질'을 하는 아이가 예뻐 보이지는 않았다. 차라리 대놓고 오기를 부리는 개똥이가 더 인간적이었다. 그래도 교사의 업보를 받아들이기로 했다. 할 수 있는 건 다해야 했다. 우유갑 입구를 벌려 놓지 말고 닫아 놓으라는 소리를 귓등으로 흘리며 이틀에 한 번 꼴로 우유를 쏟고 쏟아진 우유를 멀뚱히 바라보는 아이를 보면 매일이 스트레스였지만 참아 내야 했다.

그래도 아이는 자라고 있다고 믿었다.
사막에도 꽃은 핀다. 아스팔트 틈을 비집고 자라는 풀잎을 보라. 불가능한 건 없다. 필자는 매일 아이의 티끌만큼의 변화 과정을 칭찬했다.

실내화를 신고 앉아 있는 당연한 일도 칭찬했고, 수학 시간에 수학책을 꺼내는 것도, 수업 시간에 흥얼거리면서 노래를 부르지 않고 가만히 앉아 있는 것도 칭찬했다. 그런 티끌 칭찬이 1년이 쌓였다. 그 부모님께도 조금 믿음을 보여드린 걸까? 진심이 통한 걸까? 부모님도 아이의 놀이 치료에 적극 도움을 주셨다. 2학기 마지막 날 마지막 수업을 하며 아이들과 인사를 하는데 유독 이 아이만 눈물을 펑펑 흘리며 담임과의 이별을 슬퍼했다.

비록 아이의 태도를 완벽하게 교정하여 진급시키지는 못했만 아이가 변화되고 있다는 것에서 희망을 보았다. 아이가 앉아 있는 모습, 연필을 잡고 글씨를 쓰는 모습, 줄 서는 모습뿐 아니라 친구를 대하는 태도, 공부에 임하는 진지함 등이 아이가 어떤 아이인지를 보여 준다.

아이가 공부를 잘하건 못하건 '태도'는 아이의 인생 전반을 결정짓는 본질이다.

아이는 언젠가 학교를 벗어나 사회인이 될 것이고 냉정한 사회는 '이해심'이 깊지 못하다. 선도나 교화를 하는 착한 담임 선생님은 없고 마음에 들지 않으면 해고하는 상사만 있을지도 모른다.

결코 '태도가 기분이 되어서는 안 된다', 내 기분에 따라 태도가 달라지는 것을 경계해야 한다. 아이의 태도는 아이가 가지고 태어난 기질일 수 있지만 부모의 양육 태도가 결정적이다. 위에서 언급한 부모처럼 내 아이는 문제가 없고 외부적인 요인이 문제라고 생각한다면 답이 없다. 그냥 그렇게 사는 수밖에. 하지만 부모가 기질적으로 품행에 어려움을 겪는 아이를 받아들이고 교사와 한 팀이 되어 태도를 바로잡으면 아이는 분명히 성장할 수 있다.

초등학생 때 아이를 받아들이지 않으면 중고등학생이 되어서는 이미 늦어버린다. 아이는 성숙한 부모의 태도를 보고 자란다. 타인을 대하는 태도와 대화하는 방법, 서로 한발 양보하며 목표를 향해 나아가는 타협 과정, 잘못을 인정하고 수정하려는 태도.

학부모들이여, 교사가 내 아이의 태도를 지적한다면 귀 기울여 보자! 교사는 1년만 보면 되는 아이지만 나에게는 평생을 함께할 내 아이다.

인간관계법 1조 4항 : 무조건 베풀지 마라

내 아이가 인기 있는 아이가 되길 원하는가? 바른 아이가 되길 원하는가? 물론 인기 있고 바른 아이가 되면 가장 좋겠지만 어른이 생각하는 바른 아이가 인기가 있을 확률은 불행히도 그리 높지 않다.

우리에게 두 가지 중 하나의 선택권이 있다. 규칙을 잘 지키고 바른 태도를 지녔지만 동급생에게 인기가 없는 내 아이, 일탈과 선을 넘는 녀석으로 보통의 아이가 하지 못하는 행동을 과감하게 하는 반항기 있는 인기 있는 내 아이. 둘 중 하나를 골라야 한다면 당신은 어떤 선택을 하겠는가?

교사 엄마로서 나는 내 아이가 인기 있는 아이이길 바란다. 하지만 엄마 교사로서는 내 아이가 바른 아이이길 바란다. 전자의 방점은 엄마이고 후자의 방점은 교사에 찍혀 있다. 솔직히 엄마로서는 내 아이가 상처받지 않고 즐거운 학창 생활을 했으면 하는 마음이고, 교사로서는 반항기 있는 아이가 주는 스트레스가 얼마나 크며 그 아이 하나로 교실이 얼마나 쑥대밭이 되는지 흔히 하는 말로 아이 하나로 교실 물이 얼마나 흐려지는지를 알기에 꼭 내 아이가 바른 아이가 되었으면 좋겠다. 참 이중적인 생각이다. 교실 상황을 잘 모르는 학부모들의 선택은 어떨까? 아마도 내 아이가 인기가 많은 '인싸'가 되는 걸 더 소망하지 않을까?

필자의 제자 중 외모, 학업, 성격, 신체 능력이 모두 최상위인 길동이라는 아이가 있었다. 누가 봐도 '나는 모범생입니다'라는 얼굴로 바르게 앉아 수업을 받고 어려운 질문에는 쑥스러워 볼이 발그레 변하는 순진한 마음을 가진, 친구도 많고 점심시간에는 축구를 하느라 종이 치는 지도 몰라 순진한 눈으로 혼날까 헐레벌떡 뛰어오는 아이다. 그 아이는 교사가 보기에는 충분히 바른생활을 하는 인기 있는 아이였다.

그런데 그 아이의 어머니와 상담 후 필자는 큰 충격을 받았다. 아이는 자신은 인기가 없으며 공부도 못하고 세상에 불필요한 존재라고 생각한다는 것이다. 그 아이의 마음은 놀라웠다. 늘 열심히 공부하고 친구도 많은 녀석이 왜 그런 생각을 했을까?

길동이는 축구도 잘하고 운동도 잘하지만 특유의 착한 마음으로 쎈 녀석들 사이에서 자기 주장을 잘 펴지 못했다. 비자발적으로 축구 포지션이 정해지고 공격, 수비도 쎈 녀석들의 의견에 맞춰 정했다. 자신은 키커를 하고 싶어도 골키퍼를 하라는 거친 친구들의 요청에 대꾸를 못하고 응했다. 종이 쳐서 교실에 들어가고 싶어도 아직 게임이 안 끝났다고 더 운동하자는 아이들의 말을 뿌리치지 못했다. 그런 행동이 자신의 신념과 맞지 않아 괴로웠을 것이다. 또, 초등학교에서는 학습 성취에 대한 순위를 매기지 않으니 자신이 얼마나 공부를 잘하는지도 모르고 있었을 것이다.

참 안타까웠다. 물론 필자는 길동이에게 '너는 공부도 잘하고 학습 태도도 바르며 친구들의 신망이 두텁다'고 열심히 이야기해 주었다. 하지만 한번 본인이 판단한 '자기 자신'에 대한 이미지는 쉽사리 깰 수 있는 건 아니었다. 강단이 있는 아이는 잘 흔들리지 않지만 착하기만 한 순한 아이들은 주위 환경에 많이 흔들린다. 이럴 때 아이가 교사나 부모에게 상담을 해 준다면 좋겠지만 먼저 말을 하지 않는다면 부모가 아이를 잘 관찰해야 할 것이다. 아이의 '의기소침'을 너무 쉽게 보지 말아라. 아이에게도 이유는 있다.

길동이가 내 아들이었다면 이런 말을 많이 해 줄 것이다.

"너는 정말 반짝반짝 빛나는 아들이란다. 내가 너를 낳고 키우면서 너라는 존재 자체가 준 행복은 엄마가 태어나서 가장 잘한 일이라는 걸 늘 느끼게 해 주었어."

"친구가 하자고 해서 모든 걸 할 필요는 없어. 착한 아이만 좋은 아이가 아니다.

내 의견을 바르게 말하는 아이가 좋은 아이야. 네가 의견을 말했는데 친구들이 잘 들어 보지도 않고 싫어한다면 그 친구는 만나지 않아도 좋아. 지금 슬프다고 해서 평생 슬픈 것은 아니거든. 그 친구들과 놀지 않는다고 해서 네게 평생 친구가 없는 건 아니란다.”

“엄마도 초등학교 때 친구는 지금 잘 만나지 않아. 커 가면서 나와 맞는 사람을 만나게 되고 그들이 평생을 함께할 친구가 되는 거야. 너는 지금 멋지게 크고 있고 그건 널 낳은 엄마인 내가 보증해. 엄마를 믿어. 넌 잘될 거야.”

마르쿠스 피스터 작가의 『무지개 물고기』(시공주니어, 2010)라는 책이 있다. 반짝이는 비늘이 매우 아름다운 무지개 물고기가 있었다. 파란 물고기는 무지개 물고기에게 비늘 하나를 떼어 달라고 한다. 하지만 무지개 물고기는 떼어 주지 않았다. 파란 물고기는 주변 물고기들에게 무지개 물고기의 흉을 보고 무지개 물고기를 ‘왕따’시킨다. 고민에 빠진 무지개 물고기가 ‘문어’ 할머니를 찾아가 고민을 털어놓자 할머니는 친구들에게 아름다운 비늘을 하나씩 나눠 주라고 한다. 할머니의 말대로 비늘을 하나씩 나눠 주며 무지개 물고기는 친구들과 친해진다. 그러다 무지개 물고기에게는 딱 하나의 비늘만 남게 된다.

이 책의 출판사 서평을 보면 “전 세계에서 변함없는 사랑을 받고 있는 그림책의 걸작이다.《무지개 물고기》시리즈는 마르쿠스 피스터만의 상상력과 새로운 인쇄 기술이 행복하게 만나서 어린이로 하여금 절로 탄성을 터뜨리게 하는 그림책이다. (중간 생략) 작가는 ‘친구 간의 우정’과 ‘나눔’, ‘진정한 용기’가 무엇인지를 무지개 물고기를 통해 따뜻하게 들려준다.

무지개 물고기와 친구들이 펼치는 바다 속 세상의 크고 작은 이야기!"라고 소개되어 있다. 무지개 물고기 시리즈 중 『무지개 물고기야 엄마가 지켜 줄게』는 엄마가 아기무지개 물고기에게 믿음과 신뢰를 보여 주며 현명한 부모의 모습을 드러내는 내용을 담고 있는데, 필자는 이 책을 읽고 눈물을 흘릴 만큼 감동을 받았다.

자 그럼 다시 《무지개 물고기》 이야기를 해 보자. 먼저 무지개 물고기는 친구를 찾기 위해 무척 적극적이다. 필자는 무지개 물고기의 능동적인 모습에 박수를 보내고 싶다. 그러나 자신의 비늘을 나눠 주며 친구 관계를 유지하려는 무지개 물고기를 보며 생각할 거리가 생겼다.

어른인 우리가 한번 생각해 보자. 자신이 가진 장점을 뽐내는 건 무조건 잘못인가? 자신의 것을 나눠 준 무지개 물고기의 행동은 옳은가? 자신의 생명과도 같은 비늘을 주지 않는 것이 잘못인가? 친구가 가진 좋은 것을 달라고 하는 것이 진정한 친구인가? 친구라는 관계는 자신의 것을 떼어 주어야 유지되는 것인가? 일방적으로 주는 관계에서의 관계란 어떤 의미인가? 문어 할머니라는 어른의 지혜는 믿을 만한 것이었을까? 무지개 물고기가 자신이 가진 모든 것을 내어 주어 초라해졌을 때도 그의 곁에 남을 친구는 있을까? 과연 모두가 행복해진다는 것은 어떤 의미인가? 무지개 물고기가 내 아이라면 혹은 우리 교실의 아이라면 어른인 우리는 뭐라고 말을 해 줄 것인가?

일단 표준국어대사전에서 우리가 생각하는 '친구'라는 의미를 정리해 봐야겠다.

친구(親舊)

[명사]

1. 가깝게 오래 사귄 사람.

2. 나이가 비슷하거나 아래인 사람을 낮추거나 친근하게 이르는 말.

사전적 정의는 가깝게 오래 사귄 사람.

개인적으로 친구는 '마음이 통하는 사이의 사람, 서로의 마음을 알아주는 사람. 서로 격려하고 의지하는 사람'이라고 생각한다. 만약 무지개 물고기처럼 아름다움을 가진 친구가 있다고 가정해 보자. 그 친구가 나에게 피해를 주지 않지만 그 모습에 질투가 느껴진다. 그렇다고 그 친구가 가진 것을 달라고 하고 그걸 주지 않는다고 '왕따'를 시키는 것이 옳을까?

세상에는 다양한 모습의 아름다움이 있다. 키가 크고 화려한 외모, 키가 작지만 귀여운 외모, 미소가 예쁜 얼굴, 반짝반짝 빛나는 눈동자, 앵두 같은 입술, 늠름한 표정, 건장한 체격, 정의로운 말솜씨 등 인간이 풍기는 아름다움은 너무나 많다. 그렇다면 이 아름다움은 나눠 줄 수 있는 것인가? 그렇지 않다. 그 아름다움을 닮기 위해 노력할 수는 있지만 빼앗을 수는 없다. 하지만 물고기 친구들은 기어코 무지개 물고기의 모든 비늘을 떼어 갔다.

그럼 일방적으로 베풀어야 이루어지는 친구 관계는 옳은 것인가? 인간관계는 늘 그렇듯 일방적이면 오래 갈 수 없다. 준다면 받을 수 있지만 나도 주어 균형을 맞춰야 한다. 한쪽에서 일방적으로 모든 것을 주어 만들어진 관계는 행복해질 수 있을까? 그런 관계는 오래 유지할 수 없다는 진리를 우리 어른들은 잘 알고 있을 것이다.

그렇다면 우리 아이들은 어떻게 친구를 사귀고 어떻게 친구 관계를 유지해야 할까? 진정한 어른이라면 우리는 어떻게 이야기를 해 주어야 할까? 우선, 우리는 무지개 물고기의 아름다움을 인정해야 한다. 단, 아름다움을 뽐내어 남을 상처 주는 것은 경계해야 한다. 또, 친구의 것을 탐하는 '질투'의 바람직하지 않음을 이야기해야 한다. 내 아이가 가진 어떤 의미의 아름다움이든 그것이 설령 질투의 대상이 된다고 해도 그 아름다움을 꺾을 권리는 그 누구에게도 없다는 것을 교육시켜야 한다.

　내 아이는 내가 지켜야 한다. 그러기 위해서는 아이를 강하고 단단한 '강단' 있는 아이로 키워야 한다. '너는 아름답고 그 아름다움은 그 누구도 훼손할 수 없는 너의 것'이라는 자존감을 키워 줘야 한다는 말이다. 또 아름다움을 떼어 가려는 친구에게는 고운 말로 정중하게 이야기해야 한다. '너는 내게 없는 다른 아름다움이 있다. 너의 아름다움도 멋지다'고 말이다. 그런데도 그 친구가 나를 질투하고 나를 나쁘게 이야기하고 다닌다면 미련 없이 '손절'해야 한다. 착한 사람 콤플렉스에 빠져서 '손절'을 두려워한다면 내 아이의 인생이 피곤해질 것이다.

세상에는 많은 사람이 있다. 시간은 멈춰 있지 않고 흘러갈 것이며, 만약 지금 우리 아이 반에서 내 아이를 힘들게 하는 친구가 있다 한들 이 시간은 다 지나갈 것이다.
요즘 어른들도 '혼밥', '혼영'을 즐기는 시대다. 혼자 책을 읽고 혼자 화장실을 간다고 내 아이가 사랑스럽지 않은 건 아니다.

필자의 딸이 4학년이 되면서 어른 없이 친구들과 쇼핑센터에 몇 번 나가서 아이쇼핑도 하고 햄버거도 사 먹으며 시간을 보낸 적이 있다.

그러던 어느 날 같이 다니던 친구들이 삼삼오오 나뉘더니 내 아이가 그 무리에 끼지 못할 때가 생겼다. 그럴 때 아이는 정말 속상해했고 필자도 따라서 마음이 아팠다. 그런데 며칠 전 필자의 딸과 친구 둘이 만나 음료수와 떡볶이도 사 먹고 문구점 쇼핑도 했다. 필자가 딸에게 물었다.

"너는 왜 다른 친구 A는 부르지 않았니? 너 A 좋아하잖아? A가 싫어서 부르지 않은 건 아니지?" 잠깐 생각하던 딸아이가 말했다.

"나 A 좋아하는데 어쩌다 보니 A 부를 생각을 하지 못했어요."

"그래 그거야. 친구들이 너와 같이 놀자고 하지 않는다고 너를 싫어하는 건 아니야. 그리고 모든 곳에 네가 있어야 하는 것도 아니고 그러니 다음에 친구들이 너를 부르지 않아도 너무 실망하지 마."

아이들은 양면성을 생각하기에는 아직 어리다.

그래서 아이 친구 관계에 어른의 개입은 어느 정도 필요하다. 물론 문어 할머니처럼 어설픈 조언은 최악이지만. 끌려다니는 관계, 무조건 베푸는 관계, 내 것을 잃으면서 유지해야 하는 관계는 차라리 '손절'이 낫다는 것을 꼭 가르쳐야 한다.

인간관계법 1조 5항 : 내 아이 왕따 탈출법

인생은 여행이다. 사실 인생은 100미터를 몇 초 내에 달려야 금메달을 따고 세계 신기록을 갱신하는 스포츠 경기거나 내 앞의 적을 몇 명 더 많이 죽여야 고수가 되는 컴퓨터 게임이 아니다. 낯선 사람을 만나고 낯선 환경에 당황도 하고, 환호도 하면서 이국적인 향기에도 취했다가 익숙한 것이 그립다가 적당한 시간 적당한 장소에서 다시 집으로 돌아오는 여행이다.

여행을 대하는 모습을 보면 그 사람의 개성이 보인다. 어떤 사람은 배낭하나 짊어지고 훌쩍 떠나고 어떤 사람은 동선과 시간까지 완벽한 계획을 짠다. 필자는 후자에 속하는 인간형이라 삶이 많이 피곤하다. 맛집은 어디이고 기차는 몇 시에 타야 하는지 몇 시에 이동해야 교통 정체를 피할 수 있는지 어떤 기념품을 사야 하는지 심지어 그 기념품이 가장 싼 곳은 어디인지 여행 카페나 블로그를 꼼꼼하게 검색한다. 내 인생의 여행은 늘 이렇게 내가 통제할 수 있었다. 물론 기상 악화로 비행기의 출발이 지연되거나 취소될 때도 있지만 나 같은 인간형은 그런 것까지 대비한다. 여분의 옷도 좀 더 챙겨 가고 먹는 약이 있다면 며칠 분은 여유로 담아가기 때문에 큰 불편은 없는 그런 여행을 즐기면 됐다.

그런데 엄마가 되고 이 인생 여행은 내 통제 밖으로 한참 밀려나 우리를 당황시킨다. 아이가 어릴 때는 비가 오면 우산으로 추우면 두툼한 점퍼로 내 아이를 보호하고 통제할 수 있었다.

그러나 엄마의 통제 아래 아이를 둘 수 있는 건 감히 1학년까지라고 할 수 있다. 어리바리 너도 나도 처음인 1학년의 생활이 지나면 자연의 순리대로 '약육강식', '적자생존'의 시기가 온다. 이즈음 '여왕벌의 날갯짓'이 시작된다.
이 시기는 보통 2학년쯤으로 추정되는데 이 시기 아이의 친구 관계는 전 생애 자존감 형성에 많은 영향을 끼친다.

'내가 사랑받는 인간인가? 나는 사랑스러운 인간인가?'
참 안타깝게도 인간은 '관계' 속에서 자신을 형성해 간다. 내 부모와 조부모 친인척들에게 듬뿍 사랑받았던 '나'이지만 또래의 누군가가 나를 '왕따'시키고, 나를 비웃는 경험을 하게 되면 우울해지고 자존심에 상처를 입는다. 2학년 시기의 아이들 중 아직 1학년 티를 못 벗은 순진 무구한 아이들이 있는 반면 조숙한 아이도 있다. 또래보다 조금 더 성숙한 아이, 생각이 깊고 타인을 배려하는 성숙이 아닌 한마디로 '까진' 아이가 여왕벌이 된다.

여왕벌은 자신과 비슷한 성향의 자신보다는 좀 덜 '까진' 아이와 무리를 짓는다. 순진하고 약한 내 아이는 그 무리에 끼지 못한다. 그 무리는 늘 즐거워 보이고 강해 보인다. 내 아이도 그 무리에 껴서 복도에서 좀 뛰거나 선생님 말씀에 반항하거나 교실 속의 소란에 끼어 웃고 싶다. 그러나 내 아이는 내가 잘 가르친 규칙이나 규범과 여왕벌의 일탈 사이에서 혼란스럽다. 또, 여왕벌의 무리는 재미없는 예절 바른 내 아이를 결코 그 무리에 끼워 줄 생각이 없다.

몇 년 전 필자는 딸의 운동회에 참석한 적이 있다. 점심시간에 아이들은 삼삼오오 무리지어 학교 밖으로 나가 불량 식품을 사거나 하릴없이 돌아다녔다. 외부인도 많이 오고 교통 통제도 제대로 이루어지지 않는 학교 밖은 굉장히 위험해 보였고, 2학년 아이들끼리 학교 행사 중에 밖으로 외출을 하는 것은 규칙에 어긋난다고 생각했다. 그러나 내 아이는 살짝살짝 선생님의 눈을 피해 일탈하는 아이들의 무리에 끼고 싶어 했다. 이때 엄마 교사인 필자도 혼란스러웠다. '이러다 내 아이가 왕따가 되면 어쩌지? 아이를 위하는 게 뭘까?' 엄마인 내 마음이 갈대처럼 흔들렸다.

그럼 누가 왕따를 당하는가?

70년대 후반생인 필자가 어렸을 때 '왕따'는 공부를 못하거나 위생이 불량하거나 너무 고집이 세서 그 고집을 또래가 감당할 수 없는 경우의 아이들이었던 것 같다. 그때는 대놓고 그 친구를 소외시키지는 않았지만 군이 그 친구를 놀이에 끼워 주지도 않았다. 그러나 지금 '왕따'를 당하는 아이들은 예쁘거나 옷을 잘 입거나 공부를 잘하는 소위 좀 눈에 띄는 친구일 가능성이 있다. 아니 어떤 이유도 없는 그냥 평범한 아이일수도 있다. 이미 복장이 청결하지 않거나 공부를 못하는 친구는 그냥 아웃사이더일 뿐 여왕벌의 먹잇감이 되지는 않는다. 그 친구들은 여왕벌의 질투의 대상이 아닐 뿐더러 여왕벌의 흥미를 끌지 않는다.

> 안타깝게도 여왕벌은 자신과 친했던 친구를 갑자기 왕따시키기도 하고, 친구 관계가 홀수가 됐을 때 내 아이를 자연스럽게 소외시킨다. 아니, 어쩌면 아무 이유 없이 내 아이를 소외시킨다.

필자의 딸이 2학년 체험학습 중에 다급히 필자에게 전화를 걸어왔다. 오전 중 어린이집에서 오는 전화나 수업 시간 중 학교에서 걸려 오는 전화는 엄마를 긴장시키기에 충분하지 않은가? 일과 중의 전화는 보통 어떤 '사고'와 관련 있기 때문이다. 필자의 딸은 즐거운 체험학습 중에 왜 전화를 했는가? 순간 심장이 쿵 내려앉았다. 아니나 다를까 아이는 울고 있었다. 지난 주까지 장기자랑에서 걸 그룹 춤을 함께 연습하던 여왕벌 친구가 딸과 함께 걷던 친구의 손을 낚아채 가 버렸고, 자신은 지금 혼자 체험학습 장소를 배회하고 있다는 것이었다. 그 상황이 그림처럼 눈앞에 그려지는 교사인 엄마는 고민에 쌓였다. 담임 선생님께 전화를 할 것인가? 그 여왕벌을 찾아 전화를 바꿔 달라고 하여 야단을 칠 것인가? 엄마가 처음인 초보 엄마는 정답을 찾을 수 없었고 아이를 달래는 수밖에 없었다. 추후 학급 밴드에 올라온 체험학습 단체 사진 속의 아이는 엄마만 아는 슬픈 얼굴을 하고 있었고 필자는 가슴이 아렸다.

하지만 내 아이는 오늘 혼자 있는 고독의 시간을 배웠고, 모든 사람이 나를 사랑할 수 없다는 걸 알았고, 혼자 남겨졌을 때를 즐기는 법을 배웠으리라! 시간이 지난 지금은 성인군자처럼 이야기할 수 있지만 당시 엄마인 나는 담임 선생님이 원망스러웠고, 여왕벌의 엄마라도 만나 자식을 왜 그렇게 키웠냐고 따지고 싶었다. 아이가 집에 도착하기까지 애가 닳고 내가 왕따가 된 양 머리가 지끈거렸다.

버스에서 내린 딸아이는 담담한 표정이었지만 반 친구들이 사라지고는 이내 내 품에 안겨 서럽게 울었다. 마음으로 함께 울었지만 난 엄마니까 애써 태연하게 그 시간을 잘 견뎌 준 아이를 응원했다. 아이는 친구들 앞에서 울지 않음으로 자존심을 지켰고, 담임 선생님께 이르지 않음으로 조금 더 성숙해졌다고 믿는다.

여왕벌을 볼 때마다 인간의 본성에 대해 생각한다. '인간은 선하게 태어나 사회악 때문에 악해지는 걸까?', '악하게 태어나 교육으로 선해지는 걸까?' 필자는 감히 성선설을 주장한 맹자님께 말씀드린다. 착하게 태어난 인간 구성원이 만들어 낸 사회가 악해질 수는 없다. 본능에 충실해 친구의 먹을 것과 장난감을 뺏고 뺏기지 않으려 친구의 얼굴을 할퀴거나 친구를 깨무는 어린이집의 아이들을 보라! 인간은 분명 교육으로 선해진다. 필자는 순자님의 성악설에 손을 들어드리고 싶다. 그러나 너무 낙심하지는 말자. 우리에게는 교육이라는 인류가 쌓아 놓은 가장 높은 상아탑이 존재하니까 여왕벌의 날개도 분명 교육의 힘으로 꺾을 수 있을 것이다.

내 아이가 여왕벌에게 당하고 있다면?

아 정말 가슴이 아픈 순간이다. 내가 더 이상 아이를 통제할 수 없는 상황. 더 이상 엄마인 내가 우산을 펴서 쏟아지는 비를 피하게 할 수는 없다. 어떻게 해야 할까? 조선 시대 왕의 평균 수명은 약 47세였다. 영조를 제외한 많은 왕이 단명했다. 임금님의 수라상은 30가지가 넘는 산해진미로 차려졌다. 부드러운 고기와 잘 도정된 흰쌀밥. 아이러니하게도 그것들이 임금의 수명을 단축시켰다. 극진한 보살핌을 받은 임금은 작은 바이러스에도 쉽게 노출되었다. 내 아이가 가정이라는 온실 속의 보살핌 속에만 있으면 나약해질 수밖에 없다.

정말 다양한 가정과 환경으로부터 온 아이들이 있는 교실은 내 아이가 자기의 영역을 지키고 살아야 할 전쟁터와 같다. 시각 장애인은 청각이 발달한다. 무쇠는 때리고 담금질을 하면 할수록 단단해진다.

지금 이 시기는 내 아이가 단련되는 시기라고 내 자신에게 최면을 걸자. 그렇지 않으면 엄마가 먼저 나가 떨어진다. 그리고 아이에게 부모가 내 뒷배라는 자신감을 심어 주자.

"넌 또 왜 우니?", "네가 그러면 그렇지"라는 말로 아이의 사기를 꺾지 말자! 내 아이가 운다. 엄마인 내가 좀 쪽팔리면 어떤가? 의기소침한 아이가 부끄러워 아이를 다그치거나 아이에게 책임을 전가하진 말자. 그건 부모가 절대 하지 말아야 할 일이다. 내가 내 아이를 부끄러워하면 내 아이는 어디서도 사랑받을 수 없는 아이가 된다.

학교에서 힘든 일이 있어도 안정감을 주는 따뜻한 가정에서 조건 없는 사랑을 주는 부모가 있으면 아이는 이내 '여왕벌' 따위는 두려워하지 않는 단단한 마음을 갖게 될 것이다. 너무 뻔한 조언인가?

인간관계법 1조 6항 : 여왕벌을 이기는 필승법

내 아이를 생기(生氣)있는 아이로 키우는 것이다. 눈빛과 표정이 반짝반짝 빛나는 아이. 혹시 밝고 생기 있는 아이를 본 적이 있는가? 천상천하 유아독존(天上天下唯我獨尊) - 우주 가운데 나보다 존귀한 사람은 없다- 인 아이들이 간혹 있다.

> 혼자서도 잘 놀고, 진득하고 끈기 있게 자리에 앉아 독서를 하건 종이접기를 하건 혼자만의 시간을 알차게 보내는 아이. 그런 아이는 여왕벌이 함부로 하지 않는다.

이런 아이는 여왕벌의 머리 위에 앉아 있는 것처럼 보인다. 우아하게 여왕벌 위에서 날갯짓하는 고고한 한 마리의 학처럼.

아이에게 생기(生氣)는 어떻게 생기는 걸까? 그건 안정감과 자존감에서 온다. 유아기 부모의 사랑과 스킨십, 다양한 경험, 행복 충만한 감정이 만들어 낸 안정감, '사랑받음으로 내가 귀한 존재'라고 생각하는 자존감이 생기를 만든다.

내 아이에게 하루하루 재미있는 일을 만들어 주자. 오늘은 어떤 일이 일어날까? 기대감이 있는 하루를 보내게 하자! 학교에서는 혼자였지만 집에서는 즐거운 일이 기다리고 있다면 아이는 학교가 외롭지 않을 것이다. 학교에 친구가 없다면 부모가 친구가 되면 된다. 함께 보드게임을 하거나 책을 읽거나 산책을 하거나 사색을 해 보는 거다. 부모가 바쁘다면 책과 친구가 될 수도 있고 그림과 친구가 되거나 종이접기와 친구가 될 수도 있다. 요즘은 오디오북도 있고 종이접기책과 유튜브도 많다. 어떤 것이든 좋다. 내 아이의 하루가 즐거운 일들로 가득하기만 하면 내 아이의 얼굴은 반짝반짝 빛날 것이다.

아이의 빛나는 하루에 대해 아이와 고민해 보고 계획표를 짜 보기를 추천한다.

필자의 큰딸이 1학년 때 낡은 삼각 달력을 오리고 꾸며 스케줄러를 만들어 주었던 적이 있다. 워킹맘인 엄마가 집에 없을 때 매일 해야 하는 일을 스스로 다하면, 뒷장으로 종이를 한 장씩 넘기고 칭찬판에 스티커를 붙일 수 있다. 스티커가 다 채워지면 아이의 소원을 들어주는 것. 학교에 다녀와서 양말과 옷 정리를 하면 종이를 뒤로 넘기고 알림장 확인을 한 후 숙제가 없으면 숙제까지 뒤로 넘긴다. 수학과 국어 문제지 각 두 장을 풀고 난 후에는 아이가 좋아하는 영어 애니메이션을 본 후 일기를 쓴다. 이렇게 하루의 스케줄을 짠 '빛나는 에밀리의 하루'는 아이가 스스로 자신의 생활을 계획할 수 있게 해 주었고, 이 모든 것을 다하면 즐거운 일이 기다리고 있었다. 물론 수학과 국어 두 장은 아이가 원하는 만큼의 공부였기에 이것이 부담된다면 한 장으로 줄이거나 책 읽기 한 권 정도로 바꾸어 주기도 했다.

전형적인 딸 바보인 필자의 남편은 딸을 위해 '큐브'와 관련된 소책자를 만들었다. 아이는 매일 하교 후에 아빠가 만들어 준 책자로 '큐브' 기술을 익혔고 '33, 44, 55' 큐브를 1분 내에 맞출 수 있게 되었다. 큐브 책자 사진의 '바보 토끼 이빨'이라는 글자가 보이는가? 아빠와 딸만 아는 암호. 이과 아빠가 딸만을 위해 그린 '큐브' 책자는 딸을 '인싸'로 만들어 주었다.

쉬는 시간에 아이들이 딸에게 집에서 풀지 못했던 큐브를 맞춰 달라고 가지고 온다고 한다. 이제 딸은 혼자만의 시간에 큐브를 가지고 논다. 혼자 놀아도 행복하다는 진리를 안 것이다.

친구가 없다면 그 시간에 내 아이만의 매력을 가꾸는 것도 한 방법이다. 필자의 이웃 중에 C라는 여자아이가 있다. C는 어릴 때부터 발음이 좋지 않아 언어치료를 3년 정도 받은 걸로 안다. 말하기에 자신이 없는 아이는 점점 말수가 줄어들었고 조용한 아이로 변했다. 친구들은 가끔 아이의 발음을 지적하며 망신을 주기도 했다.

하지만 시간이 지날수록 교실에서 그 아이의 존재감은 독보적이었다. 친구들과 대화는 많이 안 했지만 학교 도서관의 책을 모조리 읽어 치우는 독서량에 친구들이 C에게 관심을 보이기 시작했고, 혼자 책 읽는 것이 익숙한 C는 친구들의 관심에도 크게 흔들리지 않았다. 한마디로 뚝심이 있

빛나는 에밀리의 하루 스케줄러

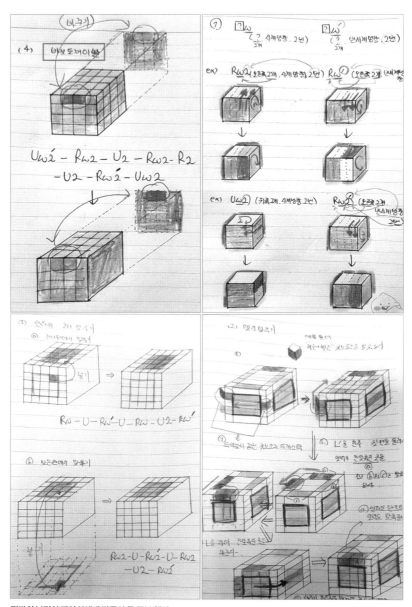

필자의 남편이 딸아이에게 만들어 준 큐브 책자

는 아이였다. C의 친구는 책이었다. 독서량뿐만 아니라 수준도 깊어져 이미 초등학교 시절 더 이상 청소년 문고는 읽을 것이 없을 정도였다.

현재 중학교 2학년인 C는 굉장히 똑똑하고 진중하며 영민한 아이로 성장했다. 혼자 하는 시간이 익숙한 아이는 학원 공부 없이 수학 최상위를 풀었고, 탄탄한 독서력을 기본으로 언어, 영어에서도 두각을 드러냈다. 중간고사가 끝나자 존재감 없이 묵묵히 자신의 일을 했던 C에게 아이들이 몰려들어 정답을 확인하고 시험 끝난 후의 일정을 논의했다.

C는 다독과 뚝심으로 어떤 여왕벌보다 높은 곳에 존재하는 남다른 아우라를 풍기는 아이로 성장한 것이다.

또 다른 S의 이야기를 해 보자. S는 자매 중 언니인데, 1학년 때부터 아침에 일어나면 동생과 자신의 침구를 정리하고 병설 유치원에 다니는 동생을 등원시킨 후 학교에 등교했다. 하교 후에는 야무지게 숙제를 하고 독서 기록장과 일기장을 썼고, 자기 전에는 동생에게 책도 읽어 주는 언니였다.

아이의 엄마는 소신이 있었고 매일의 루틴이 평생 좋은 습관을 갖게 해줄 것이라고 강력하게 믿고 있었다.

이 아이는 정의로웠고, 자신이 하고 싶은 말은 분명하게 했다. 그래서인지 친구가 많은 아이는 아니었지만 이 아이를 보고 있으면 아이에게서 포스가 느껴졌다. 6년간의 습관 때문이었을까? S는 전교 회장이 되었다. 회장이 되어서도 유치원이나 저학년 동생들이 학원 시간에 쫓기거나 휴대폰을 항상 꺼내야 하는 번거로움을 줄이고자 학교 건물에 전자시계 설치를 제안했고, 급식 불만과 그 향상을 위해 자신의 의견을 개진했다. 결국 S는 2021년 교육감상을 받았다.

옷을 예쁘게 입히고 머리를 단정하게 묶고 아이의 외모를 가꾸는 것도 내 아이의 매력을 찾아주는 일이 될 수 있다.

그런데 진정한 내 아이의 매력은 말하지 않아도 드러나는 '아우라' 같은 것이었으면 좋겠다.

어린 시절부터 갈고 닦은 악기 실력과 음악적 소양으로 자신에게 악기가 쥐어졌을 때 능숙하게 악기를 다룬다거나, 어린 시절부터 꾸준하게 배운 회화 실력으로 미술 시간에 두각을 나타내거나, 꾸준한 운동으로 체육 시간을 즐기는 것. 공부를 기깔 나게 잘하거나 책을 성우처럼 멋지게 읽거나, 혼란의 교실에서 한 마리 학처럼 고고하게 독서를 하거나. 여왕벌이 감히 범접치 못할 아우라를 가진 아이로 키워 보자.

큰딸의 1학년 공개 수업을 참관한 적이 있다. 1학년 통합 수업이었는데 '실뜨기'와 '코끼리 공기'를 친구들과 자유롭게 해 보는 시간이었다. 필자는 할머니와 오래 살아서 '실뜨기'는 할머니와 자주했던 아주 재미있는 놀잇감이었고, 필자의 딸도 어린 시절부터 자연스럽게 배웠던 아주 쉬운 놀이었다. 코끼리 공기도 마찬가지다. 공깃돌 다섯 알을 손등에 올려 꺾기까지 할 수 있는 여덟 살에게 손가락을 바꿔가면서 공깃돌을 옮기는 것 정도는 아주 쉬운 일이었다. 그런데 막상 그 교실에는 실뜨기를 하고 공깃돌로 코끼리 공기를 잘하는 아이가 많이 없었다. 당황스럽게도 아이들은 필자의 딸에게 와서 실뜨기를 배웠고, 공개 수업이 끝난 후 쉬는 시간에도 필자의 딸에게 실뜨기를 함께 하자고 요청했다. '실뜨기'가 우리 아이의 매력이 되다니.

잘 찾아보면 우리 아이가 잘하는 것이 분명히 있다. 아니면 우리 아이가 관심 있는 분야가 분명히 있을 것이다. 누구에게 의지하지 않고 혼자서도 잘 할 수 있는 것.

그냥 혼자 자리에 앉아서 무언가를 하는 것만으로도 아이에게서 매력이 느껴진다면, 그것이 '아우라'이고 이미 그 아이는 여왕벌과의 싸움에서 우위를 선점한 것이다. 여왕벌도 누울 자리를 보고 다리를 뻗는다. 강단 있는 아이에게는 여왕벌도 쉽게 접근하지 못한다.

사실 여왕벌의 무리도 계속적으로 분열과 이탈을 반복하고 있을 것이다. 여왕벌도 어쩌면 상처받은 아이이거나 상처를 받고 싶지 않아 먼저 선수를 치는 아이일 수도 있다는 얘기다. 여왕벌 무리에서 이탈한 아이는 심각한 후유증을 겪기도 하고 불행히도 그 아이가 내 아이가 될 수 있다. 어른인 엄마는 내 아이가 눈치채지 못하도록 내 아이의 친구 관계를 매우 신중하고 예민하게 살펴봐야 한다.

내 아이의 어깨가 축 처지지 않게 생기를 불어넣어 주고, 매일의 즐거움을 찾아주고 매력을 가꿔 준다면, 내 아이는 분명 학교라는 생태계에서 도태되지 않고 살아남을 것이다.

초등학교에서 바로 통하는
실전 노하우

십여 년 전 제자 중에 정리를 정말 잘하는 아이가 있었다. 공부는 중위권이었는데 얼마나 주변 정리를 잘하던지 어른인 나보다 꼼꼼하고 깔끔했다. 필자는 지금 30대가 되었을 그 아이가 문득문득 생각난다. 어디서든 사랑받는 사람으로 분명 잘 살고 있을 것을 확신한다. 그 아이가 가진 달란트는 '정리 정돈의 기술'이었으리라.

'공부를 잘하는 기술', '발표를 잘하는 기술'도 필요하겠지만 학교에서 정말 필요한 기술 중 하나는 정리 정돈의 기술이다.

정리 정돈의 기술 : 모든 시작은 장비발

우리 아이들이 학교에서 제일 먼저 만나는 교과서가 『우리들은 1학년』

이다. 그 교과서 1단원의 자기 이름 쓰기, 선생님 성함 쓰기 다음에 나오는 학습 과정이 바로 '책상과 사물함 정리법'이다. 그만큼 학교생활의 기본이 정리의 기술이라고 할 수 있다.

교과서 집필진들께는 정말 죄송하지만 교과서 속 그림처럼 가위, 풀, 필통을 어떤 장비 없이 책상 가운데에 넣으면 책을 꺼내다가 백발백중 떨어트린다. 아이들이 가지고 다니는 학용품은 이상하게 원기둥 모양이 많다. 연필도 풀도 데구르르 구르기 쉽고 지우개는 가벼워 떨어지기 쉽다.

학교 책상의 크기는 보통 가로 60cm×세로 40cm이다. 책상에 달린 서랍장 안에는 그날 배울 교과서와 색연필, 필통, 가위, 풀 등이 들어 있어야 한다. 아이들에게 여러 물건을 정리하고 보관하는 일은 여간 어려운 일이 아닐 것이다.

모든 시작은 장비발!
몇 개의 정리템으로 산뜻한 학교생활을 시작해 보자!

학용품 정리템 1호 바구니

흡사 암호처럼 들리는 바구니가 아이의 학교생활에 편리함을 준다. 책상 서랍에 들어가는 바구니는 대략 1~2호인데 바구니 바닥을 보면 호수가 나와 있다. 숫자가 작을수록 크기가 작다. 바구니 크기는 대략 '세로 25cm×가로 32cm×높이 6cm'이고, 가격은 천 원 정도이다. 바구니 1호는 공책은 들어가지 않고 학용품 정도, 2호는 공책 정도는 들어가는 사이즈라고 생각하면 된다.

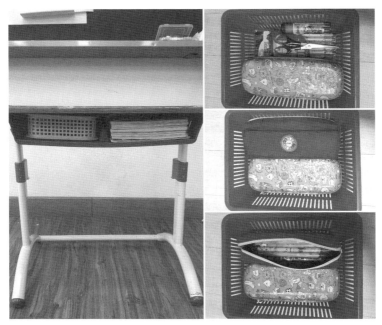

책상 서랍 정리의 기술

　바구니 안에는 필통과 풀, 가위, 색연필, 사인펜 등을 넣어 서랍 왼쪽에 넣는다. 서랍 오른쪽에는 그날의 시간표를 보고 사물함이나 가방에서 (코로나로 사물함을 이용하지 못할 수 있다.) 책을 꺼내 시간표 순서대로 책을 넣어 놓는다.

　Tip. 초등 생활 TMI : 케이스는 빼고 보내자

　보통 색연필, 사인펜을 케이스 그대로 학교로 보내는데 아이들은 그걸 정리하기도 힘들어하고, 실제로 수업 중에 꺼내서 쓸 때는 좁은 책상에서 거추장스러워 바닥에 떨어트리는 경우가 많다. 사진처럼 사인펜과 색연필을 다 꺼내서 천으로 만들어진

(위)장비 없이 일반적으로 아이들이 정리한 사물함 (아래)장비발의 도움을 받아 정리한 사물함

필통에 넣어 보내자. 그럼 부피도 줄어들고 아이들이 편하게 꺼내 쓸 수 있다.

사물함 정리템 2호 바구니&개폐형 파일 정리함

사물함에 넣는 바구니는 노란색 2호를 사면 좋다. 물론 높이가 좀 있는 바구니를 사서 수납력을 더 좋게 해도 나쁘지는 않다. 2호 바구니와 짝 꿍은 A4 개폐형 파일 정리함이다. 보통 노란색 바구니에는 크레파스와 물티슈, 롤 휴지, 양치 용품 등을 넣고 파일 정리함에는 교과서를 세워 넣는다. 물론 이것만이 정답은 아니다. 파일 정리함 대신 북앤드(북스탠 드)를 이용해서 정리해도 좋다.

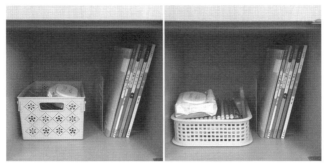

A4 개폐형 파일 정리함 대신 북앤드를 사용해 정리한 모습

요즘 엄마라면 아이가 어린이집에 다닐 때부터 네임스티커를 애용했을 것이다. 네임스티커는 '00초등학교'와 이름을 쓰는 대자형, 이름만 좀 크게 쓰여 있는 중자형, 연필 등에 붙일 수 있게 작게 이름만 쓰여 있는 소자형으로 크기를 다르게 주문해 보자. 반 배정이 되면 '00초등학교 0반'과 이름이 함께 쓰여 있는 스티커를 조금 사는 것도 추천한다. 아이들 교과서와 공책에 붙여 주기 최적의 스티커이기 때문이다. 모든 학용품에는 뚜껑에도 꼭 스티커를 붙여야 한다. 멀쩡한 풀이나 사인펜이 뚜껑을 못 찾아 수명을 다하는 경우가 많이 생겨난다.

천 소재 각진 필통

필통은 떨어지면 소리가 크게 나는 철이나 플라스틱 종류의 재질이 아니라 천으로 된 필통이 좋다. 형태가 부드러운 천 필통은 연필이 잘 부러질 수 있어서 각지고 수납 공간이 많은 필통을 선택한다. 절대 피해야 할 필통은 장난감이 붙어 있거나 연필깎이, 블록 등 아이들의 시선을 분산시킬 수 있는 아이템이 장착된 것이다.

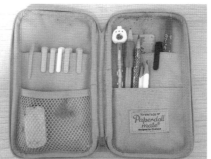

수납력이 좋은 각진 필통

필통 속에는 연필 3자루와 지우개, 자와 빨간 색연필, 네임펜이 들어 있어야 한다. 형광펜이나 색 볼펜류는 선택이다. 수업 중에 연필을 깎는 아이들이 매시간 서너 명은 된다.

예전처럼 교사는 아이들에게 권위 있거나 무서운 존재는 아닌 데다, 아직 어린 아이들은 스스럼없는 행동을 많이 하는데 그중 하나가 수업 중에 일어나 연필을 깎는 행동이다. 수업 집중을 위해 절대 해서는 안 되는 행동이다. 어떤 아이는 시험 시간에도 여유롭게 연필을 깎느라 소중한 평가 시간을 상당 시간 낭비한다.

2B 각진 연필·일반 지우개

연필은 각진 연필이 좋다. 아이들이 잡기도 쉽고 떨어져도 여기저기 굴러다니는 것을 방지할 수 있다. 진하기도 2B 정도면 좋겠다. 아직 손가락 힘이 부족한 아이들에겐 너무 연한 연필 사용은 힘들다. 그렇다고 너무 진한 연필을 사용하면 여기저기 번지고 만다. 적당한 진하기의 연필을 골라보는 것도 작은 팁이다. 개인적으로 연필 뒤에 지우개가 달린

제품을 추천한다. 아이들이 글자 한두 개, 숫자 한두 개 정도 틀리고 지우개를 찾다 보면 시간도 지체되고 지우지 않아야 될 글자까지 너무 열심히 지우는 경우도 생기기 때문이다.

연필은 최소 3자루를 매일 깎아 오자.

지우개도 캐릭터가 아닌 일반 지우개여야 한다. 캐릭터 지우개로 수업 중에 얼마나 많은 역할 놀이를 혼자 하는지 알면 그 부모님은 뒷목을 잡으실 것이다.

빨간 색연필·네임펜·자

저학년에는 색칠하여 표시하라는 문제가 자주 나온다. 그때마다 색연필을 꺼내 올 수는 없다. 필통에 빨간 색연필은 필수여야 하는 이유이다. 또, 생각보다 채점을 스스로 해야 할 일도 많다.

필통 속에 네임펜은 필수이다. 새 학기에 아이들에게 새 책을 나눠 주지만 보통 가정으로 들려 보내지 않을 때도 많다. 가방도 무겁고 하교 후 학원을 바로 가는 아이들에게 전 과목 책은 매우 무거울 것이다. 이럴 때 베테랑 교사들은 네임펜으로 직접 교과서에 반, 번호, 이름을 쓰게 하고 가정으로 들려 보내지 않는 경우도 있다. 물론 새 책을 가정으로 보내는 건 부모님께서도 한번 교육 과정을 보시라는 의미도 있지만 아이들이 책을 실어 나르는 건 분명 큰 노동이다.

가방에 네임 스티커를 넣어 주고 책에 스스로 떼어 붙이라고 해도 좋다. 그러나 네임펜은 꼭 이름을 쓰는 용도로만 쓰이지 않는다. 미술 활동에도 자주 쓰이고 발표지를 작성할 때도 쓰인다. 잊지 말고 필통에 넣어 줘야 할 품목이다.

얇은 15cm 자도 마찬가지다. 매일 필요하지는 않지만 있으면 유용하게 쓸 수 있다. 교과서 중요한 부분에 줄을 긋기도 하고 수학, 미술 시간에 자주 쓰인다.

고무 재질 실내화·신발장 정리 팁

신학기 실내화를 고를 때 새하얀 천 실내화를 고르는 경우가 많다. 혹은 운동화 가격에 맞먹는 고급 실내화를 신겨 보내는 경우도 있다. 그런데 며칠만 지나면 알게 될 것이다. 새하얀 천을 일주일에 한 번씩 빨아 주다 보면 부모의 인내심이 얼마나 시험대에 오르게 되는지. 실내화는 저렴한 고무 재질의 실내화를 산다. 그러면 매직블럭(마술 스펀지)으로 쉽게 세척이 가능할 것이다. 아무래도 깨끗해지지 않으면 과감히 버릴 수 있을 정도의 가격대 실내화를 사면 좋다.

더 자세한 팁을 주자면 굳이 하얀색 실내화를 살 필요는 없다. 남색이나 핑크색, 검정색 실내화도 나쁘지 않다. 어린이집이나 유치원에서는 학예회 등 행사용으로 흰색 실내화를 요구하지만 초등학교에서는 그럴 일이 거의 없기 때문이다.

요즘에는 실내화 구멍에 끼는 '지비츠' 같은 액세서리도 파니 좀 더 개성을 뽐내고 싶다면 액세서리로 장식도 하고 네임펜으로 하트나 별을 그려서 꾸밀 수도 있다. 그런데 교사 입장에서는 '지비츠' 같은 끼우는 장식품이 하루면 수명을 다할 것을 알기에 추천하지는 않는다.

보통 학교 복도 신발장에는 번호가 붙어 있어 내 자리가 어딘지 번호에 맞게 실내화 주머니를 넣는다. 이렇게 쉬운 걸 못해서 아이들끼리

정리 안 된 저학년 신발장

싸우는 경우도 많지만 실내화 주머니가 바닥에 떨어져 다른 반 복도에 까지 진출하는 경우도 종종 발생한다. 그러다 신발을 잃어버리기도 하고 실내화 주머니가 바닥에 이리저리 끌려 더러워지기도 한다.

그럼 어떻게 실내화 주머니를 관리해야 할까?

실내화 주머니의 입구를 안쪽으로 넣어라. 즉, 실내화 주머니 입구는 벽 쪽으로 실내화 주머니의 바닥 부분이 신발장 밖으로 나와 있어야 한다. 일반인들은 별거 아니라고 이런 게 뭐가 중요하냐고 할 수 있겠지만 차가 쌩쌩 달리는 도로에 큰 타이어가 떨어져 있다고 생각해 보면 좀 이해하기 쉬울까? 아이들이 통행하는 복도에 실내화 주머니가 떨어져 있으면 통행에 방해가 되고 아이들이 다칠 수 있다.

실제로 아이들은 복도에서 이도 부러지고 다리가 부러져 깁스를 하기도 한다. 또 믿기지 않겠지만 교사는 "신발이 없어요. 신발 찾아 주세요"라는 아이들의 극심한 민원에 시달릴 수도 있다. 깔끔한 아이라면 학교에 들어가서 제일 먼저 배우는 실내화 주머니 정리법에 따라 정리하겠지만 개구쟁이라면 대충 획 던져 놓아 바닥에 떨어진 실내화 주머니의

실내화 주머니 입구를 안쪽으로 넣어 정리한 신발장

주인을 찾는 담임 교사의 잔소리를 들어야 한다. 입학 전에 꼭 한번 방법을 알려 주면 좋겠다.

수업 준비의 기술 : 똑똑한 아이들의 루틴

보통 초등 교사는 교실에 상주하고 있어서 쉬는 시간 후 수업 종이 치면 바로 수업을 할 수 있다. 그렇지만 아이들이 책을 준비하는데 시간이 걸리기 때문에 수업 시간을 손해 볼 때가 꽤 있다. 수학 시간인데 그전 수업이었던 국어책을 펴 놓고 있다든지 수업 종이 친 후 사물함에 슬로우 모션으로 다가가 책을 찾아오는 경우가 있기 때문이다. 정말 담임 교사는 속이 타 들어가는데 바쁠 것 없는 아이들은 사물함을 뒤지고 책상 서랍을 뒤지고 가방을 뒤진 후 책이 없다고 하기도 한다. 이렇게 수업 준비를 하는데 최소 5분은 걸리는데 학기 초에 훈련이 잘 된 반은 종이 치고 바로 수업을 시작할 수 있다.

자! 그럼 우리 아이를 수업 준비 잘하는 '똑똑이'로 만들 수 있는 방법은

주간 학습 안내【9월 3주】

2020.09.21.~09.25.   OO초등학교 2학년

구분		9월 21일(월)	9월 22일(화)	9월 23일(수)	9월 24일(목)	9월 25일(금)
등교 학급			2학기④반(홀수)		2학기④반(짝수)	
준비물		학습꾸러미, 2학기 교과서, 필기도구				
1교시	교과	국어	국어	국어	국어	수학
	내용	2. 인상 깊었던 일을 써요 ·알맞은 문장 부호를 사용해 인상 깊었던 일을 글로 쓰기	3. 말의 재미를 찾아서 ·재미있는 말 찾기	3. 말의 재미를 찾아서 ·흉내 내는 말을 넣어 짧은 글 쓰기	3. 말의 재미를 찾아서 ·말의 재미를 느끼며 수수께끼 놀이하기	2. 곱셈구구 ·3,6단 곱셈구구를 알아볼까요
	자료	국어 58~61쪽	국어62~67쪽	국어 68~73쪽	국어 74~77쪽	수학 34~37쪽
2교시	교과	수학	통합(가을)	수학	통합(가을)	안전한 생활
	내용	2. 곱셈구구 ·2단 곱셈구구를 알아볼까요	1. 동네 한 바퀴 ·물건 사세요	2. 곱셈구구 ·5단 곱셈구구를 알아볼까요	1. 동네 한 바퀴 ·우리 동네를 소개해요.1	소중한 우리 ·친구와 사이좋게 지내요(2)
	자료	수학 30~31쪽	가을 58~61쪽	수학 32~33쪽	가을 62~63쪽	안전한 생활 50~51쪽
3교시	교과	통합(가을)	수학	통합(가을)	수학	수학
	내용	1. 동네 한 바퀴 ·물건 사세요 ·배달놀이하기	2.. 곱셈구구 ·2단 곱셈구구를 알아볼까요 (수학 익힘 책 풀기)	1. 동네 한 바퀴 ·우리동네를 소개해요.2	2. 곱셈구구 ·5단 곱셈구구를 알아볼까요 (수학 익힘 책 풀기)	2. 곱셈구구 ·3단, 6단 곱셈구구를 알아보기
	자료	활동 자료 ②	수학 익힘 20~21쪽	활동 자료 ⑦	수학 익힘 22~23쪽	수익 24~25 활동 자료⑨
4교시	교과	국어	국어	국어	통합(가을)	창체
	내용	2. 인상 깊었던 일을 써요 ·알맞은 문장 부호를 사용해 인상 깊었던 일을 글로 쓰기	2. 인상 깊었던 일을 써요 ·바른 글씨 연습	3. 말의 재미를 찾아서 ·흉내 내는 말을 넣어 짧은 글 쓰기	1. 동네 한 바퀴 ·우리 동네를 소개해요 3	학교폭력 예방교육 ·폭력적인 상황과 평화로운 상황 구분하기
	자료	국어 활동 15~18쪽	국어 활동 19쪽 활동 자료 ③	국어활동 20쪽 활동 자료 ⑤	활동 자료⑧	활동 자료⑩

좌측 세로: EBS 방송 시청

5교시	교과	국어	창체	창체	국어	
	내용	2. 인상 깊었던 일을 써요 •2단원 낱말뜻 익히기	생명존중교육 •소중한 너와 나, 보이지않는 선을 지켜요	나라사랑 교육 •태극기와 애국가에 대해 알아보기	3. 말의 재미를 찾아서 •말의 재미를 느끼며 수수께끼 놀이하기	
	자료	활동 자료 ①	활동 자료 ④	활동 자료 ⑥	국어활동 21~23	
부모님 확인						
가정 통신		※ EBS 방송 프로그램 안내 – **방송 시간** : [1교시] 09:30~10:00 / [2교시] 10:30~11:00 – **방송 채널** : EBS 2TV, EBS 플러스2 – **편성 과목** : 국어, 수학, 통합교과, 안전한 생활 – **수업 자료** : 교과서, 학습꾸러미 – '다시 보기'는 당일 오후 4시 이후 EBS 초등 사이트(https://primary.ebs.co.kr)에서 가능 ○ 매일 아침 8시 30분까지 학생 건강 상태 자가진단 제출 후 등교시켜 주세요. – 자가진단 결과 유증상, 발열 등 건강 이상 시 등교를 하지 않으며, 담임 교사에게 연락해 주세요. – 2학년 등교 시간은 08:40~08:50입니다. 등교 시간에 맞추어 중앙 현관을 통해 등교합니다. – 37.5°C 이상일 경우, 교실 입실이 금지됩니다. (일시 격리 및 관찰 후 입실 여부 결정) ○ 매일 방과 후 하루 동안 공부한 내용에 대하여 부모님께 말씀드리고, 부모님 확인을 받습니다.				

주간 학습 안내

무얼까?

매주 교사는 다음 주 주간 학습 안내를 가정에 전달한다. 집에서 아이와 함께 다음 주 주간 학습 안내의 과목들을 살펴본다. 사실 매번 보기 어려우니 선생님이 보내 주시는 프린트물을 냉장고나 잘 보이는 곳에 붙여 두자. 예를 들어 월요일 국어, 수학, 수학, 국어, 창의적 체험 활동(창체)라면 아침에 가방에 책을 넣거나 (보통 사물함을 사용하면 매일 가방을 챙길 필요 없이 사물함에 책을 넣고 다닌다.) 사물함에 책이 있다면 아침에 교실에 가자마자 교실 앞판에 부착된 주간 학습 안내를 보거나 시간표를 보고 사물함에 있는 책을 가져온다.

맨 위의 책이 1교시, 맨 아래 책이 마지막 교시가 되도록 책을 쌓은 후에 책상 서랍의 오른쪽에 넣어 놓는다. 그리고 등교하자마자 1교시 수업 책을 올려놓는다. 1교시 수업이 끝나면 2교시 책을 꺼내 놓고 화장실을 가든 쉬든하면 된다.

시작 종이 치고 해당 과목 책을 꺼내 놓으면 화장실 사용 시간 등의 변동이 발생하여 늦어질 수 있다. 꼭 1교시가 끝나자마자 2교시 책을, 2교시가 끝나자마자 3교시 책을 꺼내 놓는 습관을 들이도록 하자. 그리고 1교시가 끝나면 그 책을 순서대로 넣어 놓은 책의 맨 아래에 넣어 두거나 바로 사물함에 가져다 놓는다.

대부분 이런 메뉴얼을 잘 지키는 아이가 학습 태도가 좋고 성적도 좋다.

사실 백번 이야기해도 안 되는 아이가 있고 한 번만 설명해도 되는 아이가 있다. 돌고래나 원숭이 훈련사들은 같은 동작을 수십 번 설명하고 잘한다고 간식도 챙겨 주고 머리를 쓰다듬어 주기도 한다. 아이를 야무지게 키우려면 적당한 강화와 보상을 하며 설명하고 또 설명해 주어야 한다. 한마디로 집에서 "우쭈쭈", "잘한다 잘한다" 하며 놀이처럼 학교 놀이를 해 보자. 책 정리하는 것도 가르치고 필통에 연필 꽂는 법, 지우개를 사용하고 다시 필통에 넣는 아주 단순한 동작까지 실행해 보자.

모두가 다 의사가 될 건 아니지만 우리는 어린 시절부터 병원 놀이 세트를 사서 아이들과 가짜 병원 놀이를 해 주지 않았는가? 그 이유에는 분명 아이에게 병원을 익숙한 공간으로 만들어 주려는 마음이 들어 있었을 것이다. 마법의 약처럼 있지도 않는 물약을 벌컥벌컥 마시며 배탈도 낫고 두통도 나아 보지 않았는가? 아이는 명의가 되어 청진기로 배도 이마도 팔도 다리도 자기 마음대로 갖다 대면서 죽은 사람도 살리지 않았는가? 그런데 왜 학교 놀이는 적극적으로 해주지 않는가?

> 집안의 모든 공간을 학교로 설정해서 놀이할 수 있다.
> 주방은 급식실, 화장실은 학교 화장실, 서재나 공부방 등 책이 있는 공간은 교실이 된다. 책장에 잘못 꽂힌 책이 있으면 똑바로 정리하고 순서가 엉망인 책의 순서를 숫자에 맞춰 정리하면서, "이런 게 학교에서 하는 1인 1역할이야"라고 이야기해 줘도 좋겠다.

학습지나 책 읽는 시간 전에 책가방에 미리 넣어 두었던 학습지나 책을 꺼내면서 시작해 보자.

"자 이제 공부를 시작할 거예요. 오늘 공부할 책을 꺼내 볼까요?"하면서 스스로 책을 올려 놓거나 펴고 오늘 할 문제지나 학습지의 페이지를 스스로 펴는 연습을 하는 것도 좋다.

> 1학년들이 가장 어려워하는 교사의 말이 '몇 페이지를 펴세요'이다. 이 말을 잘 이해하지 못해서 교사는 칠판에 써 주고 여러 차례 이야기한다. 그래도 아이들은 "모르겠어요", "지금 어디하는 거예요?"를 연발한다.
> 가정에서 이렇게 연습해 보자. "자! 책 5페이지를 펴세요. 17페이지를 펴세요. 그 부분을 크게 읽어 볼까요?" 하는 식으로 말이다.

점심시간이 되면 "점심 먹을 시간이에요. 모두 급식실로 이동해 주세요. 한 줄로 서서 갑시다. 숟가락과 젓가락, 급식판은 스스로 챙기세요"라고 말한다. 아이가 화장실을 가길 원한다면 "복도를 따라 가다 보면 오른쪽에 있어요. 나올 때는 손을 꼭 씻고 나오세요" 등으로 병원 놀이처럼 학교 놀이를 해보는 거다. 얼마나 쉬운가.

화장실 사용 교육 : "나 화장실 다녀올게."

아이들에게는 복도를 걸어 멀리 있는 화장실에 가는 것이 도전이다. 그 도전에 성공한 아이들을 칭찬하고 격려하자! 학교 화장실은 공용 공간이다. 소변을 보고 물을 내려야 하는 일, 배변 후 비누로 손을 닦아야 하는 일, 휴지를 낭비하거나 변기에 많은 양의 휴지를 버리지 않는 일을 가르쳐야 한다.

수업 중에 가끔 교사용 메신저로 '몇 층 변기가 막혔으니 사용을 자제 바랍니다' 혹은 '몇 층 화장실에 아이들이 휴지를 물에 묻혀 벽에 던졌다'는 내용과 사진이 첨부되어 아이들에게 화장실 사용 지도를 부탁한다는 메시지가 온다. 어른들이 보지 않는 사적 공간인 화장실에서의 장난은 굉장히 위험할 수 있고 바닥은 미끄럽다. 가정에서 화장실을 쓰듯 학교에서도 그 규칙 그대로 사용해야 함을 가르쳐서 입학시켜야 한다.

가장 중요한 것 하나. 유치원 시절에는 교실과 가까운 곳의 화장실을 사용하며 선생님을 부르면 친절한 선생님께서 배변 뒤처리를 도와주셨을 것이다. 그러나 초등학교는 물리적으로 화장실이 교실과 멀다. 아무리 소리를 질러도 담임 교사에게는 들리지 않을 것이다.

그래서 대변을 보고 휴지로 뒤처리를 하는 일은 가정에서 꼭 가르쳐야 한다. 뒤처리가 자신 없어서 학교에서 변을 참다가 교실에서 실수하거나 변비에 걸리는 아이들이 의외로 많다. 어설프게라도 닦고 가정에서 샤워를 하면 되니 누구의 손을 빌리지 않고 조용히 변을 볼 수 있게 하자.

만약 아이가 대변 처리를 하지 못한다면 놀림도 받을 수 있음을 명심하자. 또, 아이가 화장실에서 뒤처리를 하지 못해 울고 있는 경우가 생길 수 있다. 교사는 수업에 들어오지 않는 아이를 찾아 헤매야 한다. 이럴 때를 대비하여 아이는 친구나 교사에게 화장실에 다녀오겠다고 이야기를 하고 화장실에 가는 것이 좋다. 그러나 교사에게 모든 아이가 화장실에 간다고 알리면 업무가 마비될 수 있으니 친구 한 명 정도에게는 "나 화장실 다녀올게"라고 언질이라도 하면 된다. 그럼 그 아이를 찾을 때 오지랖 넓은 친구들이 입을 모아 아이의 행선지를 합창해 줄 것이다.

혹시나 아이가 바지에 실수를 해도 절대 화내지 말자! 그건 부끄러운 일이 아니다. 우리가 살면서 겪는 많은 '트라우마' 중에 하나가 초등학교에서 한 배변 실수라면 웃어 넘기거나 추억쯤으로 생각할 수 있지만, 아이가 학창 시절 내내 '똥쟁이'라는 별명으로 고통받을 시간이 너무 길다. 그것이 왕따의 원인일 수 있고 학폭의 시초가 될 수도 있다. 그냥 아이가 화장실에서 실수를 했다면 조용히 선생님께 이야기하면 되고 선생님은 숙련된 기술로 '비밀'을 지켜 주실 것이다.

1학년 엄마는 언제든 우리 아이가 대소변 실수를 할지 모른다는 생각을 가지고 담임 선생님께 전화가 오면 후다닥 새 옷을 들고 달려가면 된다. 엄마가 시간이 안 된다면 할머니든 친한 친구 엄마든 서로 사전에 그럴 수도 있다고 말을 맞춘 후 도와주면 된다. 이것도 저것도 안 된다면 현명한 담임 선생님을 믿어 보자. 여분의 옷이나 선생님의 체육복을 입혀서라도 '비밀작전'을 잘 수행해 주실 것이다.

쓸모 있는 생활의 지혜

1학년 교육 과정은 '기초 기본 생활 습관의 교육'이다. 우리가 살면서 알게 된 모든 것은 사실 초등학교에서 다 배웠다고 해도 과언이 아닐 것이다. 필자가 대학 다닐 때 사회와 역사를 복수 전공했지만 아이들에게 설명할 때는 교수님의 주옥같은 말씀보다는 초등학교 시절 담임 선생님의 말씀을 떠올리며 가르칠 때가 더 많다. 태극기, 애국가, 한글, 사칙 연산, 안전, 생활 습관은 거의 초등학생 시절 습득한 지식이다.

필자의 아들은 학교에서 '신호등 보는 법', '환경을 지키는 법' 등을 배워 와서 얼마나 잔소리를 하는지 우리 집에서는 나무젓가락 사용이 금지되었고 운전 시 출발, 정지선을 조금이라도 지나치면 꼬마 경찰관에게 잔소리를 들어야 한다.

사실 우리 세대의 부모는 그리 친절하지 않았다. 사는 게 바빴고 아이도 지금보다는 많이 낳아 키웠다. 지금처럼 다양한 육아서도 없었고 있다고 해도 제대로 육아서를 정독한 부모도 없었을 것이다. 그들은 바빴고 조금 불친절했으며 그들 부모가 그래 왔듯이 자연스럽게 먹이고 입히며 '아이들의 시간' 동안 스스로 무언가를 배울 것이라 여겼을 것이다. 또 학교라는 기관을 강력히 신뢰했을 것이다.

그러나 요즘 우리 세대의 부모는 다르지 않은가? 주 5일제가 시행되면서 시간적으로 여유가 생겼고 소득이 증가함으로 경제적인 여유도 생겼다. 부모 세대보다 많이 배웠고 여러 미디어의 영향으로 야매 교육학 학사 이상의 지식을 가졌다. sns 등을 통해 집단 육아 지성의 공동체도 형성했다. 육아서쯤은 책꽂이에 한두 권 꽂혀 있고, 티브이에 나오는 수많은 육아 전문가와 소아 정신과 의사들의 강연도 한두 번은 경청했을 것이다.

그렇다면 요즘 아이들이 예전 아이들보다 더 기초 기본 생활 습관이 잘 형성되어 있을까? 이 질문에 '그렇다'라고 당당히 대답할 사람이 과연 얼마나 있을까? 필자도 사실 의문이다. 클래식 태교부터 음식의 그램 수까지 맞혀 이유식을 정성껏 해 먹이며 수면 교육을 통해 렘 수면 시간도 정확히 체크하고 미디어 시청 시간도 제한을 두어 키운 우리 아이가 과연 '좋은 습관'을 가졌다고 당당히 말할 수 있을까? 과거보다 너무 많은 지식을 알고 있는 부모가 어쩌면 너무 친절해서 아이들에게 '배울 수 있는' 시간을 주지 않은 건 아닐까? 스스로 반성해 본다.

내 아이는 키가 커야 하니 무거운 것은 들지 않아야 하니까 책가방을 대신 들어주고, 더러운 것은 만지면 안 되니까 신발 끈도 대신 묶어 주고, 빨리 아이의 욕구를 충족시켜 줘야 하니 과자 봉지도 뜯어 주고, 흘리면 안 되니 얼른 우유갑을 열어 빨대를 꽂아 주었을 것이다.

부모의 과도한 친절이 머물지 않는 교실에서 아이들은 생활에 혼란을 느낀다.

코로나로 지금은 쉬고 있지만 매일 아침 먹는 우유갑의 입구를 열지 못하는 아이들이 많다. 우리도 경험해 본 것처럼 뜯다 뜯다 손에 묻은

때가 우유갑 입구를 더럽게 해서 반대쪽을 열어야 할 때도 있다. 스스로 하다 반대쪽을 뜯는 아이는 그나마 혼자 해 보려고 시도라도 한 아이다. 대부분은 처음부터 우유를 따 달라고 나온다. 그런 작은 행동이 친절한 교사를 지치게 한다.

아이가 입학하기 전에 꼭 우유를 스스로 따서 마시고 다 마실 수 없다면 입구를 봉해 놓을 수 있도록 가르치자. 입구를 열어 놓은 우유는 언제 쏟아질지 모르고 온갖 교실의 먼지를 머금게 될 것이니 말이다.

또 한가지, 부모가 가르쳐야 할 것은 과자 봉지 뜯기이다. 학기 말에 교과서 진도가 끝나면 과자 파티를 하는 경우가 종종 있다. 그럴 때마다 과자 봉지를 열지 못해 끙끙대는 아이들은 교실의 유일한 어른인 선생님에게 달려올 수밖에 없다. 그러나 아이들에게는 1호 바구니에 담아 놓은 가위가 있다. 모든 일은 장비발 아니겠는가? 가위로 과자 봉지를 뜯는 연습을 시켜 보자.

그런데 사실 교사로서 하고 싶은 말은 따로 있다. 과자 파티를 하는 날 교실 쓰레기통을 상상해 보라. 30개의 봉지가 뒤엉켜 있고 아이들은 다 먹지 못한 과자 처리에 곤욕을 치른다. 제발 집에 있는 밀폐 용기에 과자를 담아 보내자. 그래야 쓰레기도 줄이고 남은 과자도 다시 들고 갈 수 있다. 이런 것이 작은 생활의 지혜이다.

친구들과 나눠 먹으라고 노래방 새우깡처럼 큰 봉지를 보내는 부모님도 계신데, 그건 절대 하지 말자. 나눠 먹을 용기도 부족한 데다 30명이 서로 먹는다고 하면 싸움이 되기도 한다. 또 남은 과자 처리도 힘드니 친구들과 나눠 먹으라고 넉넉히 보내려면 통에 담아 보내 주시길 바란다.

엄마가 함께하는 초등생활 루틴이

부모가 아이에게 물려줄 수 있는 유산은 '재산'만 있는 건 아니다. 아침에 일어나 스트레칭을 하고 물 한 잔을 마시고 영양소가 골고루 든 아침을 먹고, 하루 일과를 마치고 들어와서 손을 씻고 옷과 가방을 가지런히 정리하는 일. 하루를 마무리하면서 일기를 쓴다든지 가족만의 대화를 한다든지 하는 아주 사소한 하루를 사는 '루틴'도 있다. 엄마가 함께하며 만들어 가는 매일의 '루틴'이 아이의 평생 루틴이 되고 건강한 삶이 된다.

밤 10시부터 새벽 2시에는 무조건 재워라

인간이 원숭이보다 똑똑해진 이유는 '숙면' 때문이다. '진화인류학지'에 실린 데이비드 샘슨 듀크대 선임연구원 등의 논문을 보면 현생 인류의 잠이 다른 영장류에 비해 '예외적으로 짧고 깊어'졌고, 이것이 인간의 정신 발달을 낳았다고 한다. 17시간을 자는 원숭이를 비롯한 다른 19종의 영장류는 '선잠'을 자는 반면 인간은 평균 7시간을 잔다. 이 가운데 깊은 잠을 나타내는 렘(REM) 수면 시간은 인간의 경우 총 수면 시간의 22%를 차지, 모든 영장류 가운데 비율이 가장 높았다고 한다. 이 깊은 잠이 인간을 최고의 지능을 가진 영장류로 성장시켰다. 아기는 수면 시간의 절반을 렘수면 상태로 보내고 두 살이 되면 렘수면의 비율이 4분의 1로 줄어든다. 푹신한 재료로 만든 침구에서 잔 오랑우탄이 이튿날 인지력 시험에서 짚 위에서 잔 오랑우탄보다 나은 점수를 얻었다고도 한다.

자! 그럼 우리는 아이에게 무엇을 해 주어야 할까?

바로 푹신하고 편안한 잠자리에서의 '숙면'이다. 아이가 자는 동안 60%의 성장 호르몬이 분비되며 호르몬이 가장 많이 나오는 시간대는 밤 10시부터 새벽 2시라고 한다. 성장기에 수면의 질을 높여 주어야 신체 여러 기관의 발달, 성장, 면역력 강화, 정서적 안정의 효과를 얻을 수 있다.

믿기지 않겠지만 1학년도 교실에서 꾸벅꾸벅 존다. 조는 이유는 여러 가지겠지만 과도한 학업 스트레스나 지나친 과제 수행 등이 원인이 될 수 있겠고, 최근엔 휴대폰 사용 시간이 늘면서 충분히 수면할 수 있는 시간이 부족해진 원인도 있을 것이다.

어떤 이유이건 제발 아이들을 10시 전후에는 재우자! 그래야 아이도 성장하고 학교생활도 잘 할 수 있다.

잠이 부족한 아이는 예민하고 짜증을 잘 내며 멍한 표정으로 앉아 자신에게 발표 기회가 왔는지도 모를 정도로 다른 세계에 빠져 있다.

꾸준함의 힘 : 습관은 노력으로 굳어진다

"어떠한 일도 갑자기 이루어지지 않는다. 한 알의 과일, 한 송이의 꽃도 그렇게 되지 않는다. 나무의 열매조차 금방 맺히지 않는데, 하물며 인생의 열매를 노력도 하지 않고 조급하게 기다리는 것은 잘못이다." - 고대 그리스 로마의 철학자 에픽테토스(Epictetos)

자! 분명히 부모는 무진장 노력했는데 아이의 생활 태도가 마음에 들지 않는다고 생각해 보자. 아무리 잘 키웠어도 내 아이가 미운 일곱 살을 보내는 동안 수많은 자책을 하는 부모도 있을 것이다. 나는 분명히 잘 키웠는데 어느 순간부터 아이가 휴대폰 게임에 빠져 있거나 독서에는 관심이 전혀 없거나, 버릇이 없거나, 인사성이 없는 아이로 자라고 있다면'현타'가 올 수도 있다.

고백하자면 사실 필자의 이야기다. 분명 진자리 마른자리 곱게 키웠고 누군가는 육아서의 정석처럼 아이를 키운다고 극찬도 했는데 왜 내 아이는 티브이와 휴대폰을 동시에 끼고 "엄마 물 주세요", "엄마 배고파요", "엄마? 엄마. 엄마. 엄마…"를 애타게 외치고 있는가? 어디에서부터 뭐가 잘못된 것일까?

자책만 하는 이 순간에도 아이는 성장하고 있다. 그래 이 상황을 역전시켜야 한다. 그 시점은 언제일까?

바로 1학년 입학 시기이다. 1학년은 다시 한 살이 되었다고 해도 될 정도로 모든 것이 새롭게 시작되는 시기이다.

바짝 군기가 든 이등병의 모습이라고 해야 할까? 대부분의 아이에게 선생님 말씀은 법이고 학교의 규칙은 어떤 법보다 강하다.

필자의 딸이 입학 후 처음으로 체험학습을 갔던 날이 떠오른다. 선생님께서는 가방에 도시락과 물을 싸 오라고 하셨다. 우리 집에는 입학 전에 야심차게 준비해 둔 예쁜 소풍 가방이 있었다. 하지만 아이는 선생님이 가방에 들고 오라고 했지 소풍 가방에 들고 오라고 하지 않았다고 우기기 시작했다. 아무리 엄마도 선생님이라 잘 안다고 설득해도 애들은 모두 책가방을 가지고 올 건데 자기만 소풍 가방을 가지고 가면 안 된다고 울면서 호소했다. 엄마의 직업이 선생님인데도 아이를 설득할 수 없어서 애를 먹었던 적이 있다. 물론 학년이 올라가면서 아이들에게도 융통성이 생기지만 1학년은 말 그대로 신입생이다.

신입생 시기가 변화의 전환점이다. 이때 흐트러졌던 생활 습관도 바로 잡고 학습 습관도 바로 잡아 줄 수 있다.

이 시기에 아이에게 꼭 해 줘야 할 것이 꾸준함을 가르치는 일이다.

매일의 힘이 얼마나 무서운지 우리는 한번쯤 경험했을 것이다. 필자는 ABCD도 잘 모르고 중학교에 입학해서 무서운 영어 선생님을 만나 매일 10개씩 영어 단어를 외워 시험을 봤다. 그게 300여 일이 되니

3,000여 개의 단어를 외우게 되고 문장을 술술 읽고 해석할 수 있게 되었다.

매일 아무 생각 없이 돌을 하나씩 쌓으면 365개의 돌로 이루어진 탑을 쌓을 수 있다. 그럼 돌을 쌓는 마음으로 매일 1가지 일을 아이와 실천해 보자! 아이가 매일 꾸준히 할 수 있는 일. 적은 시간과 노력으로 다소 큰 결과를 얻을 수 있는 일!

그건 바로 매일 가방에 책 1권을 챙겨 주는 일이다. 그럼 아이는 매일 아침 1권의 책을 읽을 수 있다.

필자는 큰딸이 학교에 입학하면서 매일 책 1권을 가방에 넣어 보냈다. 그래서 딸이 1년간 학교에서 읽은 책만 300권 정도가 되었다. 큰아이가 어렸을 때는 잠들기 전에 매일 책 서너 권을 읽어 주었지만 세 살 터울로 둘째를 낳고는 책을 읽어 주는 것이 쉽지 않다. 매일 3권을 1년 동안 읽어 주면 2,000여 권이 되고 그걸 5년을 하면 10,000권이 된다. 큰아이는 만 권의 책을 읽었지만 동생이 생기고 책 읽을 시간이 부족해졌다.

그런데 1학년 입학과 동시에 매일 책을 읽을 수 있는 기회가 생겼다. 4학년이 된 딸아이는 매년 학교에서 300권의 책을 읽었으니 계산해 보면 12,000권의 책을 읽었다. 시나브로 스며들 듯 그렇게 독서 습관을 잡을 수 있었던 것 같다. 매일 1권의 책을 읽고 독서록 한 장을 쓰는 습관을 추가해도 좋을 것이다.

책제목	비행기를 탈까	헬리콥터를 탈까	확 인	
글쓴이	최승필	옮긴이	출판사	이수
읽은날	4월 3일	페이지수	29	누 계	94

나는 비행기를 많이 탔었는데
헬리콥터는 타본적이 없다.
헬리콥터를 책으로 보니깐 신기하고 너무 좋았다

책제목	설민석의 한국사 대모험②		확 인	
글쓴이	설민석	옮긴이	출판사	
읽은날	2019.3.13	페이지수	190	누 계	3198

설민석 님께
안녕하세요 저는 소빈이에요.
저는 설민석의 한국사 대모험②를 이틀 만에 읽었어요
너무 재미있어서 순식간에 읽은것 같아요.
특히 3.1절 만세운동하는게 감동적이였어요.
한국사책을 많이 읽고 싶어요.
저는 설민석님의 책을 많이 읽고 한국사 박사가 되고싶어
건강하시고 행복하세요.
한국사를 좋아하는 박소빈 올림

책제목	그래도 나는 누나가 좋아		확 인	
글쓴이	강무홍	옮긴이	출판사	
읽은날	2021년 4월 29일	페이지수	85	누 계	653

나는 이책을보고 동생이 생각나서 울었다
나도 동생과 않이 싸우는데
이 책을보고 나랑 동생이랑 싸울때 나안 몰랐던
동생이 느끼는 아픔,슬픔이 느껴졌다
예전에 내가 할아버지께 혼이났는데
동생이 할아버지에게 "그거 내가했어 할아버지
라고해서 감동 받았다. 이 책을 읽고
앞으로 동생을 이해해주고 싸우지 않도록 노력
했다. 우리는 남매 니깐 이제부터 싸우지 않고
배려하면서 사이좋게 지내야겠다

위로부터 딸아이의 2018년 1학년 독서 기록장, 2019년 2학년 독서 기록장, 2021년 4학
년 독서 기록장

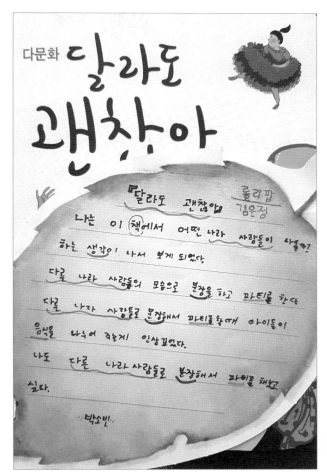

딸아이의 2020년 3학년 독서 기록장

1학년 때의 독서록은 띄어쓰기나 형식에는 굳이 규칙을 정하지 말고 자유롭게 한 문장 쓰기나 그림 그리기 등으로 표현할 수 있게 하면 된다. 책 제목과 지은이 정도만 적어도 충분하다.

한 줄 정도 자신의 생각을 쓸 줄 안다면 1학년 수준에서는 백점이다.

책제목	날아라, 마법 빗자루!			확 인	
글쓴이	이지현	옮긴이		출판사	페이트
읽은날	2021.3	페이지수	31	누 계	

넌 어떻게 마법을 부렸니?

책제목	도둑 맞은 도둑			확 인	
글쓴이	최형미	옮긴이		출판사	
읽은날	2021.3	페이지수	31	누 계	그레이트 62

도둑아 어디가니?

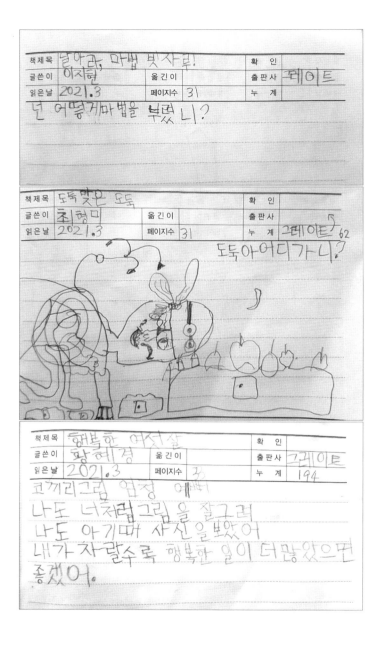

책제목	행복한 여섯 살			확 인	
글쓴이	황혜경	옮긴이		출판사	그레이트
읽은날	2021.3	페이지수	2	누 계	194

코끼리 그림 엄청 예뻐
나도 너처럼 그림을 잘 그려
나도 아기 때 사진을 보았어
내가 자랄수록 행복한 일이 더 많았으면
좋겠어.

책 제목	해보기를 잘했어!			확 인	
글쓴이	노지영	옮긴이		출판사	그레이트
읽은날	2021 5.	페이지수	33	누 계	378

마녀야 물속은 처음 이니까 내가 도와 줄게
마녀야 너는 물속이 무서워도 도전을 하면 저것
재밋을거야

마법옷을 다른 옷을 입어봐 수영복 말이야
마녀야 잠옷도 있어봐

책 제목	말굽자석아가씨			확 인	
글쓴이	김신애	옮긴이		출판사	이수
읽은날	2021.6.12	페이지수	29	누 계	711

말굽자석아가씨가 신랑감을 찾고 있었는 데
누가 신랑감이 되 었을가요 신랑감은 말굽자
아저씨랑 신랑감이 되려고 했는데 힘을 자랑
하다가 냄비를 말굽자석 아저씨가 들다가
뿌러져서 말굽자석 아가씨가 걸어가다가
막대자석 아저씨가 신랑감이되 어행복하게
살았답니다. 끝

책 제목	밥이싫은 임금님			확 인	
글쓴이	황인순	옮긴이		출판사	이수
읽은날	2021.6.20	페이지수	29	누 계	

임금님 밥이싫어도 해를잡을순없습니다 해는
엄청크거든요 그 다음에 지구랑 해는 엄청말
리있든겠아니고 멀리살짝? 많이? 많이가살짝
인가는 모르겠는데 해는멀리가 많이가살짝인가
일단해는 멀리있다고할게요 해는멀리있어서
못잡아요 끝

아들의 2021년 1학년 독서 기록장

글쓰기 능력은 쓸수록 향상되니 처음부터 조바심을 낼 필요는 없다.

올해 1학년이 된 아들의 독서 기록장은 처음에는 어떻게 독서 기록장을 써야 할지 몰라 "너는 어떻게 마법을 부렸니?"에서 시작해서 3개월이 지난 후에 "임금님 밤이 싫어도 해를 잡을 순 없습니다. 해는 엄청 크거든요. 지구랑 해는 엄청 멀리 있는 건지 많이 멀리 있는지는 모르겠는데 멀리 있어서 못 잡아요"라고 주인공에게 훈수를 두는 정도로 발전했다. 더 잘 쓰는 아이들도 많겠지만 3개월의 발전이 눈으로 보여 첨부해 본다.

물론 띄어쓰기는 잘되지 않았다. 국어 문제지를 푸는 경우가 아닌 일기나 독서 기록장을 쓸 때는 띄어쓰기 지적은 하지 않는다. 아이들이 문법에 신경 쓰느라 자유로운 생각을 표현하지 못할 수 있기 때문이다.

요즘 시중에 파는 문제지를 보면 매일 독해, 일일 독해, 일일 수학처럼 일일 시리즈로 만들어진 것들이 있다. 또, 방문 학습지도 매일의 공부량을 정해 준다. 독서뿐만 아니라 연산이나 독해도 매일 계획을 잡고 한 장씩 풀이해 간다면 꾸준함의 힘을 느낄 수 있을 것이다.

아래는 초등학교 3학년과 6학년 어느 자매의 공부 계획표이다. 이 아이들의 어머니는 부모가 아이들에게 물려줄 수 있는 재산은 '좋은 습관'이라고 늘 강조한다. 이 자매는 아침에 일어나 자신이 자고 난 이부자리를 깨끗이 정리하고 견과류와 요거트로 간단하게 아침 식사를 한다. 코로나 이전에는 자매가 손을 잡고 학교에 등교하여 학교 시간표대로 생활했지만

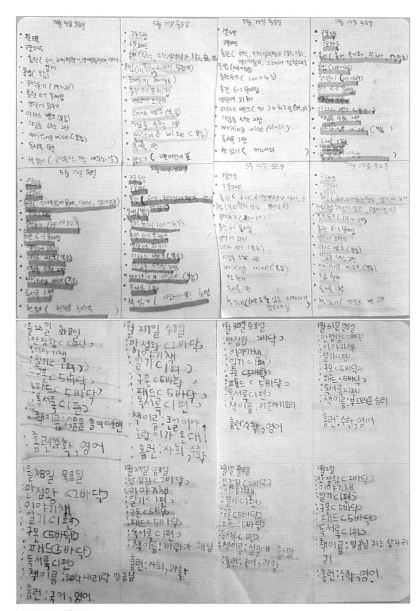

자매의 공부 계획표 01

자매의 공부 계획표 02

코로나 시국인 요즘은 가정에서 화상 수업을 하고 본인이 짠 계획표대로 공부한다.

필자는 이 자매를 지켜보면서 아침에 몸만 쓱 빠져나오는 나의 아이들의 이부자리를 정리해 주는 일을 그만두었다. 아이들에게도 이부자리 정리 정돈 정도의 수행은 가정 구성원으로서의 가장 기초적인 역할이 아니겠는가 생각하게 되었기 때문이다. 매일 자기가 자고 난 자리를 깨끗하게 정리하면서 시작하는 아침 루틴을 만들어 주는 일도 꾸준함의 힘이라고 생각한다. 이렇게 정갈하게 시작된 아침에 자신이 만들어 낸 계획표대로 꾸준하게 이루어 내는 것의 힘이란 어떤 결과를 가져올 것인가?

이 아이들이 커서 아무런 결과를 얻지 못한다고 해도 성실함과 끈기라는 인생을 관통하는 무기는 얻었으리라고 생각한다.

Let It Be (순리에 맡겨라)

2020년 도쿄 올림픽 중 미국의 천재 체조 선수 시몬 바일스는 '용감한 포기' 선언을 했다. 리우 올림픽 4관왕에 빛나는 그녀는 도쿄 올림픽 6관왕에 도전하면서 올림픽을 준비해 왔지만 "내가 하는 일이 내가 사랑하는 일을 하는 게 아니라 다른 사람들을 기쁘게 하기 위한 '일을 하기 위한 일'이 된 것 같다. 세상이 기대하기 위한 것을 해내려 하기보다 내 몸과 마음을 보호하겠다"라는 말을 남기며 과감히 연기를 포기했다.

그녀의 결정을 보면서 자신을 사랑하는 방법 중의 하나가 '어렵게 버티기'만이 아니라 '포기'일 수도 있다는 걸 알았다. 학교에서 유독 생기 없이 많이 지쳐 보이는 아이들이 있다.

공부에 지치고 관계에 지친 아이들. 하지만 포기하지 못하는 부모들.

올림픽 4관왕도 자신을 지키기 위해 '포기'라는 과감한 선택을 했다. 우리도 그녀의 선택을 보고 용기를 얻어 보자. 우리 아이들에게는 '포기'로 얻는 많은 다른 기회가 있을 것이다. 힘들면 포기할 줄도 알아야 하고 부모는 힘들면 포기해도 된다는 걸 가르쳐야 한다. 그래야 기회도 오게 될 테니까 말이다.

사담이지만 필자의 친구는 남자 친구와 10년을 사귀고 결혼을 했는데 결혼식 전날 그녀의 부모가 하신 말씀이 자신의 인생에서 가장 힘이 되었던 말이라고 했다.

"지금이라도 결혼하기 싫으면 도망가도 돼."
"결혼식장에 가서라도 마음이 바뀌면 쓰러져 버려. 뒷일은 엄마, 아빠가 해결할게."

가다가 아니면 쉬어 가고 이게 아니다 싶으면 그만 둬도 된다. 실패에 가장 낙심하는 사람은 주변의 누구도 아닌 자기 자신이다. 아이들이 순리에 따라 편안하게 살 수 있도록 억압하고 쪼는 대신 그냥 흐르는 대로 두는 시간도 꼭 필요하리라.

회복 탄력성 : 탄성이 있는 아이로 키워라!

교실의 아이들을 보다 보면 예쁘고 사랑스러운 모습의 아이가 자신이 못 생겼다고 자신 없어 하기도 하고, 외모가 평범한 아이가 한껏 예쁜 표정으로 외모를 뽐내기도 한다. 공부를 못하고 오답을 자주 말하는 아이가 엉뚱한 답을 발표하겠다고 자주 손을 들고, 모범생인 아이는 혹시나 오답일까 봐 발표하는 걸 주저한다. 넘어졌다가도 벌떡 일어나 활짝 웃는 아이가 있고 넘어진 자리에서 누군가 일으켜 줄 때까지 일어나지 않는 아이도 있다. 넘어진 걸 아무도 눈치 못 챘다는 이유로 삐져서 교육 활동에 참여하지 않고 아까운 시간을 낭비하는 아이도 있다. 아이는 마음껏 미숙하고 마음껏 아이다운 탄성이 있게 키웠으면 한다. 구김살이 없다는 표현이 더 찰떡 같은 표현일까? 고무공처럼 통통 튀는 모습.

넘어져도 언제 그랬냐는 듯 다시 일어서고 실패해도 금방 회복하는 아이.
요즘은 그런 사람을 회복 탄력성이 좋은 사람이라고 한다.

세상을 살다 보면 얼마나 넘어지고 부딪히고 깨질 일이 많은지 우리는 매일 경험하지 않는가. 실패에 낙담하다 보면 자존감에 스크래치도 나고 지하 바닥에도 내 팽겨쳐진 기분도 느낀다. 우울감을 뚫고 올라오기 위해 얼마나 최선을 다하며 살아야 하는지 매일이 전쟁터임을 실감하며 살아가지 않는가 말이다.

내 아이는 이 전쟁터에서 좀 더 행복한 사람으로 살아가게 하고 싶지 않은가? 주위에서 포탄이 떨어져도 오후의 햇살과 티타임을 즐기며

에세이집 한 챕터를 여유롭게 넘길 수 있는 마음이 풍요로운 아이로 키우고 싶지 않은가? 매일 삶의 시험대에 오르는 필자는 내 아이가 좌절과 실패에 부딪혔을 때 '회복 탄력성'이 좋은 아이로 성장했으면 좋겠다. 그러면 마음 근육이 단단한 아이로 키우려면 대체 어떻게 해야 한단 말인가?

필자가 20년 교직 생활 동안 회복 탄력성 있는 아이들의 특성을 종합해 보고 내린 결론은 세 가지이다.

첫째, 부모는 아이를 아이답게 키워야 한다.

아이에게 어른스러움을 강요하지 말자!

"너는 첫째니까", "너는 형이고 누나니까", "너는 언니니까", "1학년 형아가 왜 그래?", "네 나이가 몇 살인데 이래?" 이런 어른스러움을 강요하지 말자는 말이다. 일반적으로 자주하는 어른스러움을 강요하는 말은 아이스러움을 박탈하고 아이가 누려야 할 아이의 세계를 누리지 못하게 한다. 어른스러운 역할을 강요받게 된 아이는 혹여 자신이 너무 아이스러운 건 아닌지 눈치를 보게 되고 어깨는 무거워진다. 마음에도 회복 탄력의 근육이 있다면 밝은 근육 대신 근심 걱정의 근육이 생기게 될 것이다. 아이를 아이답게 키우자! 아이를 '구속'하는 말로 아이다운 천진함을 빼앗지 말라는 것이다.

둘째, 부모는 '아이가 가지고 있는 것'을 칭찬해야 한다.

인간이 절망의 나락으로 빠졌을 때 구원의 동아줄은 자존감이고 자아 효능감이다. '긴 속눈썹', '귀여운 발가락', '상냥한 목소리', '뛰어난 기억력', '치아를 드러내며 웃는 밝은 미소', '화통한 웃음소리' 어떤 것이든 아이만의 무언가를 칭찬해라. 그 어떤 것이면 어떠랴. 그 칭찬 하나가 아이의 삶을 지탱해 주는 든든한 이유가 되어줄 수 있다.

필자의 학창 시절 별명은 '문학소녀'였다. 책을 많이 읽지는 않았지만 늘 도서관에서 빌린 책을 가슴에 품고 다녔다. 소소한 백일장에서 상도 받았다. 글을 뛰어나게 잘 쓰지는 못했고 책도 남들보다 많이 읽지 않았던 그 시절 선생님이 붙여 준 '문학소녀'라는 별명이 지금 필자를 키보드 자판 앞으로 불러왔을 것이다.

필자의 제자 중 매일 친구들과 문제를 일으키는 필승이가 있었다. 일주일 내내 태권도 도복을 입고 다녔던 그 녀석은 공부와는 담을 쌓은 것 같았다. 말도 심하게 더듬어서 국어 시간에 발표도 주저하는 녀석이었다. 그러나 '시'를 사랑하는 필자가 매번 아이들에게 시 낭송을 해 주었고 그 녀석은 시에 꽂혔다. 그 녀석이 '시'를 쓰기 시작했다. 필자는 시에 꽂힌 녀석을 매일 칭찬했다. 몸으로만 표현할 줄 알던 아이가 글로 자신의 마음을 표현하기 시작했다. 필승이는 중학교에 진학한 후 시를 써서 문예상 장원을 휩쓸었고 어린 '시인'이 되었다. 지금 서른 살이 넘은 필승이는 자기 밥벌이를 하며 잘 살고 있다.

셋째, 아이와 '오늘의 감사' 대화를 나눠 보자.

오늘의 삶은 힘들었지만 그 속에 얼마나 많은 감사의 씨앗이 있었는지 이야기를 나누면서 찾아내 보자. 아이가 어른이 되었을 때도 힘든 삶 속에서 하루하루의 감사를 찾아낼 수 있을 것이다.

필자가 매우 더운 여름 어느 날 친구들과 여행을 간 적이 있었다. 에어컨 바람이 시원한 카페에서 외부로 나오는데 해가 뜨거워 일행이 모두 얼굴을 찌푸렸다. "이렇게 더운데 어떻게 여행을 하겠나?" 하고 모두 푸념을 늘어놓는데 한 친구만 "와! 햇살이 좋아서 사진이 정말 잘 나오겠다"라며 한껏 들떠 폴짝폴짝 뛰었다. 이 친구는 삶을 대하는 방식이 늘 긍정적인 친구이다.

또, 필자는 대학 시절 캐나다에서 오랜 여행을 한 적이 있었다. 당시에 한인 노부부의 차를 얻어 타고 집으로 갈 기회가 생겼는데 내비게이션도 없던 시절이고, 필자도 동네 지리를 잘 몰라서 길 안내를 잘못해 한참 길을 헤매게 되었었다. 그때 그 인자한 노부부는 "학생 덕분에 우리가 이 아름다운 동네 구경을 다 해 보네. 오늘 참 행복한 날이네요"라며 함박웃음을 보여 주셨다. 필자에게 그 일은 삶을 바라보는 방식에 획기적인 전환점이 되었다.

인생의 작은 순간에서 감사를 발견하는 일은 인생을 풍요롭게 한다. 감사하는 마음이 쌓이고 쌓이면 삶을 바라보는 눈이 풍요로워지고 어지간한 세상의 풍파에는 그러려니 하게 되는 여유를 부릴 줄 알게 된다. 회복력이 생긴다고 할까?

우리 엄마는 이.동.미 (이 동네의 미친 여자)

내 아이를 위해서라면 나는 기꺼이 머리에 꽃을 꽂을 수 있다. 이 구역의 미친 여자가 누구인지 만천하에 보여 준대도 내 아이를 지킬 수 있다면 그 무엇이라도 나는 할 수 있다는 말이다.

우리 할머니는 동네가 다 아는 호랑이 할머니셨다. 집안에서는 엄하고 유교적인 분이셨지만 손녀딸들이 밖에서 억울한 일을 당하고 오면 우리들을 위해 호랑이 할머니로 변신해서 버선발로 출동해 주셨다. 아이들 싸움에 엄마가 개입하면 어른 싸움이 되지만 할머니가 개입하면 일방적인 할머니의 K.O. 승이었기에 할머니가 있는 우리 자매는 늘 기세등등이었다. 억울한 일이 있을 때 마지막 멘트는 "너희들 우리 할머니한테 이른다"라고 했던 기억이 아직도 생생하다. 그렇게 내 뒤에는 나를 지켜 줄 어른이 계신다는 든든함은 나의 어린 시절을 따뜻한 봄날로 만들어 줬다.

요즘 엄마들을 보면 막무가내로 자기 아이 편을 드는 엄마들도 있고 자기 아이가 잘못을 하지 않았는데도 겸손해서 자기 아이를 먼저 나무라는 엄마도 있다. 일단 필자는 후자인 엄마였다.

그래도 조금은 교양 있는 엄마라 앞뒤 상황 따진 후에 내 아이 대신 상대 아이의 마음을 먼저 살피며 사과하고, 내 아이의 실수가 조금이라도 있으면 내 아이에게 사과를 종용했다.
그런데 그게 내 아이에게 상처가 되고 있음을 깨달았고 다른 엄마는 먼저 자신의 아이를 보호하고 있다는 걸 알게 되었다.

자! 그럼 여기서 필자처럼 윤리의식이 있는 도덕적인 엄마들은 고민에 빠진다. 내 아이는 계속 기가 죽고 있는데 나는 무조건 내 아이를 나무라야 하는 것인가? 그렇다고 무조건 내 아이 편을 들어야 하는가? 난 그렇게는 못 하겠다. 그럼 어떻게 하라는 말이냐?

그럴 때는 눈에 보이지 않는 음식도 진수성찬인 양 쩝쩝 소리를 내며 먹는 시늉을 했던 먹방 표현력, 아이가 따 준 삐뚤삐뚤한 머리카락도 유명 헤어 스타일리스트의 작품인 양 만족스러운 미소를 지었던 표정 연기력, 아이를 키우며 다년간 다져 온 최고의 연기력을 발휘해 보자!

"너에게 무슨 일이 있더라도 엄마는 다 해결할 수 있다."

조금 오버해도 좋다. 목소리 톤을 좀 높여도 좋고 주먹을 불끈 쥐어도 좋다. 좀 더 극적으로 보이기 위해 해당 인물들의 이름을 줄줄 읊으며 '개똥이, 소똥이 그 녀석들 엄마가 그냥 가만 안 둬'라고 경고성 메시지도 날려 보자.

물리적으로 모든 곳에 엄마가 있어 줄 수는 없다. 그럼 어떤가. 심리적으로 엄마는 모든 곳에 있어 줄 수 있지 않은가? 엄마 품에서는 모두 말하면 해결될 것이라는 신뢰를 주자!

아이는 부모의 공감으로 세상에 나아간다. 부모가 아이의 모든 걸 알 수 없지만 아이와 지속적으로 대화하면서 고민이나 생각을 알려고 노력해 보자. 대화의 물꼬는 아이의 '마음 읽어 주기'이고 이것이 '래포(Rapport)' 형성이다. "엄마는 너를 위해 못 할 것이 없다"라며 아이보다 더 방방 뛴다. 아이가 어쩌면 "엄마! 저 괜찮아요" 할 정도가 되도록 아이보다 엄마가 더 흥분해 주면 아이는 대리 만족, 카타르시스를 느낄 수 있다. 부모가 내 일에 나보다 더 흥분해 주고 걱정해 주면 부모와 신뢰가 쌓이고 부모와 쌓인 신뢰로 든든한 마음도 생길 것이다.

이제 내 아이는 앞으로 어려운 일이 생길 때마다 우리 엄마는 내 편이고 우리 엄마한테 이르면 다 해결된다는 믿음이 생길 것이다. 어린 시절의 호랑이 할머니를 둔 필자처럼 무서운 게 없는 봄날을 즐기는 어린이가 바로 내 아이가 되지 않겠는가?

안정감을 주는 건강한 생활 루틴

미국의 존 브래드쇼(John Bradshaw)는 그의 저서 『상처받은 내면아이 치유』(학지사, 2004)에서 인간의 무의식 속에는 어린 시절 겪은 아픔과 상처에 기인한 자아(내면아이. inner child)가 있다고 했다.

어릴 적 부모가 싸울 때마다 불안에 떨었고, 부모가 이혼할지 모른다는 공포에 휩싸였을지도 모른다. 술에 취한 아빠가 행패를 부릴까 불안에 떠는 아이들은 어두운 밤길에 술 취한 아빠를 피해 나와 쪼그리고 앉아 긴긴밤이 지나길 바라곤 했을지도 모른다. '너 자꾸 이러면 망태 할아버지가 잡아간다'거나 '너 이렇게 말 안 들으면 다리 밑에 새엄마한테 보내 버린다'는 협박을 들었을 수도 있다. 아들이 아닌 딸로 태어나 겪은 부당함도 있고 아들이어서 겪은 부담감도 있었을 것이다. 이 모든 것은 자신을 낳아 준 부모로부터 듣거나 겪은 일들일 것이다. 이런 경험이 상처받은 '내면아이'가 되어 성인이 된 어른을 괴롭혔을 것이다.

이 책을 읽고 있는 여러분은 어떤 어른인가?

사실 필자도 아직 어른스럽지 못한 내면아이를 안고 있다. 가끔은 내면아이가 불쑥 튀어나와 현재의 삶에 혼란을 주기도 하고 우울감을 주기도 한다.

어린 시절 외롭고 힘들었던 어느 지점의 어린이인 '나'에게 다가가 안아 주고 다 잘될 거라고 이야기해 주고 친구 해 주고 싶어서 다가가려고 노력해 보는데 그게 잘되지는 않는다. 다만 책을 읽으며 사고를 확장시키고 인생을 살아가며 이해의 폭이 넓어지면서 자연스레 내면아이를 성장시키고 있을 뿐이다.

'멀리서 보면 봄날처럼 보이는 인생'을 살고 있는 사람이나 '가까이서 보면 봄인 인생을 사는 사람'이나 우리 모두의 마음속에는 해결해야 할 내면아이가 있지 않을까? 내가 사랑하는 내 아이가 나처럼 '어린 시절의 아픔과 상처로 인한 자아인 내면아이'를 품고 사는 어른으로 자란다면 어떨까? 아마도 그걸 바라는 부모는 없을 것이다. 그렇다면 우리는 어떻게 아이를 키워야 할까?

우리 부모도 우리를 분명 사랑했다. 하지만 우리 부모는 바빴고 사는 게 힘들었다. 아이의 감정을 어루만져 주기에는 본인들의 감정이 불안정했다. 감정을 어루만지는데 익숙하지 않았고 그 행동을 어색해했다. 부모와 자식 사이에 '사랑한다'는 애정 표현을 우리 세대가 부모 세대와 얼마나 자연스럽게 할 수 있는지를 생각해 보면 답이 나온다. 그래서 어쩌면 우리 부모는 우리에게 '이것'을 주기 어려웠을지 모른다.

안정감!
부모는 늘 너의 곁에 있을 것이고 네가 어떻든 네가 어떻게 변화하든 널 사랑하는 마음은 절대 변하지 않을 것이라는 믿음. 네가 얼굴이 예쁘거나, 1등을 해서 널 사랑하는 것이 아니라 너의 존엄과 가치 그 자체로 너를 사랑한다는 것. 너의 존재 자체로 너는 사랑받기 위해 태어난 사람이라는 안정감 말이다.

거창하지만 태생적으로 모든 인간은 하늘이 부여해 준 '천부인권'을 가지고 태어나지 않았는가? 부모는 아이가 그런 마음을 가지고 평생을 살아갈 수 있도록, 아이가 편안한 가정에서 안정된 마음으로 살아갈 수 있도록 반드시 환경을 만들어 주어야 한다. 이런 안정감은 건강한 생활의 루틴에서 나온다. 학교나 학원에서 마음 상하는 일이 있었더라도 늘 흔들림 없이 편안한 곳, 가정이 주는 안정감은 아이의 마음에 평화를 줄 것이다.

필자의 가정생활의 단순한 루틴이다. 자식 키우는 일이 세상에서 가장 힘들다는 걸 누구보다 잘 아는 부족한 엄마지만 이 규칙은 지키려고 노력한다. 공부는 포기하더라도 건강한 잠자리와 건강한 식사, 건강한 스킨십과 건강한 놀이 시간은 확보해야 아이가 가정에서 '안정감'을 느낄 수 있을 것이라 생각하기 때문이다.

첫째, 아침에 일어나는 시간을 정한다.
둘째, 가족 아침 인사를 한다. 포옹, 뽀뽀 등 규칙을 정한다.
셋째, 일어나면 물을 한 잔 마신다.
넷째, 아침 식사는 간단하게라도 꼭 한다.
다섯째, 식사 준비는 가족이 함께 한다.
여섯째, 다 먹은 식기는 싱크대에 가져다 놓는다.
일곱째, 집을 나서고 들어설 때는 가장 행복한 얼굴로 인사한다.

여덟째, 집에 들어올 때는 손을 꼭 씻는다.

아홉째, 집에 오자마자 알림장을 확인하고 내일의 준비물 챙기기와 과제를 먼저 수행한다.

열째, 하루에 책 1권을 읽는다(글밥에 따라 다르지만 동화책 기준).

열한째, 온 가족이 모여 저녁 혹은 간식을 먹으며 이야기를 나눈다.

열둘째, 가족이 함께 보드게임 1종류 이상을 한다.

열셋째, 10시 전. 정해진 시간에 잔다.

저학년이 꼭 갖추어야 할 학력

취학 전 아이를 둔 한 엄마가 물었다.

"학교 들어가기 전에 공부는 어디까지 얼마만큼 시켜야 하죠? 왜? 우리 아이는 자꾸만 손가락으로 숫자를 계산할까요?"

"공부는 아이가 받아들일 수 있는 수준까지 시키세요. 1학년은 『우리들은 1학년』에서 학교생활의 각종 규칙과 안전한 생활을 배워요. 4월경부터 한글을 배우지만 대부분의 아이는 한글을 떼고 동화책 정도는 더듬더듬 읽을 수 있는 수준으로 입학합니다. 더 솔직히 말하면 동화책 정도는 술술 읽을 줄 아는 아이들이 반 이상은 됩니다. 이 상황에서 자기 이름 석 자만 쓸 줄 아는 상태로 입학하면 아이의 자존감에 상처를 입힐 수 있겠지요."

공교육 교사로서 이러한 진실을 말하는 건 굉장히 조심스러운 일이지만 실제가 그렇다. 수학도 '1은 일, 하나라로 읽고 씁니다. 2는 이, 둘이라고 읽고 씁니다'를 배우지만 100까지의 수를 읽고 쓰며 덧셈, 뺄셈을 수월하게 하는 아이들도 있다. 하지만 너무 많이 배워 오면 학교생활에 흥미가 떨어지는 것도 사실이다. 그러니까 낮은 학력으로 인해 떨어지는 자존감과 높은 학력으로 인해 떨어지는 흥미 사이의 어디쯤까지 딱 공부를 시키면 된다. 그러니까 그 딱, 그쯤이 어디까지란 말인가?

엄마 교사인 필자가 그동안의 경력으로 미루어 정답으로 삼는 것이 '동화책은 더듬더듬 읽을 줄 알아야 한다. 받침 있는 글자는 실수해도 괜찮다. 띄어쓰기는 학교 가면 배운다' 이다.

손가락 연산법

일부 학습지나 학원에서 아이가 덧셈, 뺄셈을 할 때 손가락 사용을 절대 못하게 하는 경우가 있는 걸로 아는데, 그건 아동의 인지발달 과정에 대한 무지라고 생각한다. 손가락으로 수를 계산하는 건 당연한 방법이니 걱정하지 말 것을 말하고 싶다. 1학년은 손가락으로 계산해도 된다. 이상하게 우리나라의 부모들은 구체물을 가지고 학습하는 건 어린 아이나 하는 방법이라는 편견이 있다. 아이가 손가락과 발가락을 이용해 덧셈과 뺄셈을 하려고 하면 무안을 주거나 그건 유치원생들이나 하는 행동이라며 아이의 손을 탁 치는 경우도 본 적이 있다.

인지발달 이론의 거장 피아제(Piaget)는 인간의 인지발달은 4단계를 통하게 되며, 질적으로 다른 이 단계들은 정해진 순서대로 진행되고 단계가 높아질수록 복잡성이 증가된다고 했다. (Piaget,1954)

피아제의 인지발달 단계

피아제의 인지발달 단계		
감각 운동기	0~2세	· 감각운동 발달 · 대상 영속성 · 반사 행동에서 목적 있는 행동으로 발달
전 조작기	2~7세	· 표상적 사고 능력 · 자아 중심성 · 직관적 사고와 중심화
구체적 조작기	7~11세	· 구체적 상황에서 논리적 사고 발달 · 가역성, 유목화, 서열화 개념 · 사회 지향성
형식적 조작기	11세 이후	· 가설 연역적 추리 · 논리적 추상적 문제 해결 · 조합적 추리

　3세 미만의 아이들이 '까꿍' 놀이에 까르르 웃거나 커튼 뒤에 숨었던 부모가 나타나면 깜짝 놀라며 좋아하는 것, 손가락을 빨고 주변의 물건들을 입으로 탐색하는 것 등은 '감각 운동기'를 대표하는 특징이다.

　'내꺼야' 병에 걸려 친구와 장난감을 가지고 싸우거나 죽어 있는 모든 사물이 살아 있다고 생각하여 장난감과 이야기를 나누는 물활론적 사고를 하는 시기가 '전 조작기'로 보통 유치원 시기의 아이들이 해당한다.

　초등학교 1학년은 '전 조작기'에서 '구체적 조작기'로 넘어가는 과도기이고 초등학교 전 시절이 '구체적 조작기' 시기라고 봐도 좋을 것이다. 물론 고학년에 '형식적 조작기'의 인지발달을 하는 아이들도 있지만 말이다. 그래서 학교에서는 '구체적 조작기'의 인지발달 수준을 고려한 수업을 계획하고 실행한다. 수학 지식의 형성 과정을 '추상화', '형식화', '이상화'로 나누어 살펴보자.

1학년 1학기에 배우는 수학 문제

🍓	•	**1**	하나 / 일	🍇🍇🍇🍇	•• ••	**4**	넷 / 사
🍍🍍	••	**2**	둘 / 이	🥕🥕🥕🥕🥕	•• •••	**5**	다섯 / 오
🍌🍌🍌	•••	**3**	셋 / 삼				

딸기, 파인애플, 바나나 등 구체적 사물의 그림을 제시하고 기호인 동그라미로 단순화한 후에 숫자를 제시하고 읽는 방법을 알려 준다. 딸기 1개와 동그라미 1개, 숫자 1은 이질적인 요소지만 그 안에서 동질적인 요소를 추출하여 모두 1이라는 개념을 형성할 수 있다. 이것을 '추상화' 라고 한다.

4학년 1학기에 배우는 수학 문제

278×15를 세로로 계산하는 방법을 설명해 보세요.

278×10

$$\begin{array}{r} 2\ 7\ 8 \\ \times\ \ \ 1\ 0 \\ \hline 2\ 7\ 8\ 0 \end{array}$$

278×5

$$\begin{array}{r} 2\ 7\ 8 \\ \times\ \ \ \ \ 5 \\ \hline 1\ 3\ 9\ 0 \end{array}$$

→

278×15

$$\begin{array}{r} 2\ 7\ 8 \\ \times\ \ \ 1\ 5 \\ \hline 1\ 3\ 9\ 0 \\ 2\ 7\ 8\ 0 \\ \hline 4\ 1\ 7\ 0 \end{array}$$

→

$$\begin{array}{r} 2\ 7\ 8 \\ \times\ \ \ 1\ 5 \\ \hline 1\ 3\ 9\ 0 \\ 2\ 7\ 8 \\ \hline 4\ 1\ 7\ 0 \end{array}$$

수학적 지식의 형성 과정에서 '추상화'하여 공통적인 규칙성이나 필요한 규칙, 원리 등을 만들어 가는 과정을 수학 지식의 '형식화'라고 한다. 자릿수가 형식적으로 정해져 있다거나 덧셈의 받아올림과 뺄셈의 받아내림 같은 형식을 이해하는 과정이다.

마지막으로 사과 12개를 4명에게 똑같이 나누어 준다거나 '속도=거리/시간'처럼 실제로는 모양과 크기가 다른 사과를 똑같이 나눌 수 없고, 같은 속도로 전 구간을 움직일 수 없다는 것을 알지만 흔히 말하는 '수학적 약속'으로 현실적인 제약을 무시하고 개념에 집중해서 사고하는 수학 지식의 '이상화' 과정이 있다.

이처럼 모든 문제의 시작은 생활 속 '구체물'에서 시작된다. 그런데 왜? 부모는 손가락, 발가락처럼 좋은 구체물을 사용하지 못하게 하는가?

구체물로 배우는 수학 개념

집에 있는 접시를 하나 꺼내 보았다. 꼭 저런 종류의 접시가 아니더라도 그릇 3개와 사탕 10개만 있으면 덧셈과 뺄셈의 기본이 되는 '가르기와 모으기'를 공부할 수 있다.

10을 가르기 해 보자. 오른쪽으로 사탕 3개를 보낸다. 왼쪽 빈 곳에 들어갈 사탕은 몇 개가 될까?

이것이 뺄셈의 기초인 '가르기'이다. '10-3=7', 문제를 해결할 수 있다.

왼쪽 사탕 5개와 오른쪽 사탕 5개를 모으면 몇 개가 될까?

이것이 덧셈의 기초인 '모으기'이다. '5+5=10'을 해결할 수 있고 숫자를 바꿔 가면서 '1+9=10, 2+8+10…' 이런 식으로 10의 보수 개념도 가르칠 수 있다.

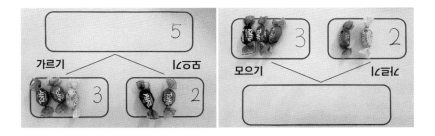

종이에 칸을 3개 만들어 가르기와 모으기를 해 보는 것도 손쉽게 구체물을 가지고 공부할 수 있는 방법이다. (상하를 바꾸면 가르기, 모으기를 계속할 수 있다.) 5를 3과 2로 가르는 것, 3과 2를 모으면 5가 된다는 것을 배울 수 있다.

　단순하게 사탕 10개를 두고 '10개 중에 2개를 엄마가 가지고 갔어. 몇 개 남았을까?', '10개를 2명에게 똑같이 주려면 몇 개씩 나눠 주면 좋을까?' 등의 문제를 낼 수도 있을 것이다. 구체적 조작기의 아이들에게 너무 고차원적인 '형식적 조작기'의 논리 사고력을 기대하지는 말자.

　초등 6학년 1학기가 되면 '직육면체의 부피와 겉넓이'를 배운다. 2학기에는 '원기둥과 원뿔의 높이와 전개도'를 구하는 것이 나오고 중학교 1학년 수학에서 원기둥의 부피를 구하는 방법을 다룬다. 우리가 중학교 때 외웠던 원기둥의 부피 구하는 공식이다. 이걸 구체적으로 어떻게 가르칠 수 있을까? "라떼는…" 스타일로 그냥 외우라고 할 것인가?

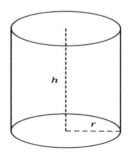

원기둥의 부피 공식

$$V = \pi^2 h$$
V 원기둥의 부피

> 통밀 과자는 원기둥이고
> 원기둥의 부피 = 밑넓이 × 높이 = $\pi r^2 h$

그럼 아이들은 부피의 개념을 어떻게 구체적으로 알 수 있을까?

포장을 벗겼더니 낱개 비스킷 15개가 나온다.

저 원기둥의 부피를 구체물로 표현해 보면 낱개 과자 1개의 부피 15개가 모여 있는 것이다. 실제로 낱개 과자 하나의 부피를 구해 보고 곱하기 15를 하면 원기둥의 부피와 비슷한 답이 나온다. 약간의 오류가 나는 것은 과자 사이의 공간이 있어서 과자 하나의 높이를 정확하게 측정하기 어렵기 때문이다. 그래도 구체물로 부피의 개념을 알 수 있다.

사실 가장 이상적인 것은 평면에 그려진 밑면 원의 넓이를 구하고, '그것이 몇 개가 모여 원기둥을 이루는가?'를 세어서 '밑넓이 × 높이'를 해 보면 더 좋겠다. 부서지지 않는 비스킷이라면 낱개 비스킷의 높이를 아주 미세하게 잘라 빈 공간 없이 쌓아 올려 추후 적분 문제로도 발전이 가능하다. 구체물에서 확장된 수학적 사고력이 얼마나 중요한지, 구체물이 얼마나 중요한 수학 도구인지 알기를 바란다.

1학년 자존감 향상 기술, 그림 그리기와 종이접기

저학년이 꼭 갖추어야 할 학력은 '한글과 수'만 있는 건 아니다. 1학년은 시험을 거의 보지 않아서 내 아이의 반 친구들은 아이가 얼마나 공부를 잘하는지, 반에서 성적이 어느 정도인지, 얼마나 똑똑한지 잘 알지 못한다.

친구들이 내 아이를 평가하는 요소는 드러나는 것, 보여 줄 수 있는 '기술'이다. 1학년의 기술은 '그림 그리기와 종이접기' 정도이다.

아이는 자신에게 주어진 학습 과제를 성공적으로 해 나가면서 스스로 자아 효능감을 느낄 수 있지만, 다른 사람이 나를 바라보는 긍정적인 평가에 의해서도 자존감이 향상되는 걸 느낄 수 있다.

1학년 교실에서 흔히 볼 수 있는 풍경은 그림을 잘 그리는 아이 옆에서 친구들이 감탄사를 연발하며 자기도 그림을 그려 달라고 부탁하는 모습이다. 또, 1학년이 가장 많이 하는 활동인 '종이접기'는 아이의 미세 감각 발달 정도를 측정하는 좋은 수단이 된다. 반듯하게 접기가 얼마나 힘든 일인지 색종이를 아이에게 하나 쥐어 주면 당장 확인할 수 있을 것이다. '산 접기, 아이스크림 접기, 대문 접기' 등 어른이 보면 별거 아닌 똑바로 접는 기술, 그 기술을 이용하여 만든 종이 작품은 내 아이의 자존감을 향상시켜 줄 것이다. 친구들은 아낌없이 감탄해 줄 것이고 도와 달라는 요청이 쇄도할 것이다.

교사는 1명이고 아이들은 20~30명이다. 교사는 '종이접기' 설명을 하다 하다 지쳐서 '종이접기 도우미들'에게 도움을 요청할 것이다. 그럼 먼저 종이접기를 끝냈거나 야무지게 종이접기 과정에 참여한 아이가 자원할 것이고 여기저기 흩어져 친구들을 도와줄 것이다. 그러면 이 아이는 '야무진 친구', '똑똑한 친구'로 다른 친구들의 인상에 남을 확률이 크다.

초등 저학년의 학력 상승은 엄마 몫이다

왜 한 교실에서 같은 선생님께 같은 수업을 들었는데 우리 아이는 공부를 못할까?

정답은 누구나 알 것이다. 집중력, 성실함, 명석한 두뇌. 요즘 대학 입학은 할아버지의 재력, 엄마의 정보력, 아빠의 무관심으로 결정된다는 우스갯소리가 있다. 그러나 제아무리 재력과 정보력이 중요한 시대라고 하지만 가장 기본은 공부하는 태도인 집중력과 성실함, 타고난 좋은 머리일 것이다. 그것이 갖춰진 다음에 정보력이나 재력이 바탕이 되면 더 좋은 성과를 얻겠지만 말이다.

이 장의 소제목처럼 '학력과 자존감은 비례할까?' 단연코 학력 수준이 높으면 자존감은 향상된다. 그럼 학력 수준이 낮다고 자존감이 저 지하 땅굴까지 파고 들까? 그건 아닐 수 있다.

'실수하면서 그것을 극복하는 것이 진짜 교육이다.'
UCLA 심리학 교수 로버트 비요크(Robert A. bjork)는 바람직한 어려움(Desirable Difficulties)을 말하면서 '어렵게 공부한 것은 어렵게 잊는다'고 하였다.

공부의 어려움을 느끼는 것은 당연하고 그렇게 어렵게 공부해서 얻은 지식은 잘 잊혀지지 않는다는 것이다. 아이가 공부에 어려움을 느낀다고 조바심을 내면서 아이를 채근하는 것이 아이의 자존감을 꺾는 행동이지, 아이가 공부에 어려움을 느끼는 것 자체가 아이의 자존감을 하락시키지는 않는다는 것이다. 아이가 공부에 어려움을 느끼는 것은 '더 잘 기억하기 위함이다'라고 생각해 보자.

공부를 할 때는 '자신이 아는 지식의 인과 관계를 알아내는 것'이 중요하다. 우리가 뜨개질을 하여 하나의 스웨터를 완성하듯이, 아이의 긴 머리카락을 땋아 머리 스타일을 완성해 주듯이 지식을 알고리즘화해야 한다. 모르는 것과 모르는 것을 해결하는 능력, 그 해결 과정에서 배운 인과 관계 등의 알고리즘이 하나의 지식을 탄생시킨다.

그럼 초등 저학년에서 학력 상승을 위해 엄마인 우리는 무엇을 해 줘야 할까?

성실함을 심어 주고 끈기를 채워 주고 명석한 두뇌를 물려주면 되는 걸까? 얼마나 쉬운가. 말로는… 그러나 성실함과 끈기, 명석한 두뇌를 어떻게 주어야 하는 것인지 우리는 그 방법을 알고 싶다. 결국 자식은 '뽑기 운'이라더니 이미 정해진 유전자 조합을 이제 와서 어떻게 바꾸란 말인가?

꾸준함에서 해답을 찾아보자.

추상적일 수 있지만 혹시 우리가 초등학교 때 유행처럼 번졌던 스킬 자수를 기억하는가? 색깔 털실 하나하나를 잡고 단순 동작을 반복하다 보면 어느새 그림처럼 수가 놓아진 멋진 작품을 완성할 수 있었던 경험 말이다. 아이가 국어 공부에 어려움을 느낀다면 'Step by Step(한 단계 한 단계)'으로 아주 쉽게 접근해 보자. 마치 스킬 자수를 할 때 실 하나하나를 꿰는 단순하지만 꾸준한 정성으로 말이다.

교과서의 짧은 문장을 베껴 쓴다.

어려운 말로는 필사라고도 하지만 거창하지 않게 하루에 교과서의 한 문장이나 여력이 된다면 한 쪽 정도를 베껴 써본다. 사실 교과서보다는 아이가 좋아하는 동화책의 한 쪽이나 짧은 동시 한 편을 필사하는 걸 추천한다.

동화책을 읽을 때 아이와 한 줄씩 번갈아 읽어 보자.

그것도 어렵다면 한 글자씩 번갈아 읽어 보자. 그럼 마치 게임을 하듯 '까르르' 웃으며 공부할 수 있을 것이다. 역할 정하여 읽기는 어떤가? 할머니 역할은 엄마가, 물고기 역할은 아이가, 공주 역할은 엄마가, 왕자 역할은 아이가 읽는 식으로 역할을 정하여 읽어 보면 재미도 있고 어휘력 확장에도 도움이 될 것이다.

아이가 일기를 쓴다면 한 줄은 아이가 한 줄은 엄마가 써 봐도 좋다.

꼭 일기가 아니어도 오늘 있었던 일, 이야기 나눠 보기를 한 문장씩 해 봐도 좋다. 예를 들어 '아침에 일어났다'→'엄마가 아침밥을 해 주셨다'→'내가 싫어하는 콩밥이었다'→'엄마는 콩밥이 몸에 좋다고 하셨다'→'나는 먹기 싫었다' 여기에서 끝내도 좋고 '몸에 좋은 음식이 입에 쓰다는 말이 있다. 먹기엔 맛이 없지만 건강에 좋은 음식을 골고루 먹어야겠다' 정도로 생각을 나타내는 한 문장 정도를 엄마가 한 줄 첨가해 주면 더 그럴 듯한 일기나 생각 정리하기가 될 것이다.

국어와 관련된 게임을 해 보는 건 어떤가?

필자는 아이들과 자동차로 이동할 때는 항상 '끝말잇기', '세 글자 게임', '끝나는 단어로 문장 만들기 게임'을 한다. '끝말잇기'는 거의 대부분 아는 게임이지만 우습게 여기면 안 된다. 1학년 교과서에 나오는 게임일

뿐 아니라 수행평가에도 종종 출제되는 중요한 어휘력 향상 게임이다.

세 글자 게임

세 글자만 말해서 말을 이어 나가는 게임이다. 문장을 끝맺어 버리는 사람이 진다. 예를 들어 4명이 게임을 한다면 1번 아빠가/2번 엄마랑/3번 시장에/4번 갔는데/ 여기까지는 4명이 다 세 글자만 말해서 성공했다. '갔는데' 다음 세 글자는 다시 1번이 이어 나간다. 거기서/포도를/사 와서/맛있게/ 2회전까지도 성공했다. 먹는데/동생이/배 아파/소리를/ 3회전까지 성공했다. 그런데 다음 사람이 '질렀다'라고 하면 지게된다. 왜냐하면 문장을 끝맺었기 때문이다. 이기려면 어떻게든 세 글자로 만들어야 한다. 질러서/모두들/걱정을/했는데/ 정도로 마무리하면 된다. 이렇게 끝나지 않는 문장을 만들어 보면 말의 재미를 느끼며 어휘력을 향상시킬 수 있다.

끝나는 단어로 문장 만들기 게임

게임 주제어를 먼저 정한다. 만약 주제가 '음식'이라면 처음 사람이 음식과 관련된 문장을 말한다. '채소가 들어간 볶음밥', 두 번째 사람은 볶음밥을 받아서 '볶음밥보다 맛있는 김치 라면', 그다음 사람은 김치 라면을 받아서 '김치 라면에 들어있는 김치' 이런 식으로 세상의 모든 음식으로 문장을 만들어 본다. 주제가 동물이라면 '동굴에 들어간 쥐', '쥐처럼 작은 햄스터', '햄스터처럼 귀여운 강아지', '강아지처럼 장난꾸러기인 고양이', '고양이가 좋아하는 토끼', '토끼가 좋아하는 소' 등으로 말을 이어 나간다.

뭐든지 '처음부터 성실하고 처음부터 끈기 있게'는 어렵다고 생각한다. 부모가 한 단계씩 함께해 주면 '끈기'를 기르고 이에 따라 학력은 분명 향상될 것이다.

필자는 아이가 입학 후 가장 힘든 노동 활동이 '글씨 쓰기'라고 생각한다. 손가락 힘이 약한 아이가 4교시 수업 동안 글을 쓰고 지우고 완벽하게 쓰기 위해 노력하는 일련의 과정이 굉장히 힘든 일이다. 어떤 학부모는 아이 손에 굳은 살이 박혔다며 민원을 넣기도 하고 1학년인데 왜 글씨 쓰기 숙제가 많냐고도 한다.

> 하지만 '글씨 쓰기'는 '손과 뇌의 협응'을 시킬 수 있는 최고의 활동이라고 생각한다.
> 메타인지(metacognition) 즉, 상위인지를 발달시키고 의자에 앉아 있는 엉덩이 힘인 '끈기', '성실'을 기를 수 있는 최고의 노작 활동인 것이다.

책을 필사하거나 간단한 어휘 게임을 하거나 가만히 앉아서 '글씨 쓰기'를 하는 것, 그 결과물로 일기와 독서 기록장이 나올 수도 있지만 그 행위 자체가 학력 향상을 이루는 하나의 작은 스텝이다.

내 아이의 '내적 성장'

2020 도쿄 올림픽에서 우리는 많은 스타를 보았다. 어려운 상황에서도 안정된 심박수를 유지하며 양궁 3관왕이 된 '안산' 선수, 파이팅이 넘쳤던 소년 궁사 '김재덕' 선수, 쟁쟁한 세계 랭킹 상위의 배구 강국을 물리

치며 4강에 진출한 우리나라 여자 배구 선수들과 그 팀의 리더 김연경 선수의 리더십과 공감 능력. 아시아 신기록을 세운 수영의 '황선우' 선수, 근대 5종이라는 익숙지 않은 경기에서 동메달을 딴 '전웅태' 선수.

이 선수들이 경기에 임하는 진지한 모습과 메달 색이 아닌 경기를 즐기는 모습에서 필자는 '내적 성장' 이라는 단어가 떠올랐다.

학부모라면 누구나 내 아이는 리더십이 있고 내적으로 성숙되어 있으며 인지·정서적 공감력이 있는 아이로 자랐으면 좋겠다는 꿈이 있을 것이다. 여자 배구 세계 랭킹 1위의 김연경 선수는 이번 올림픽 8강전에서 흔들리는 선수들에게 "해 보자! 해 보자! 후회하지 말고"라고 말하며 동료들을 격려했고 팀을 하나로 모으는 최고의 리더십을 발휘했다. 필자는 김연경 선수의 모습에서 '내적 성장'이 완성된 인간의 모습을 보았다. 늘 당당하게 때로는 겸손하게, 이러한 인지, 정서, 공감이 곧 문제 해결력이고 그것이 곧 내적 성장이 아닐까?

소년 궁사 '김제덕' 선수는 어떠했는가? 세계에 '코리아 파이팅'을 외치며 'Korea 청년'의 패기를 각인시켰다. 활을 당긴 후의 김제덕 선수의 표정엔 최선을 다한 사람의 해탈한 표정이 보였다. 언론 속에서 보는 그의 가정 환경은 또래에 비해 쉽지는 않았던 것 같다. 그의 환경이 그의 내적 성장을 도왔으리라. 어린 나이지만 담대하게 경기에 임하고 긴장을 풀려고 목이 터져라 파이팅을 외치며 최선을 다하는 모습. 그런 과정조차 즐기는 여유 있는 표정과 몸짓. 그의 모습에서 올림픽 정신을 봤고 스포츠맨십을 봤다.

김연경이나 김제덕 선수는 어떻게 저 여유로운 경지에 닿을 수 있었을까? 미루어 짐작해 보건데 그건 무수한 '실패'의 경험 때문이 아니었을까?

김연경 선수는 학생 선수 시절 키가 생각처럼 자라지 않아 '세터' 역할을 했고 그것마저도 주전 자리를 꿰찰 수 없었다고 한다. 주전 공격수가 후위로 빠지면 수비를 하러 투입되는 교체 선수 역할도 했다. 키가 작아 맡게 되었던 세터와 공격, 수비수를 가리지 않았던 교체 선수 역할 덕에 김연경은 키가 큰 이후 여러 팀에서 공수를 가리지 않는 실력으로 성장하였고 남녀 배구 선수를 통틀어 연봉 1위의 선수가 될 수 있었다.

김제덕 선수 또한 어려운 가정 형편에서 운동을 지속했다. 사랑하는 할아버지가 돌아가시고 키워 주신 할머니가 요양원에 들어가셨을 때 얼마나 많은 눈물로 활을 잡았을까? 어린 나이에 짊어진 쉽지 않은 삶의 무게가 그를 성장시켰을 것이라는 건 참 마음 아픈 일이다.

이렇게 '조금 불편한 학습'이 내적 성장을 이끈다. 해야만 하는 것과 하지 않아도 되는 것을 나누고 그중 우리 아이가 직접 '선택'한 것에 관심을 갖자. 물론 아이의 선택이 잘못되었을 수도 있고 부모 마음에 들지 않는 선택일 수도 있다. 자신이 선택한 그 무언가에 열중하면서 '실패'한 그 경험이 아이의 내적 성장을 이끌 것이다.

교사나 학부모가 답을 알려 주는 학습보다 스스로 답을 찾아내는 '조금 불편한 학습'에 익숙한 아이는 고학년이 될수록 문제 해결력을 확장시킬 것이다. 메타인지의 가지치기가 계속되어 산처럼 쌓일 것이다.

예를 들어 보자! 우리는 물건을 잃어버렸을 때 추억 여행을 한다. '만약 내가 자동차 열쇠를 잃어버렸다면' 하고 가정해 보자.

"나는 어제 친구와 만나서 커피숍에서 커피를 마시고 공원을 산책하다가 다시 차에 올라탔지. 여기서 차 문을 잠궜는지는 기억이 나지 않지만 집에 들어와서 샤워를 했지?"

비디오 판독기처럼 추억을 여행한다. 다시 비디오를 거꾸로 돌린다. "샤워를 하기 전 가방과 옷을 어디에 뒀지? 그곳을 찾아본다. 그곳에 물건이 없으면 더 뒤로 문을 열고 들어올 때 나는 어떤 손으로 비밀번호를 눌렀지? 오른손인가? 왼손에는 가방이 들려 있었고, 오른손으로 비밀번호를 눌렀다. 가방 속에 열쇠가 없고 그때 오른손에도 열쇠가 없었다. 주차장으로 가 보자! 중간에 열쇠를 흘렸을지 모르니 왔던 길을 샅샅이 뒤진다. 자동차의 백미러가 열려 있다. 아! 열쇠는 차 안에 있었구나."

자! 이걸 공부에 적용해 보자. 처음부터 개념을 정리하다 막힌 문제라면 다시 돌아간다. 거꾸로 풀어 봐도 된다. 문제는 내가 어디서부터 뭘 잘못했는지 모르는 아이들, 대충 학습에 임한 아이들은 절대 잃어버렸던 학습의 열쇠를 못 찾는다는 것이다.

반대로 처음부터 집중해서 문제를 푼 아이는 어느 순간 '실수나 실패'의 경험을 해도 다시 돌아갈 수 있다. 또, 다시 돌아가서 다시 생각해도 문제가 안 풀리는 경험도 할 수 있을 것이다. 그런 경험을 자주 하다 보면 처음의 생각이 잘못되었다는 것을 스스로 깨닫게 된다. 문제에 접근하는 방법을 한번 틀어서 해 보면 어떨까? 생각을 전환할 수도 있다.

즉, 무수한 '실패'의 경험이 내 아이의 내적 성장을 이끌고 문제 해결력이나 메타인지를 발달시키는 열쇠가 될 수 있다는 것이다.

그러나 아이의 내적 성장을 위해서는 하나의 조건이 있다.

내 아이의 '내적 성장'을 위해서 부모가 먼저 '실패'를 두려워하지 않아야 한다는 것이다. 아이는 '실패'해도 툭툭 털고 일어나는 일이 쉽지만, 오히려 부모는 아이의 '실패'를 자신의 '실패'로 동일시하여 좌절하는 경우가 많다.

그래서 부모의 불안을 아이에게 표현하기도 한다. 내가 아이를 잘 키우고 있다는 해답을 아이를 통해 얻으려고도 한다. 또, 그것으로 안정감을 찾으려 한다. 하지만 이런 것들은 아이의 내적 성장에 전혀 도움이 되지 않을뿐더러 아이를 불안하게 한다. 내 불안을 왜 아이에게 전가시키려 하는가? 아이는 물론 부모의 노력으로 잘 자라겠지만 인생의 방향은 하나만 있는 것이 아니고 부모인 나도 인생에 얼마나 많은 방향과 길이 있는지 모르는 인생 초보자일 뿐이다. 내가 가는 길이 정답이 아니고 내가 아는 길만 있는 것은 아니다. 길이 없다면 만들어 가는 것도 방법일 수 있다.

아이의 공부 실력이 내 성에 차지 않는다고 아이가 공부보다는 놀이나 친구를 더 좋아한다고 아이가 인생 낙오자가 될 것처럼 불안해하지 말아라.

알다시피 인생은 길다.

필자는 수줍은 소녀였다. 여중, 여고, 여대를 나와 이성 친구도 많이 만나 볼 수 없었고, 중학교 1학년에 겨우 알파벳을 배우기 시작해서 원어민 교수를 보면 꿀 먹은 벙어리가 되기 일쑤였다. 그러나 대학 생활을 하면서 성격은 계속 바뀌었다. 발표를 앞장서서 하겠다고 했고 축제 때는 남들 앞에 나서서 공연을 하거나 사회를 보는 일을 즐기게 되었다. 사담이지만 수줍은 소녀가 대학 시절 200회의 미팅을 하면서 수많은 남자 사람 친구도 알게 되었다. 그들이 지금 필자에게는 사회의 인맥이 되었다.

예전에 제법 큰 학교 행사에서 사회를 본 적이 있었다. 3시간여의 행사였고 기획부터 사회까지 모두 필자가 주관한 행사였다. 덜덜 떨리는 손을 들킬까 두 손으로 마이크를 꼭 잡았고 그래도 떨리면 장내를 한번 살피며 웃었다. 사실은 모두 떨리는 마음을 숨기기 위한 트릭이었다. 그런데 행사가 끝나고 학부모 한 분이 "선생님! 안 떨리셨어요? 어떻게 하면 사람들 앞에서 선생님처럼 떨지 않고 여유 있게 미소 지으며 말할 수 있을까요?"라는 질문을 해 왔다. 당황스러웠지만 스스로가 자랑스러웠다. 누가 말만 시켜도 얼굴이 홍당무가 되었던 소녀가 백여 명의 손님 앞에서도 떨지 않는 당찬 선생님이 되었다.

인생은 그 누구도 장담할 수 없다. 부모는 아이를 지켜봐 주는 존재이지 끌고 가는 존재가 아님을 명심해야 한다. 말을 우물가로 데리고 갈 수는 있지만 말에게 억지로 물을 먹일 수는 없지 않겠는가?

내적 성장을 통한 인간관계는 자아 효능감과 자존감에 상당한 영향을 끼친다. 초등학교 시기는 친구를 통한 사회화의 시작 시기이다. '우리 속의 나'라는 소속감을 경험하며 규칙을 준수한다. 1인 1역할, 교실 청소 등이 내 아이를 혹사시키는 나쁜 경험이 아니라 책임감을 익히고 협동심과 타협을 배우는 활동임을 명심해라. 이 시기에 내 아이는 자존감과 자기 통제력을 내면화한다. 또래 관계에서 자아 존중감, 자기 통제력, 의사소통 능력, 문제 해결 능력이 길러진다.

저학년 시기에는 자신을 설명하고 표현할 때 자신의 외모, 능력, 자신의 보여지는 모습을 표현한다. 고학년이 되면 점차 성향과 성격 등과 같은 심리적 특성과 교우 관계 등 추상적인 특성을 더 중요시하게 된다. 즉 내재적 가치를 좀 더 우위에 두게 된다는 것이다.

그런데 이때 눈치 없는 아이가 등장한다. 이런 아이가 애석하게도 내 아이가 될 수 있다. 우리가 가끔 경험했던 그 아이. 시험 끝나고 친구가 울고 있어서 위로해 주러 갔는데 10개 틀린 친구 앞에서 하나 틀렸다며 우는 아이. 내적 성장은 꼭 학습에만 영향을 주는 것이 아니라 친구 관계에도 영향을 준다. 몸은 커서 고학년인데 아직 내적 성장이 더뎌 눈치 없는 상황을 연출하게 되면 내 아이는 친구 관계에서도 자연히 도태될 수 있다.

초등 사교육의
골든타임

필자는 아이를 키우면서 큰 그림을 그린 적이 있다. 초등 1~3학년까지 주산 암산 교육을 통해 연산 완성하기, 수학은 늘 1년 선행, 개념 문제집-실전 문제집-상위권 문제집 한 학기에 최소 3종의 문제집 풀기, 영어권 나라에서 1년 살면서 원어민처럼 이야기하기, 초등 전 학년에 걸쳐 피아노 배워 체르니 40까지 완벽하게 습득, 6학년 때 한국사 능력 4급 정복, 고학년 전까지 수영 완벽 마스터, 피아노 외 제2의 악기 마스터, 미술 정물 소묘 완성, 6학년 때 중2 수학 과정까지 선행, 중3 때 고3 수학 과정까지 선행…. 예체능은 물론 학습에 관련된 것까지도 내가 마음속에 품은 길대로 그대로 아이들과 함께 갈 수 있을 것이라고 생각했다.

그러나 저학년 때는 잘 따라 주던 아이들에게도 자아가 생기고 학교 등하교 시간, 여러 행사, 아이의 컨디션, 가정의 환경 변화, 코로나 상황 등으로 계획은 완벽하게 실행되지 않았다. 문제는 여러 가능성을 열고 열심히 생활했고 아이도 어느 정도는 따라 주고 있지만 '공부가 유세'라고 공부를 시키면서도 부모인 나는 늘 '을(乙)' 신세가 되고 말았다.

생각해 보면 내 큰 그림은 내 생각이지 아이들의 생각이 아니었다. 물론 아이들이 자신의 인생을 선택할 만큼은 성장하지 않았기에 부모의 개입이 필요하다고는 여전히 생각하지만 어느 계획 어디쯤부터 먼가가 정체되기 시작했다.

예를 들어 한 학기 선행을 위해 방학에 미리 산 문제집을 한두 단원 풀다 보면 개학을 맞이하여 흐지부지하기 일쑤가 되었고, 아이들은 한국사보다 유튜브의 게임을 더 사랑했다. 학교 특기 적성 수업에서 열심히 배우던 주산도 코로나로 수업이 없어지면서 폐강되어 학습지 연산을 기초 단계부터 시작하게 되었다. 주산으로는 몇 백 나누기 몇 십도 쉽게 하던 아이가 학습지 연산에서는 몇 십 더하기 몇 십을 다시 시작하고 있다.

뭐든지 쉬운 건 없다. 사실 엄마가 더 부지런한 사람이었다면 더 의지가 있는 사람이었다면 계획대로 척척 해 나갔을 수도 있다. 하지만 필자는 '초등학교 시절은 흐르는 대로 그냥 두자'라는 신념을 가진 엄마라 큰 그림은 어느 정도 '보류'하는 중이다.

똑똑한 아이는 '선행'보다 '현행 심화'에 집중한다

필자의 큰 그림 속에는 '엄마표'도 있었고 '사교육표'도 있었다. 사실 우리나라에서 '사교육'은 너무나 쉽게 접근할 수 있는 대상이고 공교육 교사 입장에서는 함께 가야 할 교육 파트너쯤이지 않을까 싶다. 공교육이 망해서 사교육 시장이 활성화됐다거나 공교육과 사교육을 비교하는 사람들의 말을 듣는 엄마인 공교육 교사는 참 어리둥절하다.

공교육은 기초 기본 교육에 중점을 두고 가르치고 아이들의 사회생활의 기초 과정을 담당한다. 초등 교육이 왜 의무 교육이겠는가? 대한민국 국민이라면 당연히 알아야 할 지식을 보통의 기준에서 가르친다. 못 따라오는 아이를 버리고 잘 따라오는 아이만 데리고 가는 것이 아니라 다 같이 최소한의 생활을 할 수 있도록 국민의 기초 기본 교육을 담당하는 것이다.

그렇다면 사교육의 의미는 무엇일까?

공교육에서 채워지지 않는다고 생각하는 개인의 개성에 따른 '개별화 교육?'쯤으로 정의하고 싶다.

이런 사교육의 시작 시기는 언제쯤이면 좋을까?

필자가 아이를 키워 보고 학교에서 아이들을 가르쳐 보니 사실 내 아이와 내가 가르치는 아이들이 어떤 부분에 강점이 있고 어떤 부분을 잘하는지를 알게 되려면 어느 정도의 사교육 노출은 필요하다는 생각이 들었다. 내 아이가 유명한 발레리나가 될지, 유명한 화가가 될지, 세기의 음악가가 될지는 알 수 없다. 시켜 보고 배워 봐야 알 수 있을 것이다. 발레리나 '강수진'이 최고의 발레리나가 될 수 있었던 것도 그가 발레를 배웠기 때문에 가능했고, 피겨 스케이팅 선수 '김연아'가 세계 최고의 피겨 선수가 될 수 있었던 것도 피겨를 배웠기 때문이었을 테니 말이다.

예체능은 유아기에 가볍게 노출되는 체험 수업을 통해 시작해 보고 악보를 봐야

하는 음악 관련은 한글을 떼고 난 후, 손아귀 힘이 필요한 미술 관련은 초등학교 입학 이후 시작하면 좋다.

그럼 학습과 관련된 사교육은 언제 시작하면 좋을까?

사실은 아이가 교과 학습에 어려움을 느끼는 시기에 사교육의 도움을 받으라고 말하고 싶지만, 요즘의 사교육은 부족한 부분의 보충용이 아니라 '선행'을 위한 경우가 많다. 특히 수학, 영어 과목의 '선행'을 위한 사교육 시장이 활발한 것으로 안다. 필자도 엄마이기에 수학, 영어 선행에는 관심이 많다. 중고등 시절 공부해야 할 과목이 많은데 미리 수학과 수능에서 절대 평가인 영어를 공부해 놓는다면 아이의 학습이 훨씬 수월할 것이기 때문이다. 사실 아이의 대학 레벨은 '수학'이 결정짓는다고 하는데 이견을 내는 사람은 많지 않을 것이다. 그런 수학을 엄마표든 학원표든 먼저 공부시키겠다는 것이 '선행'인데 그렇다면 선행은 언제부터 어디까지 해야 할까? 현행이나 후행은 어떤가?

'선행'은 아이가 학습에 호기심과 설렘을 느끼는 순간에 시작하는 것이 가장 바람직하다.

아이가 어릴 때 공룡에 관심을 보이면 부모는 공룡 관련 스티커북, 관련 영화와 체험학습 장소 견학 등 공룡 박사가 될 수 있는 다양한 거리를 제공해 줬다. 또, 아이가 '탈 것'에 관심이 생기면 버스, 택시, 트랙터, 거중기, 굴삭기 등의 모형 장난감과 자동차 백과사전까지 사주며 흥미를 불러일으켰을 것이다.

필자의 지인은 아파트 입구 벤치에 앉아 지나가는 차를 아이와 함께 관찰하기까지 하며 아이의 취미 생활을 존중해 주었다. 필자의 사촌 동생은 헬리콥터나 비행기에 관심이 많아 엔진 소리, 날개의 위치만 봐도 어려운 비행기 기종 이름까지 딱딱 맞추기도 했다.

아이가 호기심을 느끼는 것에 우리 부모는 얼마나 많은 투자를 해 주었는가? 브라키오사우르스, 트리케라톱스, 티라노사우루스 등 부모 또한 아이와 함께하며 공룡 박사가 되었던 때도 있지 않았는가? 그때의 아이들은 얼마나 행복했고 작은 머리로 얼마나 많은 것을 암기했는가? '세상에 이런 일이'나 '영재 발굴단' 같은 프로그램에 나오는 아이만큼 내 아이가 '천재'가 아닌가 한번쯤은 기대도 해 보지 않았던가?

그런데 왜?

아이가 학령기가 되면 아이의 '호기심과 설렘' 없이 '선행'을 시키려고 하는가? 좋은 대학에 보내려고? 다른 아이들도 달리니까?

사실 필자가 만났던 똑똑한 제자 중 많은 아이가 현행을 자기 주도적으로 하는 아이였고, 더 정확히 말하면 '선행'보다 '현행 심화'를 더 집중적으로 하는 아이들이었다.

6학년에 중학교 3년 과정을 끝냈다며 까불고 장난치던 아이들은 실제 6학년 수학 시험에서 만점을 받지는 못했다. 중1 수학에서 벤다이어그램으로 쉽게 풀 수 있는 교집합과 합집합 문제를 초등에서는 "왜? 그렇게 생각합니까?"라고 질문을 던지고 서술형으로 이유를 쓰라고 한다. 벤다이어그램으로 쉽게 풀 수 있는 지름길을 알고 있는 아이는 서술형 문제가 주어졌을 때 '왜?'에 대한 답을 찾지 못한다. 이유는 선행을 나가면서 '이해'보다는 '진도'에 관심을 더 갖고 다가가기 때문이다.

6학년 수학 시간에 배우는 단원을 살펴보자.

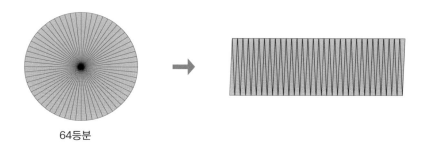

64등분

원의 넓이를 구할 때 초등에서는 원을 8등분으로, 16등분으로, 32등분으로, 64등분으로 잘라 직사각형과 가까운 모양을 만들어 식을 도출한다.

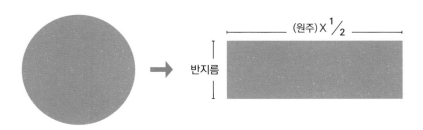

직사각형의 넓이 = 가로 × 세로

이에 따라 원의 넓이를 아래와 같이 도출할 수 있다.

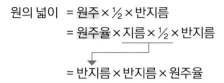

그런데 이 개념을 이해하지 못한 아이에게 '원의 넓이는 = πr^2'이라고 가르쳐 버리면 아이는 원의 넓이는 구체화, 시각화된 기억이 아닌 추상화된 식으로만 외우게 되는 것이다.

'현행 심화'를 잘하는 아이는 '선행'의 과정을 밟아도 좋다. 그러나 일반적으로 부모들이 놓치는 것이 '선행'을 하면서 '현행'은 다 알고 넘어간다고 착각하는 것이다.

수학이든 영어든 공부는 감각이다. '선행'을 잡으려다 '현행'의 감각을 잊을 수 있다. 선행을 시키려거든 꼭 현행도 병행해야 한다. 단언컨대 선행으로 중위권은 될 수 있지만 최상위가 될 수는 없다.

스스로 답을 찾아내야 하는 '현행 심화'

사실 최상위는 타고나는 경우가 많지만 내 아이가 타고난 아이가 아니라면 현행에서 끊임없이 '개념-원리, 실전'을 익힌 후에 심화를 풀어야 한다. 하지만 심화 문제는 어렵다. 여기서 수포자(수학포기자)가 나올 수도 있다.

실제로 초등학교 3학년 때부터 무수한 수포자가 생겨난다. 2학년에서 구구단을 뗀 아이들이 만나는 3학년 교과서는 정말 입이 안 다물어지게 어렵다. 3학년 1학기에는 이 곱셈과 나눗셈의 관계를 알아야 문제를 풀 수 있다.

$$\square \times \square = 18$$

$$18 \div \square = \square$$

3학년 1학기에 '분수와 소수'를 가르치다 보면 아이들이 안쓰럽기까지 할 정도다.

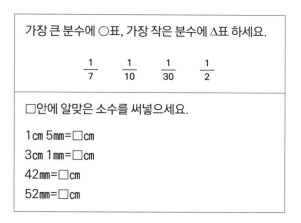

가장 큰 분수에 ○표, 가장 작은 분수에 △표 하세요.

$$\frac{1}{7} \qquad \frac{1}{10} \qquad \frac{1}{30} \qquad \frac{1}{2}$$

□안에 알맞은 소수를 써넣으세요.

1cm 5mm=□cm
3cm 1mm=□cm
42mm=□cm
52mm=□cm

3학년 2학기가 되면 곱셈과 나눗셈 문제는 더욱 심화된다.

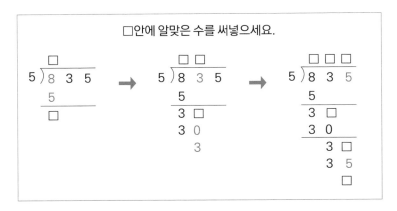

□안에 알맞은 수를 써넣으세요.

다시 말하지만 2학년 때 겨우 구구단을 떼고 올라온 아이들이다. 위에서 언급했지만 이런 유형의 문제는 수학 지식의 '형식화'를 전제로 하고 있다. 내 아이가 이 문제를 아주 쉽게 풀 수 있는 아이라면 좀 더 높은 단계로, 이 정도 문제에 실수를 하든 어떤 어려움에 고개를 갸우뚱한다면 절대 선행이나 심화에 관심을 가져선 안 된다. 무조건 현행을 반복해야 한다.

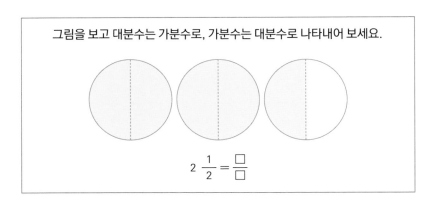

그림을 보고 대분수는 가분수로, 가분수는 대분수로 나타내어 보세요.

$$2\frac{1}{2} = \frac{\square}{\square}$$

3학년 2학기에는 대분수를 가분수로, 가분수를 대분수로 고치는 문제까지 등장한다. 실제 아이들을 가르치다 보면 3학년 때 수학에 대해 많은 어려움을 느끼고 4학년이 되면 안타깝게 '수포자'의 길로 들어서는 아이들이 생겨난다. 사실 위에서 제시한 초등학교 수학 문제만 살펴봐도 어렵다.

　정말 선행을 하고 싶다면 가정 먼저 관심을 가져야 할 것이 『수학 익힘책』이다. 국가에서 나눠 주는 공식적인 문제지이며 많은 교사와 교수진이 한 치의 오류도 없이 만들기 위해 심혈을 기울여 만든 책이다. 내아이가 교과서뿐만 아니라 『수학 익힘책』 문제까지도 쉽게 푼다고 생각하면 심화로 넘어가고 심화 문제도 어렵지 않게 푼다 싶으면 선행 과정으로 넘어가면 된다.

　부모의 선택에 따라 다르겠지만 속도를 쫓는 학원표로 아이를 '선행' 시키면 내 아이가 원리는 모르고 공식만 아는 아이로 성장할 수 있고, 당장 시험 성적은 잘 나오지만 새롭고 어려운 유형의 문제에 직면했을 때는 아예 문제 자체에 접근하지 못하는 아이가 될 수도 있다.
　우리의 귀한 아이가 '학원의 전기세를 내주러 다니는 아이'가 될 수도 있다.

　6년밖에 안 되는 아이들의 귀한 초등학생 시절이다. 아이가 공룡에 관심을 갖거나 자동차에 관심을 갖거나 우주나 행성에 관심을 가졌던 어린 시절처럼 '호기심과 설렘'으로 학습에 다가가지 않는다면, 당장 선행을 그만 두고 '현행'에 집중하길 바란다.

　내 아이가 만약 현행에 이어 심화에 도전을 하는 중이라면 진도를 빨리 빼기보다는 며칠이 걸려도 스스로 답을 찾아낼 수 있도록 해야 한다. 잘 모르겠다고 답지를 보고 귀납적으로 푸는 순간 그건 아이의 지식이 되지 못한다. 하루 자고 일어나서 생각해 보고 그래도 안 되면 그 문제는 건너뛰고 다른 문제에 집중을 시키자. 한참 시간이 흐른 후 못 풀었던 문제는 다시 도전해 봐도 된다.

우리 아이는 이미 현행을 마쳤고 '심화'를 푸는 것이니 조급해할 필요가 없다는 말이다. 절대 남의 아이가 아닌 '내 아이 수준'에서 시작할 용기를 가져야 한다.

요즘 초등학생의
방학 탐구생활

"오! 캡틴 마이 캡틴~"

필자가 중학생 시절 '죽은 시인의 사회'의 키팅 선생님을 닮은 국사 선생님은 어떤 보고서나 결과물 제출 요구 없이 '죽은 시인의 사회' 영화를 보고 오라는 당시로써는 파격적인 방학 과제를 내주셨다. 솔직히 한 번 보았을 때는 영화의 무게감 때문인지 중학생이 이해하기에는 어려운 영화였지만 이후 볼 때마다 영화가 주는 '철학'에 깊은 울림을 받았다.

입시 지옥 속의 학생들에게 괴짜 키팅 선생님은 '카르페디엠(carpe diem)-현재를 즐겨라'을 읊조리며 시를 가르치고 인생에는 '공부'만이 아닌 다양한 가치가 있다는 것을 이야기한다. 자신이 어떤 사람이 되고 어떤 가치를 추구하며 살지를 결정하는 것은 오로지 자기 자신이라며 교사로서뿐 아닌 어른으로서 아이들에게 삶의 다양성을 가르친다.

길게 말하지 않아도, 대놓고 어떤 철학을 가르치지 않아도 2시간여의 영화만 보았는데도 앞으로 어떻게 인생을 살아야 할지 어린 중학생이었던 필자는 조금은 알 것 같았다. 어쩌면 중학생 시절 방학 숙제로 보았던 한 편의 영화가 준 여운으로 필자가 교사가 되었는지도 모르겠다는 생각이 든다. 인생을 살면서 만나는 수많은 이벤트나 무심히 흘려들은 말, 단순한 행동 하나하나가 모여 인간의 모습이 완성되어 간다고 생각하기 때문이다.

들은 것은 잊어버리고
본 것은 기억하고
직접 해 본 것은 이해한다.

- 공자 -

긴 방학을 어떻게 보내야 할까?

방학은 짧을지 모르지만 아이들이 살아가야 할 인생은 길다. 짧은 방학에 보고 듣고 경험한 것이 긴 인생의 큰 흐름을 만드는 중요한 시간이 될 수 있다. 물론, 방학은 학습이 뒤처지는 아이에게는 학습 습관을 만들고 부족한 과목을 공부할 수 있는 시간이 될 수 있다. 그래서 보충할 수 있는 학원을 보낸다든지 엄마표로 가정에서 문제지를 풀게 한다든지 가정마다 계획을 세울 필요도 있다.

그러나 아이들은 다양한 경험을 하면서 자란다. 우리는 경험의 소중한 가치를 잘 알고 있지 않은가? 부모는 학습과 체험 활동(경험) 사이에서 방학이라는 시간을 어떻게 조율할지 고민해야 한다. 이 고민을 한번에 해결할 수 있는 방법이 있을까?

교과서 속 명소 탐방

3학년 1학기 사회 1단원은 '우리 고장의 모습', 2단원은 '우리가 알아보는 고장 이야기(문화유산)'이다.

3학년 담임을 맡아 수업을 하다 보면 의외로 아이들은 우리 고장에 어떤 장소들이 있는지 잘 모르는 경우가 많다. 물론 모르는 친구를 위해 지역마다 '파주시', '고양시', '경기도의 생활' 같은 지역화 교과서가 추가되지만 실제로 지역의 여러 곳을 직접 가 보지 못한 친구들은 활동에 어려움을 겪는다.

필자의 1학년 아들은 아직 돈 계산을 잘하지 못한다. 생각해 보니 아이에게 물건을 사 오라는 '심부름'을 한 번도 시켜 본 적 없으니 당연한 것도 같다. 요즘은 인터넷으로 장을 보고 차로 이동하여 대형 마트에서 주로 쇼핑을 해서 현금으로 계산하는 모습도 보여 주지 않았다.

사람들이 많이 모이는 전통 시장에 가서 물건값을 흥정하고 카드가 아닌 현금을 내며 물건을 사는 모습을 보여 준 적이 없으니 돈에 대한 개념을 잘 모르는 것이다. 필자의 아들뿐만 아니라 요즘 아이들은 대부분 그러지 않을까 싶다.

그런 아이들에게 우리 고장에서 사람들이 많이 모이는 장소를 물으면 답은 '대형 영화관'이나 '대형 쇼핑몰'만 나올 수밖에 없지 않겠는가? 방학을 맞아 시장도 가 보고 버스 정류장이나 기차, 지하철역도 가 보자. 우리 동네에 우리가 평상시 자주 다닌 곳 말고도 사람이 많이 모이는 곳이 있다는 것을 아이들에게 알려 줘야 한다.

부모는 당연하다고 생각하는 아주 쉬운 답을 아이들이 찾지 못한다면 우리가 아이들에게 경험할 기회를 주지 않은 건 아닌가 한번쯤 생각해 볼 필요가 있다.

3학년 2학기 사회 2단원은 '시대마다 다른 삶의 모습'이다.

초가집과 한옥의 모습, 농기구의 변화를 배우는 단원인데 실제로 직접 전통 가옥과 농기구를 본 아이들은 수업에 임하는 기본자세가 다르다. 수업 시작도 전에 자신의 경험을 이야기 하느라 눈이 초롱초롱 빛난다.

이번 방학에는 '민속촌'이나 주변의 '민속 마을'을 탐방해 보면 어떨까? 전곡 선사 박물관은 어떤가? 키즈 카페나 물놀이도 좋지만 교과와 연관된 곳을 직접 보고 체험해 보면 아이가 '사회 과목'을 바라보는 눈이 달라질 것이다.

4학년 1학기 사회 2단원 '우리가 알아보는 지역의 역사'에서는 우리 지역의 문화유산을 답사하고 실제로 보고서를 작성해 본다.

5학년 2학기에는 본격적으로 '국사' 공부가 시작된다.

고조선, 고구려, 백제, 신라, 가야부터 고려, 조선, 일제 강점기와 광복까지를 다룬다. 각 시기의 수도부터 불국사와 석굴암, 팔만대장경 등 문화의 우수성까지 배우게 되는데 여행 계획을 세울 때 참고해 보면 어떨까 한다. '국립민속박물관' 견학도 좋고 진짜 공주나 부여, 경주 여행을 해 보고 일기나 기행문, 사진으로 자료를 남겨 놓는다면 아이들 학습에 큰 재산이 될 것이다. 다른 친구들이 각 지역의 홈페이지를 살펴 역사를 공부할 때, 우리 아이는 자신이 경험하고 수집한 자료를 참고하여 공부할 수 있기 때문이다.

6학년 2학기 2단원은 '통일 한국의 미래와 지구촌의 평화' 단원이다.

6학년 사회와 관련해서는 울릉도와 독도, 파주 임진각 등을 방문해 보면 좋겠다. 필자도 아이들과의 방학 여행 계획을 세울 때 리조트나 '놀이' 위주의 계획을 짜 놓고, 그 시간 동안 공백이 생길 '학습'에 스트레스를 받곤 한다. 이렇게 교과서 위주로 여행 계획을 짜보면 공부와 체험 두 마리 토끼를 잡는 기회가 될 것이다.

스스로 목표 세우고 실천하기

심리학계의 모차르트라고 불렸던 '비고츠키(Lev Semenovich Vygotsky)'는 현재의 발달 수준에 있는 아동이 잠재적 발달 수준에 이르기 위해서는 누군가의 도움을 받아 지적 성취를 이룰 수 있는 부분인 근접발달영역이 존재한다고 했다.

그럼 무엇으로 학습자는 더 높은 성취의 단계에 오를 수 있을까? 그것이 바로 '비계(scaffolding)'이다. 비계란 건축 용어로는 건축물을 잘 세울 수 있도록 도와주는 임시 건물, 발판, 디딤돌 같은 의미를 갖지만 비고츠키는 우수한 동료, 교사, 우수한 학습 자원 등을 '비계'로 설정했다.

출처: 위키백과

지나친 부모의 간섭은 아이의 자율성을 해칠 수 있지만 미성숙한 아이가 미처 생각하지 못한 부분은 부모가 '비계설정(과제 수행에 있어 숙련자가 초보자에게 어느 정도 도움을 줄 것인지에 대한 기준을 정하는 일)'을 해 줄 필요가 있다.

> 방학 계획은 아이 혼자 짜는 게 아니다. 아이가 생각지 못한 부분까지도 계획하고 고려할 수 있는 부모가 함께해 주면 좋겠다. 이러한 부모의 개입이 '비계'가 되어 아이는 잠재 발달 수준 이상으로 성장할 수 있을 것이다.

몇 시에 일어나 몇 시에 어떤 과목을 공부하고 몇 시에 식사를 하고 몇 시에 잠드는지처럼 우리가 흔히 아는 계획표를 짜도 좋다. 하지만 그전에 방학하기 직전 학기에서 내 아이가 학습을 수행하며 어려웠던 점이 무엇이었는지, 좋아하고 잘했던 것은 무엇이었는지를 한번 상기해 보는 것으로 시작했으면 좋겠다. 그 이후 이번 방학을 보내면서 내가 이루고 싶은 목표는 무엇인지를 구체적으로 적는다.

지난 학기 나의 강점	어려웠던 점	이번 방학의 목표			
		공부	건강	특기	여행

간단한 표를 만든다. 그리고 계획 전에 현시점에서 내 아이의 상태 점검을 먼저 한다. 혹은 종이에 아이와 함께 그림을 그린 후 현 상태와 이번 방학의 큰 목표를 세워 봐도 좋을 것이다.

아이가 스스로 자신의 강점과 약점을 생각해 보고 강점을 더 성장시키고 약점을 강점으로 발전시킬 수 있는 목표를 세운다. 그리고 스스로 해 보고 싶은 숙제도 정해 보고 그 모든 것을 열심히 한 미래의 나에게 하고 싶은 말도 적어 본다.

우리가 흔히 아는 시간별로 자신이 해야 할 일을 적은

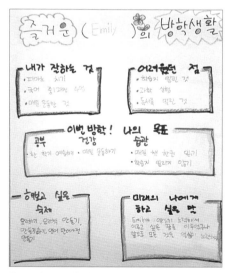

목표 중심으로 작성한 방학 계획표

생활 계획표도 괜찮다. 그러나 이렇게 빽빽하게 시간을 짜 넣으면 예상 치 못한 일로 계획이 틀어질 수 있고 지켜지지 않을 수 있다.

시간의 흐름대로 방학 생활 계획을 짜는 것보다는 목표 위주로 계획을 세워 보는 것을 추천한다. 공부의 양과 내용을 정할 때는 세 가지로 나누어 계획을 작성해 본다.

1. 나의 꿈을 이루기 위한 목표에 맞는 공부
2. 이번 방학 목표에 맞는 공부
3. 내가 정말 해 보고 싶은 공부

이 중 우선순위를 정하여 매일 공부 양을 조절한다. 미션을 완료하면

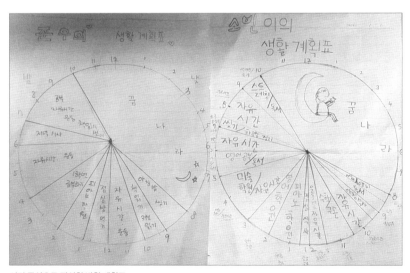

시간 중심으로 작성한 방학 계획표

목표를 세 가지로 나눠 작성한 계획표

마치 빙고 게임을 하듯 하나씩 지워 나간다. 가시적으로 자신의 노력이 보이기 때문에 계획에 성공하여 목표에 도달할 가능성이 크다.

생각을 키우고 정리하는 시간

'멍 때리기 대회'를 아는가?

황당한 이름의 이 대회는 현대인의 뇌를 쉬게 하자는 의도로 2014년 서울 광장에서 처음 열렸다. 필자를 포함하여 그 대회에 나가면 단연 1등을 할 수 있다고 자신하는 사람도 많을 것 같지만, 실제로 3시간 동안 심박수의 큰 요동 없이 멍한 표정으로 무념무상을 실천하는 것은 그리 쉬운 일은 아닐 것 같다. 뇌는 체중의 2~3% 정도를 차지하지만 에너지는 전체의

20~25%를 사용한다고 한다. 작은 뇌가 정말 열일 중이라는 이야기다.

미국 하버드 대학교 정신과 의사인 스리니 필레이는 『멍 때리기의 기적』(김영사, 2018)이라는 책에서 뇌가 휴식을 취할 때 DMN(Default Mode Network : 휴지 상태 네트워크)이라고 불리는 부위가 활성화된다고 했다. 이것은 뇌의 전전두엽, 측두엽, 두정엽과 관련이 되는데 이 부위가 활성화되면 뇌는 불필요한 정보를 삭제하고 기억을 축적하는 등 뇌 공간의 정리를 시작한다는 것이다.

2001년 미국 신경과학자 마커스 라이클(Marcus E. Raichle) 박사 또한 사람이 눈을 감고 아무런 생각을 하지 않을 때 뇌의 특정 부위가 발달한다고 하였다. 이렇게 '멍 때리기'로 불리우는 잠깐의 휴식은 인간의 기억력, 학습력, 창의력에 상당히 도움을 준다. 방학에는 학기 동안 지쳐 있던 아이들의 뇌에도 '쉼'을 주자! 수백 권의 책을 읽는 것보다 '쉬고 있을 때' 아이의 뇌는 더 크게 발달할지도 모르기 때문이다.

그럼 이렇게 좋은 '멍 때리기'만 하라고 아이를 놔둔다면 어떻게 될까? 뭐든 과하면 좋을 것이 없다. 너무나 과도하고 빈번한 '멍 때리기'는 뇌의 노화를 촉진시킨다는 연구 결과도 있기 때문이다. 그냥 매일 잠시의 '쉼'을 주는 것으로 아이들의 뇌는 '리프레시'될 것이다.

무념무상의 쉬는 기회를 주었다면 전두엽의 활성화를 위해 글을 쓰는 시간도 가져 보자. 부모가 위에서 언급한 것처럼 '비계설정'을 해 주자. 쓰라고만 하지 말고 왜 써야 하는지, 어떻게 써야 하는지 알려 줘야 한다. 종이만 던져 주고 일기를 쓰라거나 책만 읽어 주고 독서 기록장을 쓰라고 하면 '어떻게'의 방법을 찾는데 많은 시간을 허비하고 좋은 결과를 얻지 못할 수 있다. 방법을 알려 주자.

먼저, 글을 쓰려면 책을 읽어야 한다. 인문학적 소양을 위해 독서가 필요하지만 잘 쓰기 위해서도 독서는 필요하다. 잘 쓴 글 자체가 글쓰기 '멘토'인 것이다. 처음에는 한 줄 쓰기부터 시작한다. 부모가 질문을 하면 그 답을 독서 기록장에 써 본다.

Q. 이 책의 주인공은 누구니?
A. 이 책의 주인공은 말 안 듣는 꼬마 강아지예요.

Q. 그래 꼬마 강아지는 어떻게 말을 안 듣니?
A. 집 안을 엉망으로 만들어요.

Q. 꼬마 강아지에게 어떤 말을 해 주고 싶니?
A. 말썽 좀 그만 부려! 엄마가 힘들잖아!

이런 대화가 오고 갔다면 이 중 한 줄을 써도 좋고, 아이의 대답을 종합해서 글을 써도 좋다.

"매일 집 안을 엉망으로 만드는 꼬마 강아지는 엄마를 힘들게 한다. 나는 꼬마 강아지가 말썽을 그만 부렸으면 좋겠다."

아이가 대답한 말로만 근사한 독서감상문이 되었다. 주제가 '여름'인 일기나 생활문을 쓸 때는 부모는 질문하고 아이와 대답을 정리해 보면 좋겠다.

"너는 여름을 좋아하니?", "여름이 좋은 이유는 무엇이니?", "언제부터 언제까지가 여름일까?", "여름은 어떤 느낌이니?" 이런 단순한 질문에 아이가 대답을 하면 그것을 옮겨 적도록 해도 좋겠다.

Q. 여름이 좋은 이유는 무엇이니?

A. 여름엔 수영도 실컷 할 수 있고 방학이 있어서 좋아요.

Q. 언제부터 언제까지가 여름일까?

A. 봄부터 가을 사이요. 반팔을 입기 시작할 때부터 긴팔을 입기 전까지요.

Q. 그래 그럼 여름은 어떤 느낌이니?

A. 여름은 햇살이 가득한 느낌이에요. 햇님도 나무도 땀을 흘리는 것 같아요.

Q. 여름에 너의 마음은 어떠니?

A. 여름에 얼굴에서는 땀이 나요. 근데 마음에서는 신나고 행복한 소리가 들려요.

Q. 여름은 어떤 소리니?

A. 매미 소리, 풀 벌레 소리, 비 오는 소리, 시냇물 소리요.

Q. 여름이 끝나는 소리는 어떤 소리니?

A. 귀뚜라미 소리, 바람 소리요.

자! 아이들은 부모의 질문에 한 줄짜리 답을 했다. 이걸 한 문단으로
정리해 보자.

『내가 여름을 좋아하는 이유는 수영도 실컷 할 수 있고, 신나는 여름 방학이 있기 때문이다. 여름은 봄부터 가을 사이인데 반팔을 입기 시작할 때부터 긴팔을 입기 전까지의 시기다. 여름은 햇살이 가득한 느낌이다. 햇님도 나무도 땀을 흘리는 것 같다. 여름에 내 얼굴에서는 땀이 나지만 내 마음에서는 신나고 행복한 소리가 들린다. 그 소리는 매미 소리, 풀벌레 소리, 비 오는 소리, 시냇물 소리로 들렸다가 귀뚜라미 소리, 바람 소리가 되어 사라진다.』

이글을 시로 써 보자!

〈여름〉

햇님도 나무도 땀을 흘리는 여름
햇살이 가득한 여름
얼굴에 땀이 나도 난 여름이 참 좋다.
수영도 실컷하고
여름 방학도 있으니까.

내가 좋아하는 여름은
매미 소리와 풀벌레 소리와 시냇물 소리와
함께 왔다가
귀뚜라미 소리와 바람 소리와 함께 떠난다.

글을 잘 쓰기 위해 '멘토'가 될 수 있는 좋은 책을 꾸준히 읽어야 한다. 그리고 그 책을 읽은 느낌이나 생각을 '한 줄 쓰기'로 해 볼 수 있고, 부모와 함께 대화를 나누며 한 줄 쓰기에 도전해 볼 수 있다. 한 줄 쓰기가 모이면 문단이 되고, 그것을 응용하면 시를 쓸 수 있다.

방학은 글을 쓰고 글쓰기를 배울 수 있는 소중한 시간이다. 그 시작은 거창하지 않아도 된다. 멍 때리기 같은 '사색'의 시간 뒤에 부모와 아이의 질문과 대답을 통한 간단한 내용이 글감이 될 수도 있고, 책을 읽고 난 뒤의 느낌일 수도 있다.

성취감을 맛보는 시간

코로나로 인해 가정생활 시간이 길어지다 보니 사람들은 집에서 놀 수 있는 놀잇감을 찾기 시작했다.

'달고나 커피'를 들어 봤는가?

설탕과 커피를 따뜻한 물과 1:1:1의 비율로 넣고 섞는다. 수천 번을 휘젓다 보면 구름처럼 가벼운 커피 휘핑을 얻을 수 있다. 그것을 우유 위에 얹는다. 이 어려운 과정을 성공하면 달콤하고 쌉싸름하니 커피 전문점에서 파는 커피보다 더 맛있는 달고나 커피를 맛볼 수 있다.

필자도 아이들에게 달고나 커피를 대접받아 봤다. 이건 쉬운 음식이 아니라 '대접'이라는 말을 쓰고 싶다. 이 커피를 대접받고 아이들에게 연신 맛있다고 고마움을 표현했다. 초등학교 저학년 아이가 만든 것치고는 느낌 있지 않은가? 이 활동은 단순 요리 활동이 아닌 과학의 '용액과 용해, 혼합물, 화학 변화' 같은 과학적 사고력과도 연관시킬 수 있다. '꿩

(왼쪽)달고나 라떼 (오른쪽)아이들과 함께 만든 요리 (위)라이언 카레덮밥 (아래)고구마 고슴도치와 병아리

먹고 알 먹고'의 활동이 아니겠는가?

　방학에는 내 아이가 좋아하는 취미 활동을 함께해 보자. 필자는 요리 활동을 아이들과 함께했고 아이들은 결과물을 산출해 내면서 보람과 행복, 성취감을 느꼈을 것이다. 어떤 아이는 블록 놀이를, 어떤 아이는 그림 그리기를 좋아할 것이다. 내 아이가 좋아하는 것을 '놀이'로만 단순히 즐겨도 좋다. 부모는 그 놀이를 통해 완성된 결과물로 아이가 '성취감'을 느낄 수 있도록 격려해 주자. 방학은 긴 인생의 짧은 '쉼표' 같은 기간이다. 하고 싶은 것도 하고 부족한 것도 배우며, 학교 외의 곳에서 다양한 가치관을 키울 수 있는 시간이라 생각해 보자. 이 시간을 귀하게 여기고 잘 보내길 바란다.

끝날 때까지
끝난 게 아니다

필자가 자녀 교육의 해답을 찾지 못할 때 정년을 앞둔 한 선배 교사는 "자식은 40대가 되어도 손을 놓을 수가 없어. 이혼할까 걱정, 회사는 잘 다닐까 걱정, 손주들 봐줄 걱정! 자식은 한 순간도 안심을 하게 안 해" 라고 하셨다.

멘붕이 왔다. 엄마의 삶이란 참 고되다 싶었다. 임신한 순간부터 태동이 뜸하거나 입덧이 멈추기라도 하면 태중의 아이가 잘못되지 않았나 걱정했고, 산부인과에서 초음파를 볼 때마다 갸우뚱하는 의사의 몸짓 하나에도 신경을 곤두세워야 했다.

아이를 낳고 보니 아이도 어른처럼 밤에 자고 아침에 일어난다고 생각했던 철없던 생각은 산산이 부서졌고 3시간마다 깨는 아이를 안고 퀭한 눈으로 아침을 맞이해야 했다. 뒤집는 것, 기는 것, 잡고 서는 것, 걷는 것이 또래 개월 수에 뒤처지지는 않는지 영유아 검진에서 머리둘레

나 체중이 정상 분포 곡선 안에 위치하는지를 걱정해야 했다. '내꺼야' 병에 걸린 네 살과 미운 일곱 살, 사춘기가 시작되는 초등 고학년까지 아이를 낳는 순간부터 행복과 걱정은 동시에 찾아왔다.

그런데 자식 나이 마흔이 되어도 손을 놓을 수가 없다니… 혼란스러웠다. 마흔 살이면 불혹(不惑) 미혹되지 않는 나이 아닌가? 조선시대 같으면 할아버지, 할머니가 되었어도 몇 번은 되었을 나이다. 그런데도 아직 그의 부모는 그를 품 안에 자식으로 생각한다니 이해가 되면서도 슬펐다. 그런데 뭔가 예전과는 달라졌다는 생각이 들었다. 예전에는 대학만 보내면 아이들은 스스로 성장하여 취직했고 결혼했고 가정을 꾸려 살았다. 대학만 보내면….

부모의 신뢰로 단단해진 아이들

우리는 아이를 키우면서 아이의 미래를 생각한다. 그럼 미래는 언제까지의 미래인가? 내가 죽고 난 후? 내 아이가 백 살 정도가 되는 미래?

필자가 생각할 때 우리나라에서 열심히 교육하는 부모가 생각하는 아이의 미래는 대학 이후의 삶과 안정된 직장을 얻은 미래까지가 아닐까? 그래서 좋은 대학을 보내려고 월급의 많은 부분을 영어와 선행 학습, 사교육에 투자하며 달리고 있는 것은 아닐까? 고백하자면 필자는 그렇다. 일단 좋은 대학을 갈 때까지는 열심히 가르쳐 보자. 그럼 그 이후 아이의 삶은 어떨까?

필자가 처음 발령받아 맡았던 5학년 아이들이 벌써 30대가 되었다. 줄넘기 하나를 겨우 넘던 1학년 아이가 특전사가 되어 나라를 지키기도 하고, 온갖 사건 사고를 일으켰던 아이가 앨범을 발표한 가수가 되기도, 수줍은 소녀였던 아이가 뮤지컬 배우가 되기도 했다.

학부모들과 상담을 하다 보면 이번 학기의 성적, 수학 한 문제, 영어한 단원으로 아이를 평가하거나 자괴감에 빠져 힘들어하시는 경우를 보게 된다.

"선생님 우리 아이가 수학 머리가 없어서 큰일이에요. 수포자가 되면 어쩌죠?"

"우리 아이가 곱셈 구구단만 나오면 문제를 너무 틀려서 큰일이에요. 수능 시험에서 수학이 발목을 잡을까 봐 걱정이에요."

"선생님 우리 아이는 너무 늦잠을 자요. 학교에 올 때 깨우기가 힘들어요. 어쩌요? 저러다 어른이 되어서도 회사나 잘 다닐지 모르겠어요."

"우리 아이는 영어 단어를 잘 못 외워요. 다른 아이는 수능 영어도 푼다는 데 우리 아이는 어쩌죠?"

"선생님 이번 학기 성적에 '보통'이 꽤 있어요. 큰일이에요. 이러다 공부를 영 못하면 어떻게 해요. 어떻게 공부 습관을 잡아 주죠?"

하지만 필자는 안다.

인생은 끝날 때까지 끝난 게 아니다.
아이들은 아직 어린데 왜 오늘의 아이가 미래에도 그대로일 거라고 미루어 걱정하는가!

선배 교사가 했던 말처럼 이제 우리 시대는 '부모 무한 책임' 시대가 되었을지도 모르겠다. 아이가 성장하면서 겪는 순간순간의 성장통을 부모도 함께 경험하면서 부모도 아이도 같이 성장하고 있을 것이다. 그럼 명심하자! 끝날 때까지 끝난 게 아니다.

십여 년 전 수줍던 제자 금쪽이가 뮤지컬 배우가 되었다. 필자는 금쪽이가 사실 그렇게 노래를 잘하는 아이인 줄은 몰랐다. 금쪽이에게 관심이 많았고 금쪽이를 예뻐했지만 아이의 노래 실력은 전혀 눈치채지 못했다. 그런 금쪽이가 몇 해 전 나를 찾아왔다. 그 아이의 인생 이야기를 들으며 부모와 인생에 대해 생각하게 되었다. 금쪽이는 중학교에 진학한 후 친구와 사소한 오해로 왕따 아닌 왕따가 되었고 도저히 참을 수 없어 학교를 뛰쳐나왔다고 했다. 다시 학교로 돌아가는 건 끔찍했고 그렇다고 모든 걸 놓아 버리기에는 너무 어린 나이였다. 금쪽이 부모는 고심이 깊었고 선택해야만 했다. 결국 은행 지점장이셨던 금쪽이 아버님은 딸을 위해 모든 걸 던지고 미국 이민을 선택하셨다. 오로지 딸을 위한 선택이었다. 그곳에서의 삶은 어땠을까? 지점장까지 하셨던 아버님은 기술 없이 성실함만으로 할 수 있는 일을 찾아야 했고 새벽부터 밤늦게까지 일해야 하는 세탁 공장에 취직하셨다. 평생 은행 일만 하시던 분이 기름때 묻히며 세탁 일을 하는 건 쉬운 일은 아니었을 것이다.

하지만 인생이 늘 그렇듯 잃은 것만 있는 건 아니었다고 한다. 낯선 곳에서 가족은 더욱 단단해졌고 금쪽이도 사춘기의 반항 같은 건 부모의 희생에 비해서는 사치라고 생각하게 되었다고 한다. 열심히 공부했고 그녀는 아이비리그의 음대에 진학했다.

물론 아직 뮤지컬 배우로 제대로 자리 잡지는 못한 신인이지만 나는 그녀가 꼭 좋은 배우가 될 것이라고 생각한다. 담금질에 단단해진 무쇠처럼 흔들리지 않는 온전한 인생을 살 것이라고 믿는다.

시행착오는 성공의 지름길이다. 실패를 경험한 인간은 그걸 딛고 일어나는 법을 배운다. 이때 부모는 훌륭한 조력자 역할을 할 수 있다. 물론 조력자인 부모가 훌륭해도 좋은 결과가 나오지 않을 수 있다. 그럼 어떠랴. 인생은 길다. 인풋이 언제, 어떻게 아웃풋으로 나올지는 누구도 모른다.

실패의 경험 속에서 아이는 배운다. 실패를 받아들이는 부모의 자세를 보고 아이는 실패를 '좌절'로 받아들일 수도 있고 '잠시의 쉼'으로 받아들일 수도 있다.

아이가 당장 무언가를 하지 못한다고 조급해하지 말자. 대신 자식에 대한 기대를 높이 갖자. 그건 꼭 학습에 관한 것은 아니었으면 한다. 학습 능력은 인간이 가진 여러 능력 중 하나의 능력일 뿐이다. 내 아이가 실패해도 인생이 끝나지 않으며 가지고 있는 여러 능력 중 실패한 영역의 재능이 조금 부족한 것뿐이다. 다른 능력을 더 발전시킬 수 있고 아이가 성장하면서 부족한 부분이 채워질 수 있다.

길가에 굴러다니는 돌은 그저 거추장스러운 물건이지만 비 오는 날에는 훌륭한 징검다리가 된다. 내 아이가 굴러다니는 돌로 자랄지 징검다리가 될 디딤돌로 자랄지는 부모가 아이를 바라보는 시선에서 결정된다.

아이의 작은 실수나 일부분의 부족함으로 아이를 판단하고 자괴감에 빠지지는 말자는 말이다.

필자가 사랑하는 제자 중 현재 S대에 재학 중인 S가 있다. 초등학생 때 S는 성격이 둥글둥글하고 사회성이 좋은 아이였다. 회장도 도맡아 했고 어머님도 아이에게 열정적이셨다. 필자는 이 아이가 어떻게 자랐을지가 정말 궁금했지만 15년 가까이 연락이 닿지 않았다. 사실 교사는 제자가 찾아 주기 전에는 학생을 찾지 않는다. 찾지 못 한다는 표현이 더 어울릴 수도 있겠다. S가 15년 만에 필자에게 연락을 해 왔다. 예상대로 S는 매우 멋진 청년으로 자라 있었다.

그러나 S에게도 시련은 있었다. 사회성이 좋았던 S는 친구를 좋아했고 공부보다 노는 것에 더 열중했다고 한다. 당연히 대학 시험에는 낙방했고 방황의 나날을 보냈지만 절대적으로 자신을 믿어 주는 아버님과 긍정적인 어머님의 영향으로 대학입시에 재도전하여 성공했다. 대기업의 장학생으로 선발되었고 이제 좋은 회사에 취직만 하면 되는 누구나 말하는 성공의 문턱에 다가서 있는 친구였다.

그러나 S는 갑자기 카페를 차렸다. 코로나로 대학 마지막 학기의 수업이 온라인으로 진행되자 자신의 버킷리스트 중 하나였던 카페 사장이 되는 길을 선택한 것이다. 취업을 위해 텝스나 토익 시험을 준비해도 모자랄 시간에 창업이라니 내가 그 아이의 부모라면 이 결정을 응원할 수 있었을까? 20대의 몇 달 혹은 몇 년을 평생직장을 찾는데 집중하지 않고 부모의 기대와는 전혀 다른 길을 선택했을 때 가만히 지켜만 보고 있을 수 있을까? 흔히 말하는 스카이에 진학하는 삶이 최종 목표였다면 이 아이는 절대적으로 성공하였으니 "그 이후의 삶은 네 맘대로 해"라고 할 수 있겠느냐는 말이다. 여기까지 오기가 얼마나 힘들었는데 이러다가 평생직장을 못 구하면 어쩌나 하는 조바심에 나는 아이를 설득하고 있을지도 모르겠다. 가만히 생각해 보자. 그럼 이 아이는 성공한 아이인가? 실패한 아이인가?

인생은 죽을 때까지 끝난 게 아니고 지금 이 순간도 진행 중인 현재 진행형의 동작 상태이다. 실패 또한 멈춤이 아니라 흘러가는 인생의 단편이다. 인생의 최종 목표가 있다면 지름길도 있고 돌아가는 길도 있을 것이다.
부모는 자꾸 지름길로 가야 성공한 인생이라는 강박을 갖고 있지만 사실 돌아가는 길에서 만나고 부딪히는 수많은 환경과 사람들로 아이는 다양성을 가진 삶을 살 수 있다.

인생에서 가장 어려운 결정은 사실 미래, 꿈, 직업, 투자 등의 거창한 것은 아닐지도 모른다. 오늘 점심은 뭘 먹어야 할지, 내일은 어떤 옷을 입어야 할지를 더 많이 생각하고 더 많이 걱정하지 않는가? 오늘 점심으로 짜장과 짬뽕 중 뭘 먹어야 할까? 이런 고민에서 짬짜면 용기가 개발되고 우리는 힘겨운 선택에 들이는 시간을 줄일 수 있게 되었다.

인생에는 짜장과 짬뽕 하나만 골라야 하는 선택만 있는 건 아니다. 가끔은 우유부단한 성격으로 선택하지 못할 때 짬짜면을 개발할 수 있는 기회가 오기도 하고 주머니가 가벼워 탕수육을 시키지 못하는 상황 때문에 짜장, 짬뽕, 탕수육 세트 메뉴도 탄생할 수 있는 것이다. 인생의 다양성을 인정하자! 인생은 끝날 때까지 끝난 게 아니니까.

스마트폰
디톡스!

둘째 아이가 다섯 살 때의 일이다. 아이와 장을 보고 오는 길에 무심히 틀어 놓은 라디오에서 '생명 존중 캠페인'과 관련한 이야기가 흘러나왔다. 아이가 심심해하는 것 같아서 "준우야! 생명이 뭔 줄 알아?" 별 기대 없는 질문을 던졌다.

"응. 생명은 둥지에서 어미 새가 아가 새를 꼭 안아 주는 거야."

예상외의 답이었다. 나에게 누가 생명이 뭐냐고 물어본다면 나는 아마도 '목숨'이나 '살아 움직이는 것'이라는 뻔한 답을 했을 텐데 다섯 살 아이는 의외로 한 번 더 생각하게 하는 철학적인 답변을 내놓은 것이다. 이어서 아이에게 또 질문했다.

"왜 어미 새가 아가 새를 꼭 안아 주는 게 생명이야?"

"어미 새가 아가 새를 지켜 줘야 아가 새가 살 수 있잖아."

'아! 이 아이가 나보다 생명이라는 추상적인 단어를 더 잘 이해하고 있구나' 왜인지는 모르겠지만 눈물이 왈칵 났다. 아이는 무심하게 자신의 생각을 말한 것뿐일 텐데 필자에게는 깊은 위로와 격려가 됐다. 종종거리며 아이 둘을 육아하는 엄마의 모성을 이해하고 있다는 뜻으로 느껴지기도 했고, '아이가 많이 컸구나' 하는 안도감 탓에 눈물이 났을지도 모르겠다.

필자가 아이 둘을 키우기 위해 휴직을 하고 오롯이 엄마인 시간을 보낼 때 동네 공공기관에서 하는 '하브루타' 연수에 참여한 적이 있다. 유대인의 전통 교육 방식인 하브루타(Chavruta)는 아랍어로 '우정'이나 '동반자 관계'를 뜻하는데 서로 짝을 지어 대화하고 토론하는 학습 방식이다.

> 엄마 역할에 충실했던 필자는 하브루타의 도움으로 아이들에게 끊임없이 질문을 했던 것 같다. 책을 읽기 전에는 책 표지만 보고 어떤 내용의 이야기일지, 왜 책 제목을 이것으로 정한 건지, 한 장을 읽고 다음 장의 내용은 어떤 이야기인지 물어보는 것 같은 질문이었다.

일상생활을 하면서도 아이들은 무심히 흘려들으며 대답할 수 있는 질문을 계속했다. "구름은 어디로 가는 걸까?", "여름은 왜 더운 거지?", "저 꽃은 왜 이름이 수선화일까?", "저 사람은 왜 뛰어가는 거지?", "왜 바람이 부는 걸까?" 등이었다.

아이들이 계속 생각할 수 있는 기회를 주고 싶었고 생각을 정리해서 말하는 방법을 알려 주고 싶어서였다. 그러다 보니 대화의 기회가 생기고 결정적으로 스마트폰 디톡스를 위한 시간을 벌 수 있었다.

요즘 학부모의 최대 고민거리는 아이의 '스마트폰' 사용 시간이고, 어느 가정이든 '스마트폰과의 전쟁'을 치르고 있을 것이다. 그냥 멍하니 있는 조용한 시간을 견디지 못하는 아이들은 언제나 스마트폰을 손에 든다. 심지어 걸을 때, 친구들과 놀이터에서 놀 때도 스마트폰으로 게임을 한다. 학교에서는 복도에서 친구를 기다리며 스마트폰 게임에 빠져 있거나 위험하게도 계단을 내려가면서도 스마트폰에 코를 박고 있는 아이들을 볼 수 있다. 그렇다면 이 스마트폰과의 전쟁에서 승리자가 되려면 어떻게 해야 할 것인가?

　첫 번째 해답을 '대화'에서 찾아보자.
　지금도 사실 이 전쟁에서 승리했다고 볼 수는 없지만 아이들과의 '질문과 대화'는 현재 진행형이다. 아이들이 조용한 시간을 견딜 수 없어 한다면 '조용한 시간'을 제거하면 된다. 아이들에게 무료한 시간을 보낼 겨를을 주지 않으면 된다. 부모가 시간 여유가 있을 때마다 어떤 것이든 질문을 던진다. 아이가 어리면 어릴수록 좋다. 스마트폰에 눈길을 줄 여유 시간을 주지 말자.

　두 번째 해답은 아이를 인생의 주인공으로 만드는 연습이다.
　스스로 '조절'하고 '통제'할 수 있는 방법을 약속한다. 스마트폰을 보는 시간을 약속하고 지켜보자! 만약 아이가 약속을 지키지 못하면 바로 스마트폰을 회수한다. 그 다음날 스마트폰을 돌려주고 또 약속한다. 반복적인 약속과 지키지 못했을 때의 회수 과정을 거치다 보면 아이에게는 '조절'의 힘이 생긴다. 물론 울음과 떼로 반항할 것이다. 하지만 이것도 성장통이다. 아이니까 매일 매일 시행착오를 겪을 것이고 부모는 그 시행착오를 책망하는 대신 단호한 자세를 취한다. 대신 끊임없이 약속을 지킬 수 있는 기회를 준다. 약속을 지켜 가는 것. 그 과정을 배우는 것이 '조절'이다. 스스로의 욕구를 조절할 수 있을 때 아이는 인생의 주인공으로 살아가게 된다.

마음이 다급한 부모는 한꺼번에 빨리 성과를 바라고 매번 '통제'가 먹히지 않을 때 좌절할 것이다.

하지만 초등학교 시기는 자기 통제력이 길러지는 시기라는 걸 명심해야 한다. 이미 길러진 시기가 아니라 길러지고 있는 시기이다. 목표를 성취하기 위해 방해되는 유혹을 뿌리치고 내면의 욕구를 지연시키며 규칙을 내재화하는 시기라는 걸 명심하자.

그리고 내 자식만 그런 건 아니다. 옆집 아이도 뒷집 아이도 지금 부모와 보이지 않는 스마트폰 전쟁을 하고 있다. 다만 어느 정도의 선에서 휴전 중인 가정이 있을 뿐이다.

세 번째 해답은 집중의 대상을 바꿔 보는 것이다.

스마트폰이 없던 시절을 생각해 보자. 200년 전도 아닌 불과 20년 전에 우리는 '삐삐'라는 신문물에 열광했고 그 뒤에 나온 PCS폰과 2G폰에도 만족하며 살았다. 더 거슬러 올라가자면 마을에 하나밖에 없는 부잣집의 전화기와 티브이에서도 편리함과 즐거움을 찾았다.

그러나 요즘은 연인끼리도 카페에 앉아 각자 자신의 스마트폰에 집중하며 간간이 오프라인 대화를 나눈다. 맛있는 음식이 나와도 젓가락을 들기 전에 스마트폰 속에 흐트러지지 않은 음식의 모습을 담아 SNS에 올린다. 스마트폰이 없던 시대에 살았던 어른도 이럴진데 태어나자마자 아니 어쩌면 스마트폰을 손에서 놓지 않았던 엄마 덕에 뱃속에서부터 함께 한 이 신비한 물건에 빠져드는 건 당연한 건지도 모르겠다. 이런 친숙하고 재미있고 심지어 스마트하기까지 한 물건과의 작별은 더 신나고 재미있는 일을 제공함으로써 자연스럽게 잊혀질 수 있게 해야 한다.

집중의 대상을 다양한 '놀이'로 바꾸어 보자. 찾아보면 스마트폰 말고도 다양한 놀거리가 가득한 세상 아니겠는가? 보드게임은 어떤가? '루미큐브'나 '서펜티나', '징고', '우봉고', '치킨차차', '블로커스', '러시아워', '부루마블' 등 유치원생부터 즐길 수 있는 다양한 보드게임이 있다. 시간도 잘 가고 집중의 대상을 바꾸기에는 안성맞춤이다. 집 앞에 늘 누군가 붙여 놓은 마트 전단지를 가지고 노는 방법은 어떤가? 전단지의 물건들을 오려서 시장 놀이를 한다든지 그냥 무의미하게 도화지에 붙여 봐도 좋겠다. 고전적인 게임이지만 '오목'도 해보고 '알까기'도 해보는 건 어떨까? 찾아보면 스마트폰을 대체할 많은 놀거리가 있다. 이도 저도 안 되면 그냥 아이의 손을 잡고 놀이터에 나가도 좋다. 그네를 타든 미끄럼틀을 타든 배드민턴을 치든 스마트폰과의 거리를 둘 수 있는 시간임은 틀림없지 않은가!

네 번째 해답은 피할 수 없으면 부딪히라는 것이다.

스마트한 시대에 스마트폰 없이 살기는 힘들 수 있다. 이미 스마트폰

보드게임, 오목 등 스마트폰을 대체할 놀이거리

과 사랑에 빠진 아이들은 상사병에 걸리거나 아이들도 금단 현상을 느낄 수도 있을 것이다. 그렇다면 스마트폰의 순기능을 이용해 보자. 게임을 한 시간 하고 싶으면 유튜브에서 자막 없는 영어 동화나 더빙 없는 영어 만화를 동일 시간 봐야 한다는 규칙을 만드는 거다. 요즘은 영어뿐 아니라 한자나 역사와 관련된 재미있는 애니메이션이나 교육 자료도 많다. 아이가 원하는 스마트폰 사용 시간과 대비해 일정 비율을 교육적인 영상에 노출될 수 있게 시간을 조절해 보자. 어차피 해야 한다면 그나마 도움이 될 만한 영상에 조금 더 노출되는 방법을 택해 보자. 무의미한 시간은 없을 테니까.

내 아이를 다 안다는

엄마의
완벽한 착각

"저희 아이가 그럴 리가 없어요."

학교에서 어떤 문제 상황이 발생했을 때 부모님들께 전화를 드리면 공통적으로 하시는 말씀이다.

"집에서는 얼마나 착한 아이인데요."

그렇다. 세상에 완벽한 악인은 없다. 그리고 악인이라 낙인찍은 적도 없다. 그냥 현 상황을 최대한 담담하고 객관적으로 말씀드렸는데도 방어적인 대답이 돌아올 때는 한숨이 나올 뿐이다. 그리고 때에 따라서는 그 아이를 잡았던 손을 놓게 된다.

'부모가 아니라는데, 부모가 개선할 의지가 없는데 내가 뭐라고.'

아이가 달라질 수 있는 기회를 놓쳐 버린 엄마

우리 반에는 단정하고 깔끔한 외모의 달님이가 있었다. 달님이는 친구들과 늘 트러블이 많았지만 눈치가 빠른 아이라 그럭저럭 아주 큰 사고는 없이 지내는 것 같았다. 물론 달님이에 대한 여러 안 좋은 제보가 있었지만 누군가를 해하는 게 아니라 조용히 기록만 하고 있었다.

그러던 어느 날 교실에서 도난 사건이 있었고 심증이나 물증 모든 것이 달님이를 향하고 있었다. CCTV가 있었던 것이 아니니 아이를 연구실로 데리고 와서 조용히 스스로 자백할 시간을 주었다. 그러나 달님이는 끝까지 자신의 결백을 주장했고 눈물로 호소했다. 하지만 "달님아 네가 햇님이 지갑에서 돈을 꺼낼 때 손을 주먹 쥐었니? 조금 폈니?" 하면서 손 모양을 보이니 그래도 아이라 아직은 순진한 달님이는 주먹을 쥐었다고 대답했다. 장장 2시간 동안 오리발을 내밀던 아이는 그렇게 자백했다.

그 일이 있고 난 이후로도 놀이터에서 놀던 친구의 지갑을 훔치고 놀이터 구석구석에 친구의 욕을 써 놨던 달님이에 대한 제보가 끊이지 않았다. 달님이는 '리플리 증후군'을 의심할 만큼 거짓말을 능수능란하게 했다.

예를 들면 이런 거짓말이다.

"달님아 친구의 지갑에 네가 손을 댔니?"

"아니요. 저는 못 봤어요. 어떤 언니가 그 지갑을 건드린 것 같아요."

"그 언니는 어떤 언니니?"

"그 언니는 태권도 도복을 입고 있었어요."

"그래 그럼 그 언니 주변에는 누가 있었니?"

"빨간 의자에 할아버지가 앉아 계셨어요."

"놀이터에는 빨간 의자가 없는데?"

"아! 제가 말한 의자는 4단지 아파트 의자가 아니라 2단지 놀이터 아파트 의자예요."

"그렇구나. 그럼 도복을 입은 언니의 외모를 좀 더 자세히 말해 줄 수 있니?"

"머리가 단발이고, 아! 제가 아는 언니긴 해요. 6학년 2반인가 3반 언니예요."

"그래? 그럼 머리가 단발이고 도복을 입고 있던 6학년 2, 3반 학생을 찾으면 되겠구나!"

필자는 끈질기고 집요한 교사다. 아이의 거짓말을 대할 때는 끈질겨야 한다고 생각한다. 6학년 선생님들께 메시지를 드리고 머리가 단발인 여자 아이들 중에 태권도에 다니며 그 시간에 놀이터 근처에 있었던 아이들 몇 명의 명단을 받았다.

"이 중에 그 언니가 있니?"

"잘 모르겠어요."

"잘 생각해 봐! 이제 그 언니들한테 선생님이 물어볼 거야."

6학년 교실에 올라가 담임 선생님들의 협조를 받고 해당될 만한 언니들과 대화를 나눴고, 그 중 한 명이 그 아이가 말한 아이가 자기인 것 같다고 했다. 그 아이와 삼자대면을 했다.

"이 언니가 맞니?"

"이 언니인 것 같아요."

"그럼 이 언니가 어제 도복을 입고 그 지갑을 만졌다는 거지?"

하지만 6학년 아이는 자기는 어제 그 근처 놀이터에는 있었지만 도복을 입지도 않았고 지갑을 만진 적도 없다고 했다.

"자 언니야, 혹시 어제 틱톡 찍었니?"

"네"

"그것 좀 보여 줘."

필자에게도 딸아이가 있으니 요즘 아이들이 틱톡에 빠져 있다는 걸 짐작하고 혹시나 해서 물었다. 다행히 6학년 아이가 어제 놀이터에서 찍은 틱톡 화면이 있었고, 그 아이는 노란색 티셔츠를 입고 있다는 걸 확인했다.

"이 언니는 아닌데 그럼 누가 지갑에 손을 댔을까?"

끝까지 자기는 아니라고 우기던 아이는 여러 정황이 자신을 향하자 어렵게 지갑에 있던 돈은 꺼내지 않고 지갑을 풀숲으로 던졌다는 자백을 했다. 이런 상황을 어머님께 말씀드리니 어머니는 이렇게 말씀하셨다.

"저희 아이는 그런 아이가 아닌데요?"

"어머니, 아이가 한두 번 호기심에 그럴 수 있습니다. 아이와 자세하게 다시 이야기 나눠 보시고 통화하시죠."

한참 후에 어머니는 뜻밖의 이야기를 하셨다.

"선생님, 그 반에 햇님이 있죠? 그 햇님이 조심하세요. 그 아이만 왔다가면 집에 돈이 없어져요."

'하!' 할 말이 없었다. 사실은 햇님이네 집에서 달님이가 수차례 물건을 가지고 간 것을 햇님이 어머님과 꾸준하게 상담 중이었기 때문이다.

"어머니 죄송하지만 혹시 0월 0일에 집에서 돈이 없어진 적 있죠? 그 것도 달님이가 했다고 자백했어요."

그래도 어머님은 믿고 싶지 않으셨던 것 같다. 그래 난 사실을 숨김없이 알려드렸으니 그걸로 교사의 역할은 다했다. 이제 내 손을 떠났으니 가정에서 잘 지도해 주시기 바란다.

아이의 다른 모습을 인정하지 않는 엄마

"어머님 귀남이가 쓰레받기로 친구의 머리를 때렸어요."

"설마요. 저희 귀남이는 절대 그럴 아이가 아니에요."

어린이집 선생님이셨던 귀남이 어머니는 귀남이는 초등학생이지만 하루에 스스로 책을 여러 권 읽으며 시키지 않아도 공부를 열심히 하는 아이라고 하셨다. 그래 맞다. 그 아이는 가정에서 그럴 것이다. 하지만 학교에서는 친구를 때리고 수업을 방해하는 아이인데 이를 어찌해야 할까?

스스로 책을 읽고 공부하면 친구를 때리지 않는 아이인가? 참 답답했던 기억이 있다. 어머님이 인정하지 않으시니 필자가 아무리 아이를 지도해도 아이의 행 동은 크게 나아지지 않았다.

친구들은 자신을 귀찮게 하고 때리는 귀남이를 멀리하기 시작했다. 우리 조상들은 귀한 자식에게 개똥이, 소똥이 같은 천한 이름을 붙여 귀신을 쫓았다고 한다. 귀한 자식은 마음속으로 흐뭇해하고 행동 교정엔 좀 적극적인 자세로 함께 노력해 주시면 안 될까?

똑똑한 귀남이가 좋은 어른으로 성장하기 위해 꼭 필요한 어머니의 '인정'이 필요한 순간이었다.

아이의 변화를 받아들이지 않는 엄마

L은 다정하고 침착한 아이였다. 예의도 바르고 고운 말을 사용해서 어른들에게도 인정받는 귀한 아이였다. 그러나 이 아이도 사춘기가 되면서 변해 갔다. 자기주장을 펴느라 친구들 의견을 묵살했고, 간혹 욕도했으며 친구들의 등이나 머리를 때리기도 했고, 교사의 눈 밖에서 일탈행동도 일삼았다. 이성에 대한 마음이 커져 남자아이와 진한 스킨십도서슴지 않았다. 아이를 아는 주변인은 아이의 변화가 걱정스러웠다.

그러나 딱 한 명 L의 엄마는 아이가 아직도 모범생이라는 착각 속에 있었다. 다른 아이와 문제가 생기면 모든 문제는 상대 아이 탓이었다.

든든한 자신의 딸은 동생을 잘 돌보고 워킹맘인 엄마의 피로를 '사랑해요'라는 말로 녹여 주는 사랑스러운 딸이라고 생각했다. L이 엄마와 통화 끝에 "사랑해요. 엄마"라고 말하는 걸 들은 필자가 L을 치켜세웠다.
"야! 정말 너희 엄마는 행복하시겠다. 이렇게 사랑스러운 말을 하는 딸을 두셨으니 말이야."

그때 L이 필자에게 말했다.

"이래야 일주일이 편해요."

아이를 잘 모르는 엄마

몇 년 전 담임을 했던 모범생 K는 공부도 잘하고 인사성도 밝은 아이다. 단, 자기 엄마 앞에서만. K의 엄마는 K에 대한 프라이드가 강하고 K의 미래 계획, 장래 직업까지 정해 두는 등 철저하게 자녀를 관리하는 엄마이다. K의 일과는 어른인 필자가 봐도 숨이 턱 막히는 수준이었다. 길에서 K를 만나는 어른들은 입을 모아 말했다.

"K는 정말 인사를 안 해. K는 나를 투명 인간 취급하더라니까."

K는 엄마와 있을 때와 혼자 있을 때의 행동이 달랐다. 심지어 만나는 어른들에게 자신의 엄마 흉을 봤다. 그러나 아직 K의 엄마는 자신의 아이가 세상 제일 예의 바른 아이인 줄 착각에 빠져 있다.

'고슴도치도 제 새끼 함함하다고 한다'는 속담이 있다. 고슴도치도 제 새끼의 털이 부드럽다고 한다는 말이다. 어쩜 우리 조상들은 이리도 똑똑하신지 흔한 속담이지만 무릎을 탁 치게 만든다.

부모들이여! 제발 내 아이를 잘 알고 있다는 착각에서 벗어나자! 현실을 받아들이고 교사와 함께 성장 열쇠를 찾아보자! 제발….

CHAPTER. 2

교사
엄마편

"20년 차 교사 엄마의 초등 영업 기밀"

새해가 되어도 학교의 봄은 아직이다. 1년 중 가장 삭막하고 힘든 학교의 시간을 따지자면 2월이라 할 수 있겠다. 정든 선생님들과 눈물의 이별을 하고 새로운 선생님들을 환영한다. 정든 교실을 떠나 보통은 매우 더러운 교실을 배정받아 허리가 부러지도록 청소를 한다.

학교를 옮기는 교사들은 내신 발표가 2월 중순 이후에 나오기 때문에 보따리를 싸고 풀기 바쁘다. 한 학교에서 5년이 되어 꼭 옮겨야 하는 교사가 있고, 아직 근무 년 수가 있지만 다른 지역이나 다른 학교로 옮기려고 내신서를 낸 교사가 있다. 학교를 옮기지 못하고 눌러앉아야 하는 교사도 있을 것이고 원하는 학교에 새 둥지를 트는 교사도 있을 것이다. 아이들의 새 학기는 3월이지만 교사의 새 학기는 2월인 것이다.

학교에 남게 된 교사들은 겨울 방학 전에 원하는 학년과 직무를 선택해서 교감 선생님께 제출하고, 2월에 발령받아 온 교사들은 발령과 동시에 원하는 학년과 직무를 선택하는데 100% 교사의 의견이 반영될 수는 없다. 학년 부장이나 연구, 교무, 인성 부장 등 기능 부장 자리와 전담 교사(영어, 과학, 체육 등)의 배정 등 복잡한 학교 사정이 있기 때문이다. 여기에 신규 교사, 임신과 육아, 질병, 간병 등 휴직 교사의 사정까지 휴~ 관리자(교감, 교장)의 피가 마르는 소리가 들린다.

보통 도시 학교는 서로 부장을 안 하려고 싸우고 시골 학교는 서로 부장을 하려고 싸운다. 시골 학교에는 도서벽지 점수나 농어촌 점수를 따기 위해 오는 교사들이 많은데, 부장 점수까지 같이 따면 1타 2피이기 때문이다. 도시 학교에서는 서로 6학년을 안 하려고 싸우고 시골 학교에서는 서로 6학년을 하려고 싸운다. 위에서 말한 농어촌 점수에 부장 점수에 6학년 학폭 점수(학교 폭력 예방 가산 점수)까지 딴다면 한 학교에서 1타 3피의 승진 점수를 쌓을 수 있기 때문이다.

나처럼 승진과 담쌓은 교사는 그저 누가 부장 교사해 준다고 하면 쌩유 베리 감사할 일이고 힘든 6학년을 안 해도 된다는 것만으로도 출근할 이유가 되는 것이리라. 참 사람이 죽으라는 법은 없다. 어려운 학년을 지망해 주신 좋은 무명의 선생님들께 고개 숙여 감사드린다.

아이들이 집에 가고 난 교실에서 교사의 컴퓨터는 오늘도 열일 중이다. 연중 행사와 월중 행사를 계획하고 주간 학습 안내를 짜며 학교 업무를 처리한다. 그 업무라는 것도 매우 세세하고 복잡하다. 공문이 오면 공문을 다시 발송해야 할 시간이 정해져 있어서 5년 전 폐기한 컴퓨터부터 먼지 쌓인 체육 창고 기기들, 과학 실험 도구의 숫자까지 세어 공문을 발송하기도 한다.

환장할 3월을 지나 모든 교사에게 백일장을 요구하는 학기 말, 그리고 새로운 2월까지. 학교에서 벌어지는 굵직한 행사를 통해 부모님들이 궁금해하는 내 아이의 진짜 학교 이야기를 솔직하고 정직하게 꺼내 보려 한다.

담임 배정의
비밀

"교사가 죽기 직전에 방학을 하고
엄마가 죽기 직전에 개학을 한다"라는 우스갯소리가 있다.
세상에서 제일 힘든 일이 인간이 인간을 키워 내는 것이 아닐까?

3월 2일, 개학식 날. 요즘은 미리 홈페이지에 공개하니 2월 말 어느 날
쯤 공개되는 아이의 반 번호. 겨울 방학식 날 아이들에게 가, 나, 다, 라,
마 반으로 써 주는 반이 1, 2, 3, 4, 5반 숫자로 나오는 순간. 우리 아이
가 몇 반이 될지 제발 좋은 선생님과 좋은 친구들을 만날 수 있게 해 달
라고 빌고 비는 부모님의 마음처럼, 교사들도 비나이다! 비나이다! 내
가 아는 하느님, 부처님, 천지신명님께 두 손 모아 빈다. 제발 학부모도
학생도 내가 껴안을 수 있는 정도의 내 깜냥으로 모실 수 있는 상전님
이기를 바라고 바란다.

사실 12월에 이미 전 담임들이 모여 각반 1등부터 꼴등까지 순위를 매겨 놓고 1반은 가 반부터 2반은 나 반부터 3반은 다 반부터 아이들을 돌린다. (매번 1반이 가 반부터 시작은 아니다. 1반을 라 반부터 돌리는 경우도 있다.) 예를 들어 아이들이 올라가는 새 학년이 5개 반이라면 1반의 1등은 가 반, 2등은 나 반, 3등은 다 반, 4등은 라 반, 5등은 마 반이 된다. 그럼 1반의 6등은? 6등은 다시 마 반, 7등은 라 반, 8등은 다 반, 9등은 나 반, 10등은 가 반이다. 한 반의 1등과 10등이 같은 반이 되는 것이다. 2반의 1등은 나 반, 3반의 1등은 다 반이 되는 것이다.

그런데 이것 또한 복잡하다. 성적만으로 아이들을 배정할 수는 없다. 청운의 꿈을 품은 젊은 교사가 나가 자빠져 사직서를 품고 출근하는 상황을 만들어 줄 수도 있기 때문이다. 한 반에 vip(교사가 특별히 관심을 가지고 신경 써서 지도해야 하는 학생을 이렇게 부릅니다) 어린이들이 몰리면 그 반은 그야말로 전쟁통이다.

작전명, vip를 분리하라!

자 그럼 담임들이 모두 모여 그 반의 vip, 그리고 서로 같은 반이 되면 안 되는 아이들을 선정한다.

"얘랑 얘랑은 절대 만나면 안 돼요."

"얘 둘은 쌍둥이에요."

"얘네는 동명이인이에요."

특히 남자아이와 여자아이가 이름이 같은데 같은 반이면 절대 안 된다.

"얘네는 작년에 학폭 갈 만큼 사이가 안 좋았어요. 떼어 놓아야 해요."

"개똥이 엄마가 절대 소똥이랑 개똥이는 붙여 놓으면 안 된다고 신신당부했어요."

"얘네 둘이 붙으면 학폭 터질 거예요."

등등의 모든 조건을 맞추어 다시 컨트롤+x(자르기)와 컨트롤+v(붙이기)를 하고 다시 한번 검사한다. 그래도 잘 못 모이면 새 학기 담임은 울면서 학교에 다니게 된다.

매일 치맥과 함께 아침에 눈을 떠서 그냥 여기가 병실이나 천국이기를 바랄지도 모르겠다. 모두 나의 경험담이다.

여기서 드는 의문~! 혹은 불쑥 튀어나오는 배신감?

"아니 우리 아이를 그것도 초등학교에서 성적으로 줄을 세우고 vip를 뽑는다고?"

분명 학부모 입장에서는 배신감이 몰려올 수 있는 부분이다. 그런데 혹시 생각해 봤는가? 시도 때도 없이 싸우는 아이들, 이유 없이 소리치고 떼쓰는 아이들, 밤새 민원에 시달려 다크 써클이 턱밑까지 내려와 영혼 없이 수업하는 교사. 그 교실 속에 앉아 있는 내 아이의 모습을.

한 반에 vip를 모두 밀어 넣으면 내 아이의 1년이 힘들어진다.
교사도 줄 세우는 걸 좋아해서 하는 일은 결코 아니다.

자 이제 돌아오자! 12월의 치열한 두뇌 싸움으로 만들어진 가, 나, 다, 라, 마 반으로 배정된 아이들의 명단이 흰 봉투에 들어 있다. 위에서 말한 현 학교 근무 교사, 전입 교사, 신규 임용된 교사들의 학년이 완벽하게 발표되는 날이 2월 말의 교사 회의다. 그 자리에서 학년과 직무가 적힌 종이를 받고 처음 만난 교사들은 새로운 1년의 파트너가 되기 위해 학년별로 헤쳐 모인다.

여담을 하나 풀자면 필자가 미혼 시절 희망한 적도 없는 1학년에 던져졌던 때가 있었다. 던져졌다는 표현 외에는 꽂혔다는 표현을 쓸 수도 있겠다. 정년을 앞둔 원로 교사 선생님들이 모인 학년. 필자는 그 틈에 던져진 일 좀 하는 나이의 미혼 교사였다. 당시 1학년 학생이 170명이었는데 미혼이었던 어린 필자는 170명의 담임이었다. 모든 아이의 신발장과 사물함 이름표를 열심히 뽑아 붙였고, 교육 과정 짜기, 학습 준비물 챙기기, 컴퓨터 관련 각종 업무를 해야 했다. 이런 일을 예상했고 1학년 배정을 받는 순간부터 교감 선생님 눈을 두 달간 쳐다보지도 않았다. 정말 너무 한다며 날 악의 구렁텅이로 몰아넣었다고 원망했다. 눈물도 나왔다.

근데 그때의 1학년 아이들과는 20년이 지난 지금도 연락하는 사이가 되었다. 그 아이들이 내 결혼식에서 축가도 불러 줬고, 내 아이의 돌잔치에도, 내가 있던 산후 조리원에도 와주었다.

인생지사 세옹지마! 또 배운다.

자 그럼 본론으로 돌아가서 헤쳐 모였던 교사들은 흰 봉투 다섯 개를 앞에 두고 학년별로 앉아 부흥회인 양 경건하고 간절하게 기도한다.
한번의 뽑기가 1년의 교직 생활을 좌우하기 때문이다. 어쩌면 이 한번의 뽑기로 명예퇴직을 고려할 수도 있기 때문이다.

요즘 교사들 말로 명예퇴직 시기는 학부모들이 결정한다. 민원이 빗발쳐 그야말로 더러워서 명퇴를 신청하게 되지 않길. 제발 내가 이 일을 그만두도록 좌절시키는 학부모와 아이를 만나지 않기를… 바라고 또 바란다.

누가 먼저 뽑을까?

그래 학년 분위기에 따라 다르겠지만 보통은 연세 높은 선생님부터 혹은 부장님부터 뽑는다. 순식간에 나의 1년이 결정 났다. 흰 봉투를 연다. 우리 반에 산만과 예민 폭력은 몇 명인가! 학습 부진은 날 시험에 들게 하지 않는다. 부진은 나랏님도 구제 못하지만 사랑으로 껴 안을 수 있다. 그러나… 산만과 예민, 폭력은 대체 몇 명인 거지? 이제 처음 만난 교사들은 20년 지기라도 된 양 산만이 몇 명이냐 예민이 몇 명이냐 푸념을 늘어놓으면서 친해진다.

내가 저 아이를 데리고 오고 싶어도 내가 저 아이를 보내고 싶어도 한번 정해진 운명은 절대 바꿀 수 없다.

이제부터는 진짜다. 진짜 새 학기가 시작되는 것이다.

환장의
3월

나도 한때는 문학소녀였다. 봄 향기의 낭만도 잘 알고 살랑 부는 바람에도 행복에 겨워 발그레 볼도 빨개졌었다. 과거에는 그랬었다는 것이다. 인생이 밖에서 보면 희극, 안에서 보면 비극이라는 누군가의 말처럼. 3월의 복작복작한 학교는 참으로 행복해 보일지도 모르겠다. 언젠가 미국 엄마들이 3월 새 학기에 아이들을 스쿨버스에 태우며 만세를 부르는 사진을 본 적이 있다. 그래 이건 대륙이나 인종을 초월하여 극명하다고 단언할 수 있다.

엄마들의 환호는 교사들의 환장이다.

3월의 교사는 언제든 방광염이 걸려도 이상하지 않을 만큼 인간 방광 부피의 한계에 도전한다. 방광염이 신우신염이 되어도 아마 교사의 3월은 환장이라는 단어에 가려져 병명 따위는 쿨하게 잊혀질 수도 있다는 말이다.

자! 3월이 시작되었다. 교사는 아이들을 맞는다. 아~ 그 전에 할 일이 있다.

교실 청소 _ 고무장갑을 끼고 교실 청소를 해야 한다. 매우 열심히⋯ '이럴려고 내가 대학을 가고 임용 고사를 봐서 교사가 되었나?' 후회가 밀려올 때까지 쓸고 닦는다. 아이들이 오기 전에 신발장과 사물함에 숫자나 이름표로 자리 표시를 해 놓아야 한다. 3월 2일 아이들이 당황하지 않도록 말이다.

교육 과정 수립 _ 학년 교육 과정에 따라 학급 교육 과정도 만들어야 한다. 요즘은 프린트하여 제출하지는 않지만 부장님께 보내 결재를 받아 놔야 한다. 1년 동안 난 아이들에게 교과 이외에 무엇을 가르칠 것이고 학급 특색은 무엇인가. 매년 하는 일이지만 매년 어렵다.

이원목적 분류표

| 문항 번호 | 정답 | 영역 | 필수지도내용 | 행동 | | | 배점 |
				지식	이해	적용	
			1학기 중간 학업성취도평가 4학년 사회과 이원목적 분류표 ○○초등학교				
1	나, 2	인간과 공간	지역의 위치를 좌표로 나타내기				4
2	동쪽, 북쪽	인간과 공간	지역의 위치를 방위로 나타내기				4(각 2점)
3	등고선	인간과 공간	등고선의 개념				4
4	3	인간과 공간	등고선의 이해				
5	2	인간과 공간	축척의 이해				

6	1	인간과 공간	대축척 지도의 이해				
7	나	인간과 공간	소축척 지도의 이해				
8	3	인간과 공간	교통도의이해				
9	1	인간과 공간	인구분포도의 이해				
10	기후도	인간과 공간	기후도의 이해				
11	4	인간과 사회	생활모습과 지도의 관계				
12	3	인간과 사회	사람이 많이 모여 사는 이유				
13	3	인간과 공간	기후 그래프 해석하기				
14	1월	인간과 공간	기후 그래프의 이해				
15	3	인간과 공간	사회과 용어의 개념				
16	2	인간과 공간	산업도의 이해				
17		인간과 공간	지역의 모습을 알 수 있는 지도				
18	홍수	인간과 공간	기후 그래프의 이해				
19	그림, 율동, 사진 전시회 등	인간과 사회	현장 답사 후 활동에 대한 이해				
20	4	인간과 사회	자료의 해석				
21	1	인간과 사회	현장 답사에 대한 이해				
22	1,2,4	인간과 사회	보고서 작성 시 필요한 내용에 대한 이해				
23	4	인간과 사회	인구가 많은 지역의 특징에 대한 이해				
24	4	인간과 사회	직업분포도의 이해				
25	아래 참조	인간과 공간	답사 목적에 따라 답사 장소 정하기				
비 고	※25. 유네스코 문화유산 지정 이유를 알기 위해서 등(적당하면 답으로 처리)						

수행평가&이원목적 분류표_ 학급마다 특색 있는 수행평가 문제도 만들고 답안지와 이원목적 분류표라는 것도 만들어야 한다. 보통 문제도

문제지만 이원목적 분류표가 더 만들기 귀찮고 어렵다.

편지…호소문_ 학부모님들께 '나는 이런 교육자'입니다. 편지를 쓴다. 이건 편지라기보다는 호소문에 가깝다. 1년 동안 어떤 일이 있어도 아이의 말만 듣지 마시고 오해가 있다면 교사에게 연락 주시라… 마지막에는 교사 개인 번호와 교실 번호도 적는다. 요즘은 교사 번호를 비공개하는 학교도 있고 개인적으로 업무 폰을 만들거나 '투 넘버'를 만들기도 한다.

우리나라에서 교사의 퇴근은 없다. 일부 학부모의 정서에는 교사는 가정도 없고 쉬는 시간도 없는 공노비 정도로 인식되어져 있는지도 모르겠다. 요즘 학부모들은 자신이 편한 시간이면 새벽이든 늦은 밤이든 주말이든 상관하지 않고 깨톡과 문자, 전화를 하기 때문이다.

필자는 교사계의 얼리어댑터니까 월 1,100원 요금을 내면 유지시켜주는 알뜰 통신사에서 번호를 만들어 사용한다. 출근할 때 켜고 퇴근할 때 학교에 두고 나오는데, 그 이후 내 심신은 편해졌지만 괜스레 귀는 간지러워졌다. 간혹 투 넘버 서비스에서 실수로 실제 번호를 오픈하는 교사들이 있으니 교사들은 꼭 업무 폰을 만들라!

교실 환경 정비_ 한 학급이 1년에 환경 물품비로 사용할 수 있는 돈이 얼마일까? 놀라지 마시라! 너무 많아서라고? 아~ 그건 학교를 너무 몰라서 하시는 말씀! 학교마다 다르겠지만 보통 1년에 7만 원에서 10만 원이다. 그 예산 안에서 교실 앞판과 뒷판 환경을 꾸밀 재료를 사야 한다.

봄에는 봄꽃을 사고 싶지만 그건 비싸니 봄꽃을 만들 핑크 종이를, 여름에는 푸르른 나무를 사고 싶지만, 그것 또한 비싸니 나무를 만들어 붙일 갈색 종이와 푸르름을 뽐낼 녹색 종이를 사야 한다.

1학기에 보통 5만 원 정도의 예산을 쓰고 남은 건 2학기에 쓰는데, 보통 2학기의 가을 나무나 겨울 환경 물품도 1학기에 한꺼번에 살 때가 많다. 아기자기 알뜰하게 오리고 붙인다. 대부분 찍찍이로 알고 있는 벨크로는 암, 수를 사서 월별로 바뀌는 아이들 생일 같은 행사를 떼었다 붙일 때 쓰고 월별 게시물, 게시판 타이틀을 붙일 때 자주 쓴다. 벨크로의 접착력이 얼마나 좋은지 초등 교사 대부분은 그것을 붙이고 떼느라 엄지의 지문이 거의 닳았을 것이다.

우리 동네 무인 발급기는 초등 교사인 내 지문을 계속 인식하지 못해 '일곱 번 오류'라며 주민등록등본을 절대 내어주지 않는다. 그런 것이 한참 되었다. 내 엄지 지문으로는 나를 증명할 수 없다. 이거 산업재해 신청이라도 해야 할 판이다.

종량제 봉투 배급_ 한달 동안 혹은 분기별로 쓸 '몇 학년 몇 반'이라 표시된 종량제 봉투를 주면 받아 와야 한다. 30여 명 아이들과 종량제 봉투를 한 달 동안 몇 장이나 쓸까? 4인 가족 우리 집은 일주일에 1장을 쓴다. 그렇다면 일주일에 7장 정도를 쓸 거라고들 예상하겠지만 어림도 없다. 분리수거를 철저하게 하는 나는 한 달에 한 장 정도면 충분하다. 앞반 옆반 어느 교사 할 것 없이 악착같이 종량제 봉투 위에 올라타서 발로 꾹꾹 밟는 경우를 종종 목격하는데 종량제 봉투 아껴 쓰기도 교사의 능력인 것이다. 우리는 초등 교사이기 이전에 환경 지킴이고 건전한 시민이기 때문이다.

리스트 작성_ 도서실에서는 아이들 명단을 제출하라고 한다. 작년 학반 번호까지 적힌 명단이어야 한다. 또 명단 작업을 한다.

명렬표_ 전담 선생님들은 수행평가를 위해 명렬표를 보내 달라고 한다. 수행평가용 명렬표를 만들어 보낸다. 교무실에서도 아이들 전화번호, 주소까지 있는 명렬표를 달라고 한다.

사물함 청소_ 이 반을 맡았던 작년 선생님이 얼마나 깔끔한 사람이었냐에 따라 달라지겠지만 사물함을 열어 본다.
기절하거나 미소 짓거나 욕이 자동 발사되기도 한다. 몇 년 묵은 짐들이 나오고 작년 통지표까지 나온다. 그곳은 마치 화수분 같다. 내가 싼 똥은 아니나 난 교사이니 사물함을 말끔하게 치운다. 책상 서랍 이건 또 고래 뱃속 같다. 구겨진 학습지와 지우개 가루, 아이들의 코딱지가 가득 채워져 있다. 매직블록과 나는 오늘 혼연일체가 되어 열 일을 해야 한다.
3월 2일을 시작하려면 아직 한참 더 남았다.

역할 분담_ 학년에서 교사들이 역할을 정한다. 학부모 공개 수업은 다 하지만 교사들을 모시고 하는 임상 장학 공개 수업, 운동회가 있는 해라면 운동회 율동 지도, 여러 설문지나 학습지, 평가지를 수합하는 일, 교사도 커피 한 잔의 여유는 즐겨야 하니까 학년 총무, 1년 교육 과정에 맞는 학습 준비물 신청. 더 자질구레하게 역할을 정하기도 하지만 크게 이렇게 정하는데 생존 수영이 있는 3·4학년은 그것과 관계된 것, 졸업 앨범 촬영이 있는 6학년은 또 그것과 관계된 학년 내 업무가 정해 질 것이다.

수업 준비물 확보_ 청소를 하던 교사들은 고무장갑을 벗고 다시 연구하는 교사로 잠시 모인다. 1학기 교과서를 모두 챙겨 온다. 교과서에 담긴 수업 내용을 꼼꼼히 살핀다. 수업에 필요한 준비물을 미리 확보하기 위해서이다.

예를 들어 4학년 1학기에 강낭콩의 한 살이 수업을 해야 하는데 강낭콩이 준비되어 있지 않으면 낭패니까. 3학년 1학기에 배추흰나비의 한 살이를 공부해야 하니 배추흰나비 알과 먹이가 될 케일잎도 사야 한다. 수학 시간에 각도기와 삼각자가 필요하다면 한 반이나 두 반 치를 사서 돌려 써야 한다. 콤파스도 사야 한다. 요즘은 이런 정도는 개인 준비물이 아니라 학교에서 준비해 줘야 하니까. 색연필이나 색종이, 풀, 찰흙 등 빠짐없이 준비한다. 곧 학습 준비물이 오면 한 학년 백여 명이 쓸 것을 반별로 나눠야 한다. 이것도 노가다다. 세상 제일 무거운 게 물, 쌀, 책 아니겠는가? 여기서 더 무거운 게 찰흙과 도화지다.

수업 준비물 결재 의뢰_ 그럼 학습 준비물 준비 담당 교사는 인터넷 최저가를 확인하여 엑셀 파일에 수량과 단가를 써서 학교 학습 준비물 담당자에게 보낸다. 그럼 학교 학습 준비물 담당 교사는 파일을 모두 모아 내부 결재를 상신하는데 보통 담당 부장-행정 실장(협조)-교감-교장의

4단 결재를 올린다. 모두 이 결재가 언제 올라올지 모르고 업무로 바쁘기 때문에 교내 메신저로 상신을 올렸으니 결재 부탁드린다고 메시지를 드린다. 바쁘지 않은 일이라면 알아서 보실 때까지 그냥 둬도 되지만 급한 결재 건은 무조건 메시지를 드려야 한다.

IT 선 정리_ 이제 학교 업무 즉 가르치는 것 이외의 공무원으로서의 업무를 해야 한다. 그럼 듀얼 모니터도 설치해야 하는데 분배기는 어딨는가? 티브이와 실물화상기, 컴퓨터와 키보드, 마우스 등의 선이 엉켜 있다. 아직 고무장갑을 벗으면 낭패였다. 책상 밑으로 기어들어 가서 모든 선을 정리한다. 메인 모니터와 서브 모니터 티브이 화면을 맞춘다. 아 근데 분배기는 어디 있는가? 정보 부장님을 수소문하여 문의한다. 정보 부장님이 친절하신 분이라면 와서 도와주시겠지만 아닌 경우도 많으니 납작 엎드려 "부장님~~~" 하며 그 반으로 간다. 이제 분배기를 얻었으니 업무를 시작해 볼까?

나이스 접속_ 우리 반 아이들 학반이 잘 들어왔는지 확인한다. 얼굴도 못 봤으나 아직 우리 반에 소속 전출생, 또 전입생 번호를 잘 체크해야 한다. 나이스에 아이들 사진이 누락된 것이 있는지, 주소는 도로명으로 잘 표시되어 있는지 확인한다.

실제 필자가 2학년 담임이었을 때 입학 당시 주민등록번호가 잘못 올려져 어디에서도 인증을 받을 수 없는 아이가 있었다. 하필… 정말 하필 왜 6학년도 아닌 2학년 교사인 내가 확인했는지. 나이스 담당 교사와 숫자 하나하나를 손으로 짚으며 또 결재를 올려야 한다. 나이스 내용 수정은 잘못 올리면 교사에게는 징계 사유가 될 수 있기 때문이다.

주당 시간표 입력_ 제일 중요한 일이 남았다. 봐도 봐도 미궁으로 빠지고 대체 어디서 어느 숫자를 틀렸는지 찾아내려면 급노화가 올 것 같은 모니터의 폰트 8 정도의 숫자를 본다. 나이스에서 기초 시간표와 주당 시간표 1년 치를 입력하는 것이다. 반마다 시간표가 다르니 도움받을 곳도 없다. 정신을 똑바로 차리고 1년 치를 한 주 한 주 입력한다. 그러기 위해서는 학년 부장님이 미리 학교 행사, 예를 들어 체험학습이나 수학여행, 체육대회, 독서 축제 같은 날을 올려 주셔야 한다. 자 이제 입력한다. 그래 내가 4시간을 꼬박 앉아 입력했다. 아… 1등이다.

또르륵… 그다음 날 학교 행사 날짜 등이 바뀐다. 다시 해야 한다. 또다시 또다시 학교 일은 절대 1등으로 할 필요가 없다. 그래도 나처럼 가만히 못 있는 교사는 일단 완벽하게 세팅해서 수업 증감 시수까지 해서 부족분 없이 연간 시수를 맞춰 놓는다.

업무 확인_ 이제 업무를 봐야 한다. 작년 내 업무는 녹색 어머니와 어머니 폴리스였다. 담당 장학사님이 공문을 보내신 것이 있는지 확인하고 대응해야 한다.

회의 회의 회의!_ 교무 부장님이 도서실에서 회의를 하니 학년별로 모이라고 하신다. 성, 학폭, 교육 과정, 인권 등 교사들이 꼭 들어야 하는 대면 '연수! 연수! 연수!' 교무 기획부, 연구 교육 과정부, 혁신 교육부, 인권 안전 교육부, 정보과학 교육부, 민주시민 교육부, 진로 방과 후 교육부, 문화예술 교육부, 체육 교육부, 환경 교육부 등의 부장님들이 3월에 해야 할 일을 말씀해 주신다. 이후 교장 선생님의 말씀과 훈화까지 정말 바쁘다 바빠~

손그림 GPS 만들기_ 아이들이 오기 전에 아이들 명렬표를 계단을 오르면 바로 보이는 곳에 붙여 놓는다. 누가 몇 반인지 몇 반은 어디인지 화살표 표시도 해 놓는다.

학급 안내판을 앞문 옆에 걸어 놓는다. 요즘은 개인정보 보호 때문에 붙이지 않는 곳도 있지만 관리자의 성향에 따라 꼭 붙여 놓는 학교도 있다. '환영합니다', '너희가 꽃이야'라는 타이틀을 칠판에 붙여 놓고 퇴근을 한다. 이제 남은 건 정말 좋은 아이들이 우리 반에 오기를 기다리고 기다리는 일이다.

아차! 주간 학습 안내, 각종 개인정보 동의 가정통신문, 클래스팅 (classting)이나 밴드 등의 가입 방법 설명문, 교사 소개 편지 등의 인쇄물을 책상에 올려놓는다. 이제 진짜 끝이다.

드디어
3월 2일!

어제의 고생을 그 누가 알아주지 않아도 반짝반짝 빛나는 내 아이들을 만난다. 쭈뼛쭈뼛 걸어오는 아이, 당차게 인사하며 들어오는 아이, 복도에서 어리둥절 서성이는 아이, 저학년은 어색함에 우는 아이까지. 모두에게 나는 세상 제일 좋은 선생님이니 '들어와 봐'라는 표정으로 환하게 웃어 준다. 첫날이니 내 안에 마녀의 습성은 숨기는 게 좋겠다. 날개만 달지 않은 천사의 미소로 무장한 교사들은 해사하게 빛나는 봄옷을 입고 햇살같이 아이들을 맞는다.

그런데 이게 어인 일인가! 아이들과 웃으며 인사하는데 낯선 학부모님 세 분이 찾아오셨다. 어머니 폴리스 회장님과 녹색 어머니 간부라고 하신다. 올해 이 업무를 맡은 교사가 누구인지 인사하러 오셨다고 한다. 학부모 총회 때 뵈어도 되는데 제일 바쁜 시간 바쁜 날에 무슨 일이실까? 한 분이 묻는다.

"선생님! 이 업무 맡아보신 적 있으세요?"

나는 20년 차 교사이다. 이 업무 당연히 처음이지만 많은 의미를 담아 빙그레 웃으며 말했다. 때론 미소 한 방이 묘한 기분 나쁨을 줄 수도 있기에.

"그게 왜 궁금하신가요?"

학부모님도 당황했지만 교사로서 나도 참 당황스럽다. 민원이 폭발할 것 같은 기분이다.

칠판에 내 이름을 적는다.

미리 만들어 두었던 학습지로 자기소개를 할 수 있게 나누어 준다.

화장실 가고 싶은 아이, 필통을 안 가지고 온 아이, 휴대폰 벨소리가 울리는 아이, 글씨를 모른다는 아이, 작년에도 똑같은 거 했다는 아이, 아이들은 각양 각색으로 자신의 성격을 어필한다. 그래 들어올 때는 너희 발로 들어왔으나 나갈 때는 그럴 수 없으리라! 난 20년 차 경력자다.

마녀의 본성을 흔들어 깨우는 자 뜨거운 맛을 보게 되리라~! 하지만 그러다 원치 않는 명예퇴직을 당할 수 있다. 나는 친절함으로 학생을 대하는 교사여야 한다. 최대한 상냥하게 예쁘게 말한다.

"너 필통 안 가져올까 봐, 선생님이 이렇게 예쁘게 연필 깎아 놨어요."
"화장실 또 가고 싶은 사람은 없니?"
"전화기는 교실에 들어올 때 끄고 들어와야 하는 거예요."
"글씨를 아직 모르는 구나 선생님이 도와줄게."
"작년에도 똑같은 거 했구나."

"근데 올해 개똥이는 더 멋져졌는걸? 올해는 더 멋져진 개똥이의 모습을 소개받고 싶어요."

어르고 달래며 수업하고 멘탈이 나갈 때쯤.

종이에 매우 살짝 베인 손을 감싸고 와서 손가락 인대 접합 수술을 해야 할 것처럼 우는 아이, 지나가는 친구가 책상을 치고 지나가서 기분이 나쁜 아이, 뒷 친구가 발로 의자를 건드려서 지우개를 던진 아이 등의 민원을 들어준다.

업무 메신저는 쉴 새 없이 울리며 오늘 결석자가 있는지 빨리 보고하라고 한다. 여기에 3월 첫날. 교사에게 더 대박 사건은 전입생이다. 30명의 토커들이 토크 배틀을 하는 전쟁통에 교무실에서 전화가 온다. 전입생이 왔는데 선생님 반으로 보낸다고. 이미 미술, 사물함, 신발장, 책상 자리 이름표는 다 코팅해서 붙여 놨고 클리어 파일 작품 이름표, 수행평가 파일 이름표까지 다 마련해 놨는데 전학생이라니…. 더군다나 여자 12명에 남자 18명인 반에 남자 전학생이라니… 그래도 3월 첫날 전학생은 그나마 낫다.

중간 전출이나 전입생은 그쪽 학교의 성적을 받아야 하고 그 위에 내가 쓴 성적을 첨부하는데 요즘은 재량 휴업일의 차이로 학교마다 다른 출석 일수에서 오류가 난다. 수행평가 시기나 내용, 주제도 학교마다 달라서 전입생 통지표를 고치는 데 꽤 많은 시간을 쏟아야 한다. 또 전출생은 학기 말에 입력해도 되는 성적 입력과 출결 마감을 학기 중간에 해서 보내야 한다. 이 또한 만만치 않은 작업이다. 전입생도 왔고 아이들의 호구 조사도 어느 정도 끝나면 1인 1역할을 정한다.

1인 1역할표

	활동 내역		이름
1		1분단 교실 쓸기	이OO
2		2분단 교실 쓸기	안OO
3		3분단 교실 쓸기	박OO
4		1분단 대걸레로 닦기	김OO
5		2분단 대걸레로 닦기	안OO
6		3분단 대걸레로 닦기	이OO
7		교실 앞쪽 쓸기	박OO
8	청결이	교실 뒤쪽 쓸기	김OO
9		교실 앞쪽 대걸레로 닦기	임OO
10		교실 뒤쪽 대걸레로 닦기	우OO
11		복도 쓸기(2명)	허OO,박OO
12		복도 대걸레로 닦기	조OO,유OO
13		창틀 , 신발장, 사물함, 책장 위 닦기 (3명)	차OO,방OO,심OO
14		폐휴지, 쓰레기통 비우기 (2명)	김OO,고OO,안OO
15		특별구역 청소 (4명)	유OO,김OO 최OO,박OO
16		우유 가지고 오는 사람	정OO
17	지킴이		
18		우유 가져다 두는 사람	정OO
19		칠판 정리, 자석 정리	심OO
20	예술이	앞판 게시물 관리, 시간표 포함	김OO
21		미술 환경 관리(2명)	유OO, 권OO
22	학습이	공책이나 통신문 관리	김OO
23			

함께 이야기 나누어 보기

1. 1인 1역은 어떻게 정할까?

2. 얼마나 자주 1인 1역할을 바꿀까?

3. 제대로 1인 1역을 실행하지 못할 때는 어떻게 해야 할까?

아이들 대부분은 시간표를 바꾸는 일이나 칠판 정리를 하는 일을 원하고 미술 작품이 완성되면 뒷게시판에 작품을 게시하는 역할을 선호한다.

서로 하겠다고 지원자가 많을 때는 가장 공정하다는 가위, 바위, 보로 역할을 정하기도 한다.

그런데 이상하게도 남은 역할인 청소나 분리수거는 아무 일도 하기 싫어서 역할 정하기에 참여하지 않았던 아이들이 맡게 되는 경우가 많다. 그 아이들이 과연 성실하게 참여할까? 교사의 잔소리 게이지는 올라간다.

사실 작년 한 해는 아이들에게 청소를 시켜 본 적이 없다. 아이들이 돌아가면 늘 청소기를 돌리느라 허리 디스크가 터질 것 같았지만, 내가 부모 입장이 되어 내 아이들이 정해진 시간에 학원 버스를 타야 한다고 생각하면 빨리 보내줄 수밖에 없다.

휴직을 하면서 교문 앞에 선 부모들과 친분을 쌓아 봤는데 그들이 원하는 가장 좋은 교사는 제시간에 재빨리 끝내 주는 교사라는 걸 알았다. 교사의 양심으로는 수업이 끝나는 시간, 종이 치고 자리를 정리하고 집에 가는 것이 정석이나 마지막 교시 10분 전에 알림장을 쓰고 주변을 정리하고 종이 치는 것과 동시에 아이들을 하교시키는 것. 그것이 교사의 역할이라는 걸 알게 되었다고나 할까?

열정이 넘치는 선생님은 종종 10분씩 늦게 하교시켜 주시곤 하는데 그게 원래 맞는 것이니 나는 그러려니 한다. 하지만 맞벌이 부모는 아이가 학원 버스에 타야 하는데 아이의 휴대폰은 응답하지 않고 버스 기사님은 출발한다고 종용을 하시면 답답하실 것도 같다.

필자도 '라떼는 말이야'에 가까운 나이의 교사지만 시대가 바뀌었으니 이 부분은 교사들이 생각해 봐야 할 숙제라고 생각한다.

환장할 3월의 하루가 지났다. 이제 겨우 하루이다!

클래스팅이나 밴드에 알림장을 올리고 공무원의 잡(job)을 시작한다.

이제 내가 맡은 업무인 어머니 폴리스와 녹색 어머니를 뽑아야 한다. 보통 3월에 총회를 하니 그 전에 1년 계획을 만들어 결재 올리고 참여 신청서와 개인정보 활용 동의서도 만들어야 한다.

아이들은 두 시쯤 집에 갔지만 교사는 이제 두 번째 역할인 공무원으로서의 잡을 열심히 수행해야 한다. 잠시 이를 닦거나 믹스커피 한 잔으로 쉬는 시간 10분 정도를 빼면 동사무소나 행복센터에서 보는 공무원의 모습 그대로이다.

그러나 그들과 교사가 다른 건 3월 학교의 강추위다. 알고는 계실까? 대부분의 학교에서 아이들이 있는 시간에만 냉난방을 틀어 준다는 것을. 대부분은 중앙제어 시스템이라 교사는 3월 꽃샘추위에 그대로 노출되어 손발을 호호 불어 가며 작업을 한다. 그래서 usb 열선으로 발을 따뜻하게 해 준다는 실내화나 장갑을 구입하기도 하고 털방석과 무릎담요를 애용하기도 한다. 학교에 개인 전열 기구를 가지고 오면 불이 날 수 있어서 전열 기구는 절대 반입 금지다. 가끔 봄인데도 촌스럽게 롱패딩을 입고 있거나 아직 털 실내화를 벗지 못한 교사가 있으면 욕하지 마시고 안쓰러워 해 주시길 바란다. 교사도 다 사정이 있다.

3월의 꽃
임원 선거!

어영부영 며칠을 보내면 학급 임원을 선출해야 한다. 우리 아이도 4학년에 학급 부회장에 나갔는데 2순위로 탈락한 적이 있다. 부회장이 된 아이는 교사인 나의 눈에는 날라리 같아 보였는데 아이들에게는 상당히 매력적이었나 보다. 엄마인 나의 눈에는 내 아이가 더 야무지고 똑똑해 보이는데 떨어지다니 속상했다. 교사인 엄마도 그럴진데 일반인 엄마들은 '왜 우리 아이가 임원 선거에서 떨어졌는지', '왜 우리 아이가 다른 아이보다 표를 덜 받은 건지' 얼마나 궁금하실까?

필자가 어렸을 적엔 공부 잘하는 아이가 주로 임원 선거에 나왔다. 옷도 잘 입고 집도 좀 부자인 소위 치맛바람을 일으키는 어머니의 자녀들이 주로 나왔던 것 같다. 선거 후보자들은 굉장히 똑 부러지고 영리했던 것 같다.

요즘 임원 선거에는 정말 아무나 나온다. 난 이런 선거 문화가 민주주의를 제대로 배우는 것이라 생각한다. 누구나 선거권과 피선거권이 있는 것. 학력이나 부에 의해 평가받지 않는 것. 그렇다. 이상은 그렇다.

그런데 말이다. 정말 아무나 나온다. 남자 아이가 10명이라면 8명은 출사표를 던진다.

그래서 결국 회장, 부회장으로 당선되는 아이들은 4, 5표로 당선되기도 한다. 어느 학교에서는 과반수의 선택을 못 받으면 1, 2등 두 명을 대상으로 또 다시 투표를 할 수 있게 한다. 그래서 과반 이상의 득표를 받은 학생이 임원이 된다.

요즘처럼 소송이 남발하는 때에 교사의 한마디가 소송거리가 될 수 있으니 교사는 언행을 조심 또 조심하며 선거에 임한다. 입후보자들의 번호도 제비뽑기로 뽑아야 하고 출마 연설도 경청해서 들어야 한다. 누구를 편 드는 것 같은 발언은 절대로 해서는 안 된다.

아직도 생각하면 식은땀이 나는 일이 있다. 참고로 필자는 아나운서를 꿈꿀 만큼 말발이 좋은 편인 교사이다. 1표를 받고 떨어진 아이와 0표를 받고 떨어진 아이가 좌절하고 있었다. 난 진심으로 위로를 해 주고 싶었다. 아이들이 1표를 받은 아이에게 "네가 너 뽑았지?" 하며 놀리고 있는 상황.

"여러분 누구나 출사표를 던질 때는 자신이 임원으로서 잘할 수 있다고 믿고 열심히 하려고 출마하는 거예요. 자기 자신이 가장 우리 학급을 잘 이끌 수 있다고 생각하면 자기한테 표를 줄 수 있는 겁니다. 당당해도 됩니다."

생각해 보니 1표를 받은 아이의 1표가 그 아이가 스스로를 뽑은 게 아니라 다른 아이가 뽑아 준 표일 수도 있겠다는 걸 간과하고 한 발언이었다.

0표를 받은 아이가 울고 있었다. 나는 그 아이에게 "와! 소똥이는 스스로를 뽑지 않고 귀중한 한 표를 다른 사람을 위해 주었구나. 정말 용기 있고 멋진 행동이다. 앉아서 놀리는 너희들은 이 친구 같은 멋진 행동을 할 수 있었겠니? 다들 아마 자기 자신을 찍었을걸?"하며 그 0표 받은 친구를 위로했다.

생각해 보니 1표 받은 친구가 걸렸다. 아~ 패배의 상처는 성공의 밑거름이 될 수도 있는 법. 교사라고 너무 속단했다. 미안하다. 얘들아!

전교 임원 선출

5학년 전교 부회장, 6학년 전교 회장, 부회장을 뽑는 전교 임원 선출. 인간에게 언제부터 권력욕이 생기는지는 확실치 않지만 정말 열심히 선거 운동을 하는 아이들을 보면 인간은 정치적 동물이구나를 매번 느낀다.

손으로 직접 만든 포스터는 많이 사라져서 아쉽지만, 요즘은 아이들이 개성 있는 폰트와 문구로 만든 포스터가 저학년 아이들에게는 선망의 대상이고 고학년 아이들에게는 도전의 대상이다.

여기서 잠깐! 필자가 교직 생활을 하면서 가장 인상 깊었던 전교 임원 출마 연설을 이야기해 보겠다. 혹시나 자녀의 꿈을 응원해 주고 싶은 학부모가 계시다면 밑줄과 별 표시를 해 주시기 바란다.

이름으로 삼행시를 짓는다

김우주 : 김 – 김우주는

우 – 우리 학교의 여러분이 모두 학교의

주 – 주인이 되는 학교를 만들겠습니다.

박소빈 : 박 – 박수받는 회장이 되겠습니다!

소 – 소중한 회장이 되겠습니다!

빈 – 빈 교실이 아닌 웃음이 활짝 핀 교실을 만들겠습니다!

박준우 : 박 – 박사님보다 똑똑하게

준 – 준비하고 있습니다.

우 – 우리 반의 반장은 저~! 박준우입니다. 꼭 뽑아 주십시오.

자신의 기호를 활용해라

기호 1번은 넘버 원의 제스처를, 기호 2번은 빅토리의 브이를, 기호 3번은 삼겹살이나 3을 뒤집어 엉덩이 탐정 캐릭터 머리 모양을, 기호 4번은 사랑해나 사이다 같은 단어 연상을, 기호 5번은 손바닥을 활짝 펴고 인사한다. 실제로 필자의 조카는 기호가 2번이었는데 연설문도 승리의 V, 빅토리의 V를 강조하면서 선거 운동을 해서인지 전교 회장으로 당선되었다.

소품을 활용해라

요즘은 방송실에서 출마 연설을 하고 유권자인 아이들은 반에서 티브이로 시청한다. 학교 방송 시설이 많이 좋아졌다고는 하지만 실제 방송처럼은 아닐 수 있다. 그래서 임팩트 있는 모션과 소품을 준비해야 한다. 가장 괜찮은 소품 중 하나는 분무기와 눈 스프레이, 손선풍기이다.

"(분무기를 뿌리며) '비가 오나', (눈 스프레이를 뿌리며) '눈이 오나', (손 선 풍기를 켜며) '바람이 부나' 여러분을 위해 일하는 회장이 되겠습니다."

우산도 괜찮다. "(우산을 펴며) 뜨거운 햇살이나 비와 눈, 태풍이 와도 여러분을 막아 줄 든든한 우산이 되어드리겠습니다."

의사 가운을 입고 티브이 화면에 청진을 하며 연설을 한 아이도 있었다. "여러분의 아픈 마음을 치료해 주는 의사처럼 늘 여러분 곁에 있는 친구 가 되겠습니다" 하는 연설도 인상 깊었다.

복면가왕을 패러디해서 복면을 쓰고 온 아이가 복면을 벗으며 한 연 설도 매력 있었다. "복면 뒤에 숨어서 여러분의 어려움을 눈감는 회장이 아닌 당당하게 여러분의 이야기를 대변할 회장이 되겠습니다."

최대한 많은 선거인단을 모집해라

선거 출마 전 보통 30명 정도의 학생들에게 출마 동의를 받아야 한다. 한 반 30명의 동의를 다 받으면 좋겠지만 우리 반에 나 아닌 다른 친구 가 후보로 나올 수 있으니 나랑 같은 반이었던 친구 중에 혹은 내 동생 반의 아이들에게 나를 알리고 동의서를 받아야 한다!

리더십 있는 친구를 선거 운동원으로 포섭하라!

리더십은 있으나 전교 학생회장으로는 나오지 않은 친구가 있을 것이다.

그 친구를 삼고초려하여 선거 운동원으로 모셔라! 정치권에서 단일화하는 효과를 볼 수 있을 것이다.

어머니는 어떤 단체에 가입하시겠습니까

3월에 조직하는
학부모단체

필자는 대학 시절 수많은 미팅과 소개팅의 경험상, 사람을 3초면 스캔하는 초능력을 가졌다고 자부한다. 사실 아이들이 교실에 들어올 때 인사하는 모습이나 가방을 정리하는 모습만 보아도 그 아이가 어떤 아이인지 감이 탁 오는 경우가 많다.

사실 교사를 10년 정도 하면 만나는 학생이 한 반 30명을 치면 300명이요. 그중 전담 교사라도 한다면 10년 동안 만나는 학생은 약, 1000명 정도이다. 그 학생 뒤에는 학부모님도 있고 조부모님도 계시다. 교사 경력 10년 차면 어디 가서 돗자리 깔아도 관상가 뺨을 칠 정도는 될지 모르겠다. 경력 20년 차 정도 되면 척하면 '척', '아' 하면 '야' 하고, '어' 하면 '여' 할 정도는 된다는 말이다. 아이들을 만난 지 3주. 상담 신청을 해 주신 학부모님께 스케줄을 알려드리고 전화를 한다. 아무리 돗자리 펴도 될 교사지만 아이를 품고 10여 년 키운 부모님에 비하겠는가!

사실 교사인 나도 내 아이의 선생님께 격려받고 위로받고 싶은 엄마이다. 내 아이의 단점은 내가 제일 잘 아는데 또 한번 교사에게 상처를 후벼 파는 이야기는 듣고 싶지 않다. 부모는 자식을 키우며 겸손을 배운다. 아무리 잘난 사람도 자식을 키우며 인생의 쓴맛을 보는 것이겠지. 그렇지 않다면 뽑기 운이 좋은 사람이리라! 나는 우리 아이 담임 선생님께 '그동안 잘 키우셨다고, 이 정도 아이면 최고의 아이라고 얼마나 아이를 키우는 데 고생이 많으셨냐'고 위로받고 칭찬받고 싶다.

모든 아이는 꽃이다. 시기만 다를 뿐 언젠가는 모두 다 예쁜 꽃을 피우리라!

나는 나의 아이의 담임 교사에게 받고 싶은 위로를 우리 반 아이 엄마들에게 전한다. '어떻게 이런 멋진 아이를 키우셨냐고, 귀한 아이를 나에게 맡겨 주셔서 감사하다'고 말씀드리고 상담을 시작한다. 그러면 대부분의 부모는 울거나 믿음의 시선을 보내 주신다. 최근엔 코로나로 전화 상담이 주를 이루지만 대면 상담을 할 때면 어머님의 손도 잡아 드리고 함께 눈물도 흘린다.

3주 만에 파악한 아이에 대해 함부로 재단할 수는 없다. 3월의 상담은 학부모님들께 아이의 특성을 듣는 상담이다. 학부모님의 고민을 들어주는 상담이다. 아이의 장점을 이야기해 주고 1년의 교육을 함께할 동지로 한 팀을 이루기 위한 상담이 되어야 한다.

1학기 교육 과정 설명회(학부모 총회)

학교의 1년 살이를 브리핑하는 자리인 학부모 총회도 3월에 이루어진다. 교장, 교감의 인사말과 각 부서 부장 교사가 학부모님께 각 부의 1년 활동을 프레젠테이션하며 각 담임과 전담 교사를 소개한다. 학교의 연혁 같은 매년 반복되는 내용도 있지만 올해 혁신 학교가 되었다면 그 주제와 주제에 어울리는 활동을 소개하는 중요한 자리이다.

> 그러나⋯ 아마 아이가 고학년인 학부모님은 알 것이다. 총회가 끝난 뒤에 재빨리 학교에서 도망가야 한다는 사실을.

총회가 끝나면 학부모님은 각 반 교실로 이동하는데 실질적으로 교실로 이동하는 어머님들은 한 반 다섯 분 내외이다. 나머지 분들은 개인적으로 바쁜 일도 있으시겠지만 조금 눈치가 빠른 분들일 가능성이 크다. 교실로 오신 감사한 어머님들은 반 대표와 부대표, 총무가 되셔야 하고, 녹색 어머니와 어머니 폴리스 등의 역할을 맡으셔야 한다. 담임 교사의 애절한 눈빛을 외면하지 못하는 어머님께서 주로 반 대표를 맡아 주시지만, 요즘 어머님들은 마음먹고 반 대표를 하려고 학교에 오시는 분도 계시다. 인간은 정치적 동물이기에 자신의 의견을 적극적으로 어필하는 리더십이 있으신 분도 분명 존재하시기 때문이다. 이런 분들이 계시면 담임 교사는 '땡큐 소 머치'를 외친다.

각 반에서 대표와 부대표가 정해졌다면 (인원수 부족으로 총무는 생략한다.) 대표들은 또 학부모회를 맡은 선생님 반으로 모인다. 그곳에서 학년

대표를 뽑는다. 눈치 싸움에서 항복을 외친 어머님 몇 분은 녹색 어머니와 어머니 폴리스 회원이 되어 담당 교사의 반으로 가서 또 그곳에서 녹색 어머니 대표와 어머니 폴리스 대표를 뽑는다. 리그가 아닌 토너먼트식의 진행이다.

아~ 숨가쁘다.

능수능란한 경력 교사들이 학부모님들과 농담을 주고받으며 때로는 간절한 눈빛으로 때로는 카리스마로 학부모회 회원들을 모집하는 동안, 신규 교사들이나 눈치 빠른 어머님들이 모두 댁으로 돌아가시고 어머님 한두 분만 모인 반의 교사들은 진땀을 빼게 된다. 혹시라도 담임 교사를 도와주고 싶으시다면 부디 학부모 총회 뒤에 댁으로 가시지 말고 교실로 가 주시라 당부 부탁드린다.

3월에 조직하는 학교의 여러 학부모 단체
. . . .

학교에는 여러 학부모 단체가 있다. 학교 운영 위원회와 학부모회, 녹색 어머니회, 어머니 폴리스회, 책 읽는 어머니회 등 학교의 특성에 따라 조직되는데 그중 학교 운영 위원회는 필수 조직이다.

학부모회

위에서 언급한 총회 날 조직되는데 회장은 국회의원 선거처럼 출사표를 던지고 출마 연설을 한 후 학부모들의 비밀, 직접 선거에 의해 뽑힌다. 무투표 당선이 되는 경우도 있는데 학교 입장에서는 투표용지를 만들고 투표소를 설치하는 수고를 덜 수 있으니 편한 면도 있지만, 학교에 불만을 가진 민원인들이 팀이 되어 나오거나 몇 년째 팀으로 움직이며 학부모회를 독식하는 분들이 나오는 경우는 난감하기도 하다.

녹색 어머니회

아이들의 등·하교 시 교통 지도를 위해 만들어진 단체이다. 오전 등교 시간 30분 정도, 오후 하교 시간 30분 정도를 봉사해 주시는데 자율적으로 하실 분의 추천을 받으면 인원이 너무 적어서 반강제적으로 담임 선생님들께 한 반 최소 다섯 분 이상을 추천해 달라고 요청하기도 한다. 어떤 학교는 모든 학부모가 1년에 한 번은 꼭 봉사할 수 있도록 계획을 짜기도 하는데, 맞벌이 부모는 연차나 월차를 내거나 조부모의 손을 빌리거나 최종적으로 지역 맘카페에서 아르바이트를 구하기도 한다.

학교는 이런 폐단을 없애려고 다방면으로 노력하지만 솔직히 봉사 조직을 자율적으로 짜는 건 쉽진 않다. 그래서 요즘은 안전 담당 교사가 각 시도에 실버 봉사단을 요청해서 녹색 어머니 숫자를 줄이는 추세이다. 노인 일자리 창출에도 좋고 학교의 업무도 어느 정도 경감되면서 아이들의 안전을 보장할 수 있는 최고의 정책이라 생각한다.

JTBC에서 녹색 어머니회의 관계망을 그린 '그린마더스클럽'이라는 드라마가 방영될 예정이라고 한다. 교사로서 어떤 내용이 그려질지 기대가 된다.

어머니 폴리스

아이들 하교 시간에 1~2시간 동안 교내외를 순찰하는 봉사를 한다. 두

분이 짝이 되어 학교 밖 놀이터나 공원 후미진 골목을 순찰하는데, 봉사자들이 많으면 매일 할 수 있지만 도저히 봉사자를 모집할 수 없을 때는 주 1~3회 순찰다. 어머니 폴리스는 지역 경찰서와 연계되어 있고, 시나 도 단위 지역 폴리스 총회에서 회장, 부회장, 감사를 뽑아 활동하기도 한다.

교사 입장에서 가장 기피하는 업무 중 하나가 이런 조직의 담당 교사 업무를 맡는 것이다. 보통 이런 일은 기존 교사들이 기피하기 때문에 신규 교사나 전입 교사가 떠맡는 경우도 많다. 잘하든 못하든 학부모들을 계속 상대해야 하고 학부모들의 요구 사항이 정말 많기 때문이다. 필자가 업무를 맡았을 때 어머니 폴리스 캠페인 진행을 하는데 떡은 백설기와 견과류가 들어간 고급 떡, 커피와 음료, 떡을 담을 쇼핑백까지 담당 교사에게 요구를 하셨다. 실제적으로 학교 예산에서 목적 사업비라고 말하는 예산은 간식에 사용할 수 없어서 학부모회 예산에서 겨우 끌어와 사용한 적이 있는데, 신규나 저 경력 교사들은 어머님들의 요구에 끌려다닐 수 있어 조심해야 한다.

녹색 어머니와 어머니 폴리스 담당 교사의 한숨

학교에 자주 오시기 때문에 경광봉, 비 오는 날 우비, 추운 날 핫팩과 장갑, 전자 호루라기, 미세먼지 많은 날 마스크를 항시 비치해야 하고 봉사 활동 시간을 올려야 하기 때문에 활동 일지를 늘 준비해 놔야 한다. 담당 교사는 한 달에 한 번 관할 시 봉사활동 센터 홈페이지 속 많은 동명이인들 속에서 해당 학교 부모님들 이름을 찾아내 봉사 시간을 입력해야 한다. 누구 한 명의 봉사 시간도 누락되지 않도록 이중 체크를 한다.

노안이 빨리 올 것 같은 순간이다. 이것도 교사 입장에서는 업무이자 잡무이다. 일지에 전화번호를 적어 놓지 않거나 본인의 이름과 아이의 이름만 적어 놓는 경우도 있고 아무리 안내를 드려도 본인이 스스로 봉사활동 센터에 가입을 안 하시는 경우도 많다. 혹시 몇 달 후에 가입하셔서 교사는 역으로 일지에는 이름을 쓰셨지만 봉사활동 센터에 이름이 없는 경우를 표시해 두었다가 "제발 가입해 주세요"라는 문자를 보내야 한다. 3개월이 지나면 올려드릴 수 없기 때문이다. 만약을 대비해서 학교장과 담당 교사의 신용을 담보로 학교 봉사 시간은 여유 있게 6개월 정도 올릴 시간을 주기도 하지만, 6개월을 복기해서 봉사 시간을 올려드리는 일은 정말 잡무라고 할 수 있다.

책 읽는 어머니회

주 1회 저학년들의 아침 시간에 각 교실에 들어가 동화책을 읽어 주는 어머니들이다. 필자도 휴직하고 엄마의 역할에 충실할 때 1학년 아이 반에 책 읽는 어머니 봉사를 한 적이 있는데 내 아이의 수업 태도, 교우 관계 등을 한눈에 파악할 수 있어서 좋았다. 담임 선생님께서 참관하시는 경우도 있지만 선생님들은 주로 연구실에 계셔서 동화 구연하듯 신들린 연기를 아이들에게 보여 주기도 했다.

　난 교사 엄마니까 모두들 독서 기록장을 펴라 하고 칠판에 저자와 출판사, 페이지 수까지 적어 놓았다. 요즘 시도에서 운영하는 독서 마라톤 활동이나 학교에서 하는 독서장제에 한 권이라도 보탬이 되었으면 하는 마음에서였다. 책을 읽고 아이들이 궁금한 점에 대답을 해 주기도하고 간단히 내 생각을 이야기해 주기도 했다.

필자는 휴직 기간 동안 동네 엄마들과 '하브루타'라는 동아리를 만들어 활동했기에 질문 주제는 다양했고, 아이들의 질문에 굉장히 허용적인 학부모였다. 책 읽는 어머니들은 이외에도 사서 선생님을 도와 서고를 정리하기도 하고 독서 캠프나 독서 한마당 등의 행사에서 1일 교사로 활동하기도 한다. 기회가 된다면 꼭 한번 해 보시길 권하는 봉사 단체이다.

학교 운영 위원회

초중등 학교에 설치한 학부모, 지역 사회 인사, 교원으로 구성된 협의체 기구이다. 국공립 학교에는 반드시 설치해야 하고 사립학교는 자율적으로 결정하도록 하고 있다. 보통 지역 특성과 학교 규모에 의해 인원이 결정되는데 위원 정수는 7명에서 15명 사이가 된다. 학부모 50%, 교원 30%, 지역사회 인사 20% 정도로 대략 구성된다. 운영 위원회가 하는 일은 교과용 도서 및 교재 선정, 교복이나 체육복 선정, 교육 회계 예산 및 결산, 초빙 교장 추천 대상자의 선정, 졸업 앨범 업체 선정 등을 심의한다.

학교 운영 위원회에서도 위원장을 뽑고 급식소위원회, 예산결산위원회 등 작은 조직을 만들고 선출한다. 두어 달에 한 번 모임을 갖지만 긴급 사항 발생 시는 긴급 소집되기도 한다. 교사들이 사업을 추진할 때 보통 학교 운영 위원회 담당 교사가 위원들 가정에 미리 자료를 보낸다.

혹시 학교의 1년 살이가 궁금하시다면 당당히 도전해 보실 것을 추천드린다. 교장, 교감, 교원 위원들께 학교 소식도 듣고 친분도 쌓을 수 있으며 학교에서는 꼭 필요한 기구이기에 각종 단체의 학부모 위원들보다는 좀 더 중요한 역할을 한다고 볼 수 있다. 다만 학교 활동에 관심 있는 학부모들이 그다지 많지 않은 관계로 학부모 회장이 운영 위원도 하고 그의 지인들이 녹색 어머니나 어머니 폴리스의 대표를 맡는 경우도 많다.

운영 위원회는 3년 이상을 할 수 없기 때문에 세대 교체가 될 때를 노려 한번쯤은 운영 위원이 되는 걸 추천한다. 실제 필자의 남편이 운영 위원인데 코로나로 설치된 가림판이 뿌연 재질의 아크릴판이어서 조심스럽게 투명판으로 교체를 요구했고 감사하게도 관철이 되었다.

그러나 여기서 학부모님들이 오해하는 것은 "내가 학교에 이렇게 봉사를 하면 담임 선생님이 내 아이를 조금 더 예뻐해 주시겠지, 눈길을 한 번 더 주시겠지 하는" 마음이다. 죄송스럽게도 교사들은 누가 각 단체의 대표인지 잘 알지 못한다. 운영 위원회 또한 마찬가지다.

'아 저 아이의 부모님이 운영 위원이시구나' 인식은 할지 모르겠지만 그렇다고 어떤 특권을 줄 수 없는 노릇이고, 학급 활동과는 전혀 무관한 일들이라 봉사 자체에 감사하긴 하나 큰 감흥을 느끼지 않는 게 사실이다. 내 봉사를 담임 교사가 알아주지 않는다고 부디 섭섭해하지 말아 주시길⋯. 교사는 정말 매일 전쟁터에서 이명과 성대 결절과 싸우고 있다는 걸 가엾게 여겨 주시길 바란다.

교사가 가꾸고 교사가 만드는

교내
환경점검!

위에서 1년간 교실 환경을 위해 쓸 수 있는 돈은 학교마다 차이가 있겠지만 8만 원 남짓이라고 언급했었다. 사고 싶은 건 많지만 후에 사용할 학급 운영비로 사기로 하고 적당한 선에서 환경 물품을 구입하고 알뜰하게 환경을 정리한다. 국민의 혈세를 내어 줬으니 관리자는 점검을 해야 한다.

주간 학습 안내, 시간표, 식단표 등으로 꾸민 앞 게시판과 하루 종일 책상을 볼 어린이들을 위해 '꽃을 보듯 너를 본다' 등의 아름다운 문장의 타이틀, 아이들이 한 글자 한 글자 디자인한 어느 시인의 시구절로 꾸민 뒷게시판. 군대에 다녀온 적은 없지만 5열 종대로 각 맞춘 책상과 의자. 내일이면 굴러다닐 보드게임들과 학습 준비물들의 환상적인 배열 속에서 흐뭇함을 느낄 때쯤 교장, 교감, 교무, 환경 부장님의 교실 순시가 시작된다. 운전할 때 잘못한 건 없지만 조건 반사처럼 경찰차를 보면

학급 게시판

흠칫 놀라는 것처럼, 사실 뭐 지은 죄도 없는데 교장, 교감 앞에서 굽신 대는 날 발견하고 흠칫 놀라지만 자본주의 시대의 적당한 직장인으로 살아남는 걸 선택한다. 지적 사항은 겸허히 아주 공손히 수행하며 빗자 루와 쓰레받이를 들고 부진한 곳을 청소하기도 한다. 어떠한가? 아이들 이 집에 간 후 빈 교실에서 음악이나 틀어 놓고 커피 한잔의 여유를 느 끼며, 책을 읽거나 웹서핑을 할 것이라는 교직의 환상이 이쯤되면 좀 깨 지지 않는가? 그러나 이제 겨우 한 달, 3월 한 달이 지났음을 명심하라!

학교의 봄날 : 방학 얼마나 남았니?

매년 벚꽃 시즌과 함께 돌아오는 '벚꽃엔딩'의 가수 장범준은 노래 하나로 '벚꽃 연금'에 가입했고, 평생을 먹고 살 저작권을 소유하게 되었다. 봄날의 캐롤처럼 봄에 자주 들리는 이 노래의 저작권료로 한 해를 살아간다고 농담처럼 말하는 것을 들은 적도 있다. 한번 만든 노래가 재생될 때마다 쌓이는 저작권. 그래 좋겠다. 봄날 벚꽃 아래서 사랑을 속삭이고 노래로 수익을 창출할 수 있으니⋯. 5월까지 롱패딩을 입고 털신을 신어야 하는 교사는 질투가 폭발할 지경이다. 교사에게는 매해가 새로운 봄이다.

학교 텃밭

사진의 햇살로 가득한 텅 빈 밭이 보이는가? 교사의 봄날 미션 중 하나는 '학교 텃밭 가꾸기'이다. 학교마다 사정이 다르겠지만 필자는 작년 봄 저 햇살 가득한 텃밭에 전 교직원이 동원되어 돌을 고르는 걸 보았고 직접 참여했다. 학교의 작은 땅 한 평도 아이들의 교육 공간이니 봄날의 낭만을 이야기하기 전에 일단 '심어야 하고 자라나야' 한다.

텃밭엔 각 계절이 피고 진다. 이곳은 1, 2학년 통합 교과 『봄』, 『여름』, 『가을』, 『겨울』 시간에 아이들의 학습장으로 야무지게 사용된다. 아이들이 하교하고 난 뒤 교사는 컴퓨터나 칠판 앞이 아닌 손에 목장갑을 낀 채 텃밭에서 일을 할 수도 있다. 물론 대부분의 일은 교장 선생님과 주무관님(예전에는 기사님이라고도 했다.)이 하시지만 교사도 한몫은 보탠다.

또, 학교의 봄날에는 눈부시게 아름다운 아이들과 눈부시게 다양한 행사를 진행해야 한다. 봄바람 불면 울렁이는 기분 탓인지 빈속에 먹은 믹스 커피 때문인지 봄날의 '과학 행사', '학부모 공개 수업', '장애 이해 교육', '어린이날 행사', '체험학습' 때문인지는 모르겠지만 바람 불면 저편에서 사랑하는 님의 모습이 아닌 묵직한 업무가 자꾸 겹쳐 보인다.

십여 년 전에는 습자지로 글라이더의 날개를 만들고 고무줄을 단단히 감아 고무 동력기를 만들고 페트병으로 발 로켓을 만드는 과학 행사를 했다. 원피스를 입고 출근한 필자는 글라이더 날리기 시범을 보여 달라는 아이의 부탁에 원피스에 어울리지도 않는 운동화를 신고 열심히 달렸다. 라떼는 그랬다는 이야기다. 과학 상자 만들기가 유행했던 시기도 있었고, 포스터까지 제작하여 연구 발표를 하는 대회를 열어 장관상을 목표로 1년 동안 실험 연구를 하던 시기도 있었다. 요즘 과학의 날 행사는 비교적 간단하게 진행되지만 향초를 만들거나, 착시 팽이를 만들거나, 코딩과 관련 행사를 하는 등 교사의 기획력과 진행력이 요구되는 행사는 여전히 진행 중이다. 이럴 줄 알았으면 기획사에 취직하거나 엔터테인먼트 회사에 취직할 걸 그랬다.

필자가 간직하고 있는 굴욕 사진 중에 친구의 결혼식에서 얼굴이 홍당무처럼 상기되어 '미스 홍당무'로 찍힌 사진이 있다. 친구 결혼식에 참석하려고 온갖 치장을 하고 출근한 그날 '봄 산행' 행사로 '나는 자연인이다'의 모습으로 퇴근했다. 아이들을 데리고 학교 근처 산 정상을 찍고 내려오느라 땀을 비오듯 흘려 예쁘게 단장했던 머리가 엉망이 되었던 봄날이었다. 국토의 70%를 차지하는 산은 어찌 그렇게 학교 근처에 있는지, 아니 어쩜 그 많은 학교가 산 근처에 자리를 잡았는지 아이들을 데리고 등산을 해야 하는 봄날의 행사는 교사를 전문 산악인 모드로 변화시키기도 한다. 거의 모든 학교의 교가에 '00산 정기를 받아', '00산 기슭에'의 가사가 있으니 말 다했지 않은가? 교사의 봄날은 텃밭의 식물과도 교감하고 산악인 엄홍길 대장을 코스프레하면서 흘러간다.

근데 이쯤 되면 궁금하다. 여름 방학은 얼마나 남았을까? 이제 겨우 두어 달을 지낸 학교에서 방학을 기다리는 건 미안하나 방학이 없다면 교사는 과로사 할 것이 틀림없다. 이 고학력의 스펙을 지닌 전문가 집단을 이리 써 먹다니. 교직의 실체가 공개된다면 임용 고사의 경쟁률은 마이너스를 보일지도 모르겠다. 필자의 지인 중에 대기업에서 근무하다 다시 교대에 들어가 임용을 본 선생님이 있다. 그분의 이야기가 일반적이라고 할 수는 없지만 그분이 말씀하시길 교사는 지저분하고(Dirty), 어렵고(Difficult), 위험한(Dangerous) 일을 뜻하는 3D 직업의 종사자와 맞먹는 강도의 육체 노동을 하고 있는 것 같다고 했다. 대기업은 일찍 출근하고 늦게 퇴근하지만 업무 집약도는 교사의 그것이 더욱 강한 것 같다고도 했다. 밖에서 보는 것과 그 실체는 어떤 일이든 다를 것이다. 그러나 교사가 아이들이 토한 토사물을 치우고, 배변 실수의 뒤처리를 하며 밀대로 교실을 밀고 손걸레를 빤다고 누가 상상하겠는가? 하루 기본 4시간 이상을 서서 말하여 성대 결절을 달고 살며 수십 통의 전화와 메시지에 응대하다 공황장애나 심리치료를 받아야 할 상황에 놓이기도 하며, 쏟아지는 공문에 벚꽃 핀 교정을 한번 바라볼 시간도 없다는 것을 누가 상상하겠냐는 말이다.

운동회에 어떤 작품을 올려야 할지 무용 안무를 짜거나 수백 명이 움직여야 하는 필드게임과 공연의 동선이 겹치지 않게 시간 배분을 한다. 사회를 보기 위해 대본을 짜고, 전 교사가 동원되어 그 넓은 운동장에 만국기를 설치하고 운동장 바닥에 못질을 하고 라인을 박는다. '봄볕에 며느리 내보내고 가을볕에 딸 내보낸다'는 속담을 아는가? 봄볕 아래에서 운동장의 돌을 고르고 라인기로 필드경기장 표시를 만들 때면 '나는 누구이고 여기는 어디인가? 나는 누구네 집 며느리인가'를 묻게 된다. 어린이날 행사와 관련된 운동회나 체육대회는 외주 업체가 아닌 교사들이 직접 한다는 걸 알아주길 바란다.

그래서 여름 방학은 얼마나 남은 거냐고? 50일 즈음? 헉~실화냐고 묻고 싶다.

이제 슬슬 수행평가를 마무리해야 한다. 과목별로 3~4개의 시험을 치르고 채점한 후 나이스 프로그램에 올린다.

나태는 자유로움으로 고자질은 귀 기울임으로

전국 교사
백일장 대회

어찌어찌 학교의 뜨거웠던 봄날은 교사의 인내와 푸념 속에 흘러갔다.

영화 '봄날은 간다'에 이런 대사가 있다.

"어떻게 사랑이 변하니?" 사랑이 변하는 게 아니라 사람이 변하는 거다. 사람은 변한다. 어른도 시시때때로 변하는데 한창 성장하는 아이들은 어떨까? 아이들은 다채로운 색으로 오늘도 변하고 있다.

1학기를 정리하면서 교사는 아이들을 평가해야 한다. 이 시기가 전국 교사 백일장 시즌이다. 전국 교사들은 아이들의 변화를 긍정적으로 기술하기 위해 과도하게 두뇌를 사용한다. 이러다 뇌 손상을 입지는 않을지 걱정하면서….

"천진하고 명랑하나 주관이 없고 나태하며 인내력이 크게 모자라고 남의 잘못을 잘 이야기함."

어느 유명 개그맨의 성적표 속 문구이다. 아! 정말 학부모의 뼈를 때리게 하는 솔직함이다. 요즘 이렇게 행동 발달(이후 행발) 및 특기 사항을 적었다가는 인권침해 교사로 고소장을 받거나 자라나는 새싹의 꿈을 꺾었다며 맘카페에서 가루가 되게 까일 것이다.

자 그럼 통찰력 있는 학부모만 마음의 눈으로 볼 수 있는 돌려 말하기 글짓기를 해 보자.

"천진하고 명랑하나 주관이 없고" →

"늘 긍정적이고 밝은 표정으로 수업에 임하며 다양한 의견에 귀를 기울임."

"나태하며 인내력이 크게 모자라고" →

"자신만의 방법으로 주어진 시간을 활용하며."

"남의 잘못을 잘 이야기함" →

"친구들의 행동에 관심이 많고 옳고 그름을 스스로의 잣대로 판단함."

「늘 긍정적이고 밝은 표정으로 수업에 임하며 다양한 의견에 귀를 기울임. 자신만의 방법으로 주어진 시간을 활용하며 친구들의 행동에 관심이 많고 옳고 그름을 스스로의 잣대로 판단함. 조금 더 인내심을 가지고 성실히 학교생활에 임한다면 발전이 기대됨.」

어떤가? 저 행발 문구 속 교사의 의도를 알겠는가?

내 아이 성적표에 '매우', '뛰어남' 등의 문구가 없다면 우리 아이의 성적은 최상은 아니고 중위권 정도라고 생각하면 되고, '~한다면 발전이 기대됨. ~가 필요함' 등으로 문장이 종결된다면 아이의 행동 교정이 필요하다고 생각하면 된다.

"유아 발음이 심하고 글씨 쓰기가 매우 부족하며 수업량을 다 끝내지 못함."

유명 프로게이머의 행발 문구이다. 행발 문구만 보면 발음도 안 좋고 글씨도 잘 못 쓰며 심지어 공부도 못하는 아이로 판단된다. 그러나 아이는 유명한 프로게이머가 되어 제 밥벌이를 열심히 하고 있다. 저런 내용의 성적표를 받았다고 아이 인생이 잘못되었는가? 성적표를 받은 부모는 아이의 발음 교정에 힘을 쓰거나 글씨 쓰기 연습을 열심히 시켰을 수도 있다.

그래서 지금의 그가 사람 구실을 하고 살고 있는 지도 모르겠다. 하지만 말이다. 요즘 이렇게 썼다가는 위에서 말한 대로 고소각이다. 그럼 다시 한번 교사의 자존심을 건 문장 구성 능력을 발휘해 보자.

"유아 발음이 심하고" →
"밝고 긍정적이며 애교 섞인 목소리로 발표함."

"글씨 쓰기가 매우 부족하며" →
"고사리손으로 글씨를 열심히 쓰려고 노력함."

"수업량을 다 끝내지 못함." →

"최선을 다해 공부하려고 노력중임."

「밝고 긍정적이며 애교 섞인 목소리로 발표함. 고사리손으로 글씨를 열심히 쓰려고 노력함. 최선을 다해 공부하려고 노력 중임. 글씨 쓰기와 한글 공부, 교과 공부에 좀 더 노력을 기울인다면 발전이 기대됨.」

개그계의 대부라고 불리는 한 개그맨의 생활통지표를 보자.

"용모 단정하나 말이 많고 비협조적임."

얼굴은 준수하나 수다쟁이에 담임의 지시 사항에 비협조적인 사춘기 즈음 아이의 성적표라는 걸 알 수 있다.

어떻게 바꿀 수 있을까?

「용모가 단정하여 눈에 띄는 학생임. 즐거운 이야기로 주변 친구와 학급에 활력을 불어넣음. 자신의 주관이 강하고 타협하는데 어려움을 느낌. 말수를 줄이고 학교생활에 긍정적으로 임한다면 발전이 기대됨.」

이쯤 되면 학기 말이 전국 교사 백일장 대회라는 서두의 말이 좀 이해가 되는가? 그런데 학부모들이 잘 모르는 사실이 있다.

학부모들이여 1학기의 솔직한 행발 내용에 너무 흥분하지 않기를 바란다. 어차피 1학기 내용은 2학기 내용에 덮어쓰기가 되어 나이스 전산에는 남지 않으니 말이다. 아이의 학교생활을 정확히 알고 싶다면 따끔한 교사의 지적을 쿨하게 받아들이자.

위에서 언급한 유명인들의 에피소드를 반면교사 삼아 보면 어떨까? 그들의 성공은 결코 한순간에 이루어지지 않았을 것이다. 옥석을 만들기 위한 무명 교사들의 헌신과 노력이 분명 그들을 키워 냈을 거라 믿는다.

"사랑이 어떻게 변하니?"

교사의 사랑은 변하지 않는다. 다만 사람이 변해 갈 뿐이다.

교사의방학

"선생님은 참 좋겠어. 방학 때 놀고 월급도 나오잖아?"

"나도 선생이나 할 걸 그랬어."

'선생이나? 그래. 그대들이 원한다면 그 쉬운 선생이나 한번 해 보시죠'라는 말이 목구멍까지 차오르지만 참는다. 어느 시점부터인가 방학을 보는 외부의 시선이 날카롭다. 교사의 방학을 '무노동 유임금'으로 생각하는 비아냥 섞인 질문을 수차례 받아서일까? '방학에 교사들이 논다?' 그래서 화가 난다.

직업 선택의 자유가 있는 나라에서 교사는 '방학'이 있다는 걸 모르고 다른 직업을 선택한 사람이 있을까? 왜 교사의 방학이 비난과 질시의 대상이 되었는지는 모르겠지만, 어떤 전문직이 돈을 많이 번다고 어떤 직업이 출퇴근이 자유롭다고 우리는 그들을 비난하지는 않는다. 그냥 교사의 방학은 직업의 특수성이다.

일단 팩트를 체크해 보자.

교사는 방학에 노는가?

Nope! 단연코 아니다. 교사는 방학에 놀지 않는다. 물론 시간적 여유가 학기 중보다 많은 건 사실이다. 프리랜서 작가가 시간을 자유롭게 쓴다고 놀고 있다고 생각하는 사람은 없을 것이다. 교사도 그렇다.

학교마다 다르겠지만 교사가 들어야 하는 필수 연간 연수 이수 시간이 있다. 교사는 공부하고 공부한 걸 가르치는 직업이다. 교과뿐 아니라 안전이나 성, 인권 등 수많은 연수를 방학에 집중해서 듣는다. 가장 중요한 교과 연구도 한다. 다음 학기에 아이들을 가르치려면 교과서를 보고 프레젠테이션 자료도 만들고 교구도 제작한다. 방학 중 근무도 서야 한다. 개학 전 일주일은 매일 출근하면서 새 학기 준비를 한다.

그리고 방학이라고 담임 교사는 아이들을 보호해야 할 책임에서 벗어날 수 있는 건 아니다. 방학 중 사건 사고가 발생하면 그 책임을 교사에게 묻기 때문이다. 예를 들어 여름 방학 중 물놀이 사고가 발생하면 교사가 평상시에 물놀이 안전 교육을 했는지, 방학 생활을 안내하면서 안전에 대한 교육을 어떻게 했는지 그것이 중요하다. 미흡했다면 교사는 징계를 받을 수도 있다. 방학 중 놀이터나 학원에서 일어난 학교 폭력 사건도 교사가 해결해야 한다. 민원 전화도 자주 발생하여 주말도 반납해야 하는 경우도 있다.

방학은 '무노동 유임금'이다?

No! 아니다. 교사는 일반 직장인과 다르게 보장된 연가를 본인의 필요에 의해 쓰기가 어렵다. 교사에게는 반 아이들이 있기 때문이다. 학교에는 만약의 경우를 위해 '보결'이라는 제도가 있긴 하다. 보결은 담임 선생님의 갑작스러운 건강상 문제나 경조사로 연가나 병가를 써야 할 때 공강인 다른 선생님이 수업을 대신 들어가는 경우를 말한다. 하지만 자신이 여행을 가거나 개인적인 편의를 위해 다른 교사에게 자기 반을 맡기는 경우는 없다. 방학 중 선생님이 자신의 SNS 프로필에 여행 사진을 올렸다며 아이들에게 위화감을 조성한다느니 방학에 왜 놀러 다니냐느니 하는 학부모의 푸념을 들은 적이 있다. 근로기준법에 명시되어 있는 '연가'를 교사가 학기 중에 써서 여행을 간다고 생각해 보자. 실제로 그런 교사도 없고 그런 사유로 '연가' 결재를 올리면 백발백중 관리자 선에서 커트된다. 그래서 교사는 방학 기간 가장 성수기에 여행을 갈 수밖에 없다. 교사는 성직자가 아니다. 높은 도덕적 잣대로 교사를 성직자의 반열에 올려 주는 건 감사하지만 정중히 사양하겠다. 교사도 힐링을 위해 여행도 가고 쉬는 시간을 가질 수도 있다.

교사는 법적으로 보장된 연가를 사용하지 않고 '41조 연수'라는 항목으로 방학 근무를 대신한다. 20년 차 필자는 연가 일수가 21일 정도되는데 만약 교사들이 연가를 쓰지 않고 연가보상비를 청구한다면 그 금액이 꽤 클 것이라고들 한다. 교사는 방학에 연수를 듣고 교재 연구를 하기에 연가가 아닌 연수를 쓰고 방학을 보내는 것이다.

외국 교사들은 방학에 월급을 받지 않는다? Yes! 맞다.

외국 교사들은 방학에 월급을 받지 않는다. 주요 선진국의 교사는 연봉을 받기 때문에 연봉을 10개월에 나눠 받는다. 대신 일을 하지 않는 방학에 다른 일을 할 수 있다. 실제로 외국 교사는 방학에 학원 강사를 하거나 고액 과외를 하기도 한다. 우리나라 교사는 연봉을 12개월에 나눠 받는 것뿐이다. 대신 겸업은 철저하게 금지되어 있다. 우리나라 교사들에게 방학에 월급을 주지 않고 투잡을 허용한다면 과외 시장에 지각 변동이 일어날 것이다. 그러니 외국과 비교하는 건 조삼모사다.

방학에 아이들과 교사의 쉼을 인정해 주자. 교사가 여행을 다녀오면 그것 자체가 학습 자료가 될 수 있다. 풍부한 교사의 경험은 교실에서 풍부한 예시로 아이들에게 전달될 것이다.

필자는 '세계 여러 나라'의 단원이 나오면 그동안 다녀온 여행지에서 찍은 사진을 아이들에게 공유하면서 각 나라의 생동감 있는 현재를 전하려고 노력한다. 텍스트에만 존재하는 나라를 좀 더 입체적으로 아이들에게 전달하는 방법으로 교사의 경험담만큼 좋은 재료도 없을 것이다.

가령 '캐나다'를 공부한다고 하면 로키산맥의 아이스 필드 빙하 사진이나 빅토리아섬에서 찍은 미국 시애틀 사진, 침엽수림에서 만난 곰 사진을 보여 준다. 그러면 아이들은 캐나다는 미국 북쪽 북아메리카에 속한 나라이고, 멕시코에서 캐나다까지 이어진 로키산맥엔 빙하가 아직 녹지 않고 있다는 걸 알게 된다. 외우지 않아도 사진과 교사의 이야기만 들어도 자연스럽게 기억될 것이다. 침엽수림이 가득한 산은 캐나다가 북극과 가까운 북반구에 위치한다는 것도 보여 준다.

거기에 교사의 소소한 경험이 아이들에게는 간접 체험이 되고 그 나라를 이해하는 데 도움을 준다. '캐나다에서 버스를 타 봤는데 내리고 싶을 때 벨을 누르는 대신 줄을 잡아당긴다. 선생님이 버스를 타려고 기다리다가 알래스카 원주민을 만났다. 캐나다 국기에 있는 빨간 단풍나무는 캐나다의 상징인데 여러분이 알고 있는 메이플시럽은 단풍나무 수액으로 만든다. 캐나다의 기념품 상점에 가면 메이플시럽을 많이 판다. 빨강 머리 앤을 지은 작가 몽고메리도 캐나다 사람인데 캐나다 남부

에는 빨강 머리 앤이 살던 초록 지붕 집이 진짜 있다.'

아시아에 대해서 가르친다면 열대 지방에서 갑자기 세차게 내리는 소나기인 '스콜'에 옷이 홀딱 젖었던 경험, 태국의 사원에서 짧은 반바지를 입을 수 없어 긴 천으로 다리를 가리고 예의를 갖췄던 경험, 필리핀의 치안 사정으로 조금은 두려웠던 산책, 공공장소에서 껌을 씹는 걸 금지하는 싱가포르의 법으로 마트에서도 껌을 살 수 없었다는 이야기 등으로 흥미를 유발할 것이다.

어떤가! 내 아이의 교사가 여행 한번 안 다녀 본 것보다는 좀 더 풍부한 경험으로 풍부한 실제 지식을 갖춘 사람이라면 더 좋지 않겠는가? 교사의 방학을 조금 여유 있는 시선으로 바라봐 주길 바란다.

뽑자! 정하자!
힘겨운 결정의 순간

'개학이 제일 두려운 자! 그가 범인이다.'

자유 내용의 영화가 스크린에 걸리면 뜨끔할 사람은 아마도 전국의 50만 교원이 아닐까? 물론 이건 필자 기준의 생각이다.

그럼 개학이 제일 반가운 자는 누구인가?

그건 전 세계 공통. 나를 포함한 학부모가 아닐까?

방학 동안 아이들을 돌보느라 고생한 양육자 동지들이여 고생이 많았다. 이제 다시 2학기가 시작되었으니 그대들이여, 커피 한잔의 여유를 즐기라! 라떼의 초등학교 시절 방학 수행 미션의 가장 큰 비중에 '탐구생활'이 있었다.

국민학교를 나온 분은 모르는 척 하지 말고 기억을 되살려 보라! 탐구생활에는 곤충 채집 방법부터 연 만들기, 문제적 남자에나 나올 법한 성냥개비 옮기기 수학 문제까지 다양한 활동과 문제가 있었다. 해가 지도록

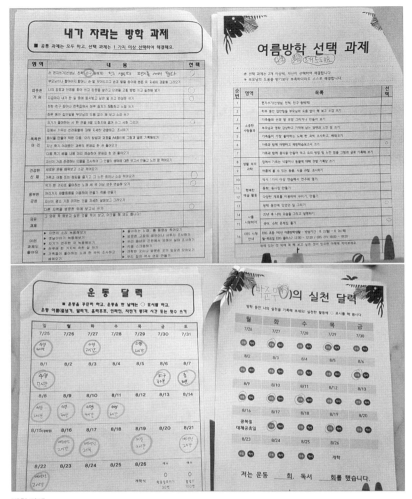

방학 과제

뛰놀며 보냈던 우리 방학의 말로를 꽤나 힘들게 만들었던 것 같다. 또, 밀린 일기를 쓰느라 지난 날씨를 회상해야 했던 방학 전날의 기억이 아직도 생생하다.

하지만 요즘 방학 과제는 다르다. 크게 달라진 점은 방학 과제를 아이 스스로 선택할 수 있다는 것이다. 물론 독서나 운동 같은 필수 과제도 있지만 편지 쓰기를 하든 그림을 그리든 기행문을 쓰든 아이들의 선택권을 존중한다. 어려운 문제 대신 운동과 독서처럼 아이의 생활에 '습관화'되어 전인적 성장에 도움을 줄 만한 것은 간단히 기록할 수 있게 한다.

그럼 방학이 끝나고 교실에 돌아온 아이들은 이렇게 자율성을 부여한 과제를 다 해 왔을까? 예상했겠지만 결코 그렇지 않다. 실제로 방학 과제를 성실하게 해 온 아이는 반에서 10명도 채 되지 않을 것이다. 그렇다고 과제물의 수행 여부에 대해 담임 교사가 혼을 내거나 끝까지 과제를 수행해 올 것을 주문하지도 않는다. 그렇더라도 아이들의 바른 '습관'을 위해 부디 운동과 독서, 그리기나 일기 쓰기 정도의 과제는 수행해 볼 수 있도록 독려해 보자.

방학 과제까지 검사했으니 이제 새로운 2학기의 시작이다. 2학기 임원을 선출한다. 물론 학교마다 규정에 의해 1학기 임원이 1년간 임원을 하는 경우도 있으니 관심 있는 분은 학년 초에 자녀 학교의 규정을 알아볼 것을 권한다.

2학기 임원 선거는 자신을 잘 모르는 친구들에게 자신을 어필해야 하는 1학기의 선거와는 다르다. 이미 한 학기를 함께 보낸 친구들은 누가 모범적인 아이인지 누가 성실한 아이인지 잘 알고 있다. 2학기의 임원으로 당선됐다면 내 아이는 비교적 학교생활을 잘하고 있는 것이라 안심해도 좋을 것이다.

보통의 학교에서는 3학년부터 학생들에게 전교 임원 선거의 선거권을 부여한다. 또, 5학년에 부회장을, 6학년에 회장과 부회장의 피선거권을 부여한다. 내 아이가 전교 임원 후보 중 누구를 뽑을지 어떤 아이들이 선거에 어떤 공약을 가지고 나왔는지 아이와 함께 이야기해 보면서 민주주의에 대해서도 공부하고 몇 년 후 아이의 미래도 설계해 보자.

2학기의 가장 큰 행사 중 하나! 운동회가 있다.

봄 운동회가 소 체육대회라면 가을 운동회는 학교 행사의 꽃이다. 학교에 따라 한 해는 운동회, 한 해는 학예회를 번갈아 운영하는 곳도 있겠지만 말이다. 지금은 코로나로 쉬고 있지만 코로나가 종식되는 시대가 되어 가을바람에 만국기가 휘날리고 아이들의 웃음소리로 가득 찬 운동장을 상상해 본다.

그러나 필자는 운동회 때마다 생각한다. 나는 과연 몇 살까지 교사를 할 수 있을까? 땡볕의 운동장에서 호루라기를 불고 줄을 세우며 진행 시간에 맞춰 행사를 준비하고 율동 시범을 보이는 일은 정말 만만한 일이 아니기 때문이다. 그렇다고 아이들처럼 물통을 들고 다닐 수도 없고 사막 한가운데에서 간절히 오아시스를 찾는 이의 갈증으로 상상만 해도 목이 탄다.

이렇게 열심히 일한 나를 알아주는 이 있을까? 사람에 대한 평가는 상대적이다. 매해 가르친 제자 중 나를 찾고 기억해 주는 아이가 있고 나를 다시는 보고 싶지 않은 아이도 있을 것이다. 어떤 아이는 학년이 바뀌어도 스승의 날 나를 생각하고 어떤 아이는 담임이었던 내 이름조

차도 가물가물한 기억일 것이다. 학부모는 말해 뭐하겠는가? 학부모와 연락할 일이 있을 때의 교사 목소리, 연락한 사유, 그날 그녀 혹은 그의 감정 상태, 아이가 말한 담임의 특성, 업무 처리의 만족도 등으로 나를 단정 지을 것이다.

11월에는 보통 교원 평가가 있다.

한 해 동안 내가 얼마나 좋은 교사였는지를 되돌아볼 수 있는 기회가 되면 좋겠지만, 사실 내가 얼마나 나쁜 교사였는지 자괴감에 빠지는 기회가 되기도 한다. 나는 분명히 열심히 했지만 '보통'의 교사가 될 수도 있다. 교육 활동에 대한 평가를 '매우 그렇다', '그렇다', '보통이다', '그렇지 않다', '매우 그렇지 않다'의 다섯 개 항목으로 묻는다. 우리의 정서상 '보통'은 쏘쏘, 그럭저럭 정도로 인식되어 '보통'에 표시하는 경우가 많은데 수, 우, 미, 양, 가라고 생각하면 '보통'은 '미'에 해당된다. 담임의 교육 활동에 불만이 없다면 '보통' 이상의 항목에 체크해 주시길 바란다.

필자가 영어 전담을 맡아 원어민 교사와 코티칭을 진행한 적이 있다. 원어민 교사는 영문학 전공이 아니었다. 영어는 잘 못하지만 문법에 강한 필자가 여러 차례 영문법을 지적해 주고 의외로 원어민이 자주 틀리는 영어 스펠링을 교정해 준 적도 많았다. 알파벳을 읽을 때 혀의 위치에 대한 설명을 할 때는 전공자가 아닌 원어민을 대신해 필자가 열심히 설명했다. 문화 차이로 원어민 교사가 과한 농담을 할 때, 예를 들어 수업 전에 원어민이 "너희들 나랑 내기해서 내가 이기면 1달러씩 가져와"

라고 진지하게 얘기해서 필자와 아이들이 모두 놀란 적이 있었다. 우리나라에서 교사와 학생 사이에 농담으로라도 돈이 오고 가는 내기를 제안했다가는 민원감이 될 수 있다.

그러나 미국식 조크였다. 순수한 아이들은 남자 원어민 교사의 어깨에 매달리기도 하고 그의 몸을 터치하기도 했다. 미국 문화에서는 굉장히 실례되는 행동이다. 아이들을 지도해야 했다. 또, 원어민이 하는 말을 못 알아듣는 아이들에게 쉬운 말로 설명했고 적극적으로 활동에 참여시켰다. 엄연히 코티칭의 메인은 교사인 필자였다. 학부모 공개 수업을 위해 필자는 프리젠테이션 자료를 만들었고 수업 지도안을 짰다. 결재도 맡았고 교구도 직접 준비하여 세팅하였다. 그러나 교원 평가지에는 "I don't know what the role of a Korean teacher is in this class(이 수업에서 한국인 교사의 역할이 무엇인지 모르겠다)"라고 적혀 있었다. 정말 씁쓸했다.

학부모뿐 아니라 고학년 아이들에게도 교사 평가의 기회가 주어진다. 행위 자체만 보면 꽤 민주적이다. 그러나 엄마처럼 챙기고 잔소리하는 것을 싫어하는 사춘기의 아이들도 제법 있다. 어떤 교사는 날씨가 좋으면 교과목과 상관없이 아이들을 운동장으로 데리고 나가 축구와 피구를 했고 자유롭게 놀게 했다. 어떤 교사는 쉬는 시간에 스마트폰으로 게임을 하게 했다. 어떤 교사는 교실에서 아이들과 삼겹살 파티를 했다. 필자는 그 냄새를 맡으며 열심히 수업했다. 과연 누구의 평가 점수가 더 높게 나올까? 철이 든 아이들은 물론 이심전심의 마음을 알겠지만 이럴 때 '할말하않(할 말은 많지만 하지 않겠다.)'이라는 표현이 어울리겠다.

인사도 없이 가는 거니?

뜨거운 안녕

'거꾸로 매달아 놔도 국방부 시계는 돌아 간다'는 말이 있다. 힘겨운 군복무의 현실을 벗어나 제대할 날을 손꼽아 기다리는 군인들의 위로와 염원이 담긴 말일 것이다.

학교의 시계야말로 거꾸로 매달아 놔도 쏜살같이 흘러간다. 2학기에는 추석, 설 명절까지 있으니 체감적으로 4개월이면 한 학기가 끝나는 것 같다. 정 들만 하면 이별이라더니 아이들과 제대로 정이 들었는데 이제 뜨거운 안녕을 이야기 할 때가 되었다.

사람의 감정이라는 게 나이가 들수록 회복되지 않는 피부의 탄력성처럼 노화가 진행되는지 어른인 교사는 이별이 힘들고 어린아이들은 쿨하다. 오로지 헤어지는 감정적으로는 그렇다는 얘기다.

필자가 6학년을 맡았을 때 탁상 달력에 D-100일부터 엑스 표시를 했던 적이 있었다. 호기심이 많은 아이가 물었다. 대체 그날이 무슨 날이냐고.

그해는 반항하는 아이들의 사건 사고와 학폭 사건으로 필자가 10년은 늙은 해였고, 아이들의 절도로 경찰서 참고인 조사까지 받은 해였다. 영화 '쇼생크 탈출'의 주인공의 심정을 이해할 것 같은 나날이 참 힘에 겨웠다. 그해의 아이들과 '안녕'을 이야기하는 날 비가 온다면 그 비를 다 맞으며 만세를 부를 수도 있을 것 같았다.

언제부터인가 제자들의 연락이 솔직히 반갑지만은 않다. 이건 필자만의 생각이 아니라 대한민국 교사라면 대부분 비슷할 것이다. 중학교에 진학한 아이들이 종종 필자를 찾아올 때면 피자니 떡볶이니 무언가 먹을 것을 당연히 제공해야 하는 느낌적인 느낌으로 부담스럽다. 실제로 아이들이 와서 가장 먼저 하는 말이 "선생님 배고파요", "선생님 뭐 사주세요"이다. 그래도 찾아와 준 것이 고마워 자꾸 사 주다 보면 이게 또 소문이 나서 아이들이 그룹을 지어 자주 놀러 온다.

"얘들아! 선생님은 그냥 조용히 잊혀지고 싶다!"

성인이 된 아이들은 극단적으로 두 그룹이다. 정말 선생님을 존경하고 사랑해서 찾아오는 기특한 녀석들과 무언가 자신의 이익을 쟁취하고자 등장하는 녀석들의 무리다. 십여 년 만에 나타나서 돈을 꿔 달라고 한다거나 다단계의 물건을 판다거나 스토커처럼 자신의 사랑을 고백하기도 한다. 얼마 전 뉴스에서는 한 여교사가 사회복무요원이 된 제자의 스토킹에 위험에 처한 사건이 보도되기도 했다. 교육청의 스승 찾기나 제자라는 이유로 학교에서 교사의 개인정보를 알아내 협박을 일삼는 경우가 드물게 있다.

필자에게도 사랑하는 제자가 '가상화폐'에 투자할 것을 지나치게 권해 연락을 끊은 가슴 아픈 기억이 있다. 아이들은 어릴 때 봤던 선생님의 모습을 기억하고 선생님은 그 아이들의 어릴 적 모습을 기억한다. 하지만 아이들도 성인이 되는 과정에서 겪은 여러 서사가 있을 것이다. 아이들이 어떻게 자랐을지 어떤 성인으로 성장했을지 정말 궁금하지만 그들이 겪은 인생의 서사가 두렵기도 하다.

"애들아 한 해가 끝나면 우리 그냥 뜨겁게 안녕하자! 선생님은 너희의 삶을 응원하고 또 응원한단다."

다시 시작되는 2월!

마트에서 고기를 살 때 '1++', '1+' 등급에 따라 매겨진 고기의 가격을 본다. 고기 전문가가 아니니 매겨진 등급에 따라 예산과 목적에 맞는 고기를 구입 한다. 교사에게도 S, A, B의 등급이 있다. 매년 교원은 성과급 위원회에서 결정된 등급대로 등급을 부여받고 몇 달 후 등급에 맞는 성과급을 받는다. 아마 교사에게도 성과급이 있다는 것을 처음 아시는 분도 계실 것이다. 교사도 직장인이니 성과에 대한 보상을 받는다.

그러나 '교육'은 바로 그 성과를 알 수 있는 분야가 아니지 않는가? 아이러니하다. 그래도 교사들이 주 몇 시간 수업을 했는지, 학부모 상담은 몇 명을 했는지, 몇 시간 이상의 연수를 들었는지, 어떤 교육 활동을 했는지, 부장을 했는지, 교육 관련 대회의 지도 실적이 있는지 등의 성과는 존재하니 그것을 기준으로 한다.

성과급 산정 기준 예시

○ 정량평가 : ① 학습지도(30점) ② 생활지도(30점)

③ 전문성개발(10점) ④ 담당업무(30점)

○ 정성평가 : ① 교육공무원으로서의 태도(10점) ② 학습지도(30점)

③ 생활지도(30점) ④ 전문성개발(10점) ⑤ 담당업무(30점)

S급의 교사가 있으면 B급의 교사도 있다. 함께 교육 활동을 하면서 등급이 매겨진다는 건 참 슬픈 일이다. 그럼 B등급의 교사는 정말 나쁜 교사일까?

알고 비난하자!

"느그 아버지 뭐하시노? 느그 아버지 뭐하시냐 말이다."

영화 친구에서 부정한 교사가 학생의 뺨을 때리며 던진 대사이다. 이 영화의 배경은 무려 70년대다. 그러나 '아직 교사에 대한 사회적 시선은 그 시절 70년대에 머물러 있지는 않나' 하는 생각이 들 때가 있다.

필자가 2003년에 4학년 담임을 했을 때가 생각난다. 당시에는 흰 봉투만 봐도 경기를 일으킬 만큼 촌지에 예민했는데 한 어머니께서 촌지를 가지고 오셨다. 상담이 끝난 후 촌지 봉투를 던지듯 책상 위에 놓고 가시는 어머니를 붙잡아 다시 돌려드리는 실랑이를 벌이다, 어머니께서 그냥 편지니 읽어 보시라 하여 반신반의하며 받은 적이 있었다. 촌지라는 걸 확인한 후에는 다음날 책갈피에 장문의 편지와 함께 넣어 아이 편에 돌려보냈다. 이건 내 명예를 걸고 결단코 사실이다.

그러나 불행히도 어머니가 봉투를 두고 가시는 걸 목격한 아이가 있었다. 물론 그 아이에게 돌려드리는 건 보여 주지 못했다. 오랜 시간이 흘렀지만 그때 그 아이를 붙잡고 이야기하고 싶다. 선생님은 촌지를 받지 않았다고 말이다. 그 아이의 기억 속에 나는 촌지를 받은 교사일지도 모른다는 생각에 지금도 얼굴이 화끈거린다.

교사도 먹고 살 만큼 월급을 받는다. IMF때 선배들의 이야기를 들어 보면 고통 분담의 차원에서 월급을 70만 원 받았던 적도 있었다고 한다. 하지만 지금은 많지는 않지만 일반 기업 초봉 수준은 된다. 물론 일반 기업처럼 월급이 팍팍 오르지 않는 게 문제지만 말이다.

교직 생활을 하면서 한번도 보지 못했지만 아직도 촌지를 받는 교사가 있다면, 맘카페에서만 설왕설래하지 마시고 꼭 신고해 주시기 바란다. 그리고 교사에 대한 오해는 풀어 주시기도 바란다.

일반 직장을 다녀 보지 않아서 요즘 직장의 복지 수준을 잘 모르겠다. 혹시 아이들 하교 후에 교사들이 교실에 앉아 커피를 마시는 것을 보면 어떤 생각이 드는가? '우리의 피 같은 세금으로 커피나 타 먹고 쯧쯧' 이라고 생각하지는 않았는가? 혹시 오해하고 있다면 이 기회에 꼭 풀기를 바란다. 교사들은 자기 돈으로 커피 등 간식을 산다. 학년 친목회에서 매달 돈을 걷어 연구실에 비치할 커피와 각종 간식류를 사 놓는다. 그러다 학부모 상담을 하거나 커피를 대접해야 할 일이 있을 때는 그야말로 '내돈내산(내가 돈 주고 내가 산)'인 간식을 내어놓는다.

이 이야기를 직장인 친구에게 했더니 깜짝 놀라며 그 정도 복지도 안

해 주는 줄은 몰랐다고 한다. 회식은 어떤가? 회식도 '내돈내산'이다. 1
년에 한 번 운동회 같은 행사가 있을 때 '설렁탕' 정도의 음식은 판공비
등에서 얻어 먹을 수 있지만 모든 회식은 매달 월급에서 떼는 '친목회
비'에서 지출된다. 정말 교직은 모든 게 '내돈내산'인데 이걸 아는 분들
이 많이 없는 것 같다.

출장비!

맡은 업무에 따라 출장의 빈도가 다르겠지만 교사들도 교육청을 가거
나 체험학습 장소를 사전 답사하는 등의 출장이 생긴다. 그럼 두 시간
이내는 만 원, 두 시간 이상은 2만 원의 출장 여비가 지급된다. 출장지
가 먼 경우는 기름값도 나오지 않을 때도 있다. 대중교통으로 가기 힘
든 곳을 택시로 가야 할 때는 그냥 내 돈을 내고 가는 게 속 편하다. 그
나마도 학교 예산이 소진되면 출장비가 삭감되기도 한다.

초과 근무 수당!

초과 근무 수당에 대해서는 부정적이 뉴스를 유독 많이 보게 되는 것
같다. 공무원이 초과 근무를 달고 밖에서 볼 일을 보다 퇴근 체크를 하
러 다시 들어온다거나 하여 부정 수급을 받는 경우 말이다.

일단 교사들의 초과 근무 1시간은 무료 봉사로 수당에서 제외되고 시
작한다. 4시간 초과 근무를 해도 3시간만 쳐준다는 말이다. 또 한 달에
최대 57시간을 넘길 수 없다. 학교 예산에 따라 57시간을 초과 근무했
는데 그 시간을 인정받지 못하는 경우도 종종 있다. 3월의 교사는 정말
바빠서 유독 초과 근무하는 선생님들을 많이 보는데 70시간을 초과 근

무해도 수당은 57시간 분만 나온다니 조금 불합리하다고 생각한다. 정말 놀라운 일은 '야간 자율 학습'을 지도하는 고등학교 선생님들도 이 57시간에 묶여 수당을 받는다는 사실이다. 애초에 야간 자율 학습 수당이란 없다. 한 달에 몇 시간 야간 자율 학습 감독을 하든 한 시간은 무조건 봉사이고 초과 근무는 월 57시간만 인정받는다. 교사들도 가정이 있는데 야간 자율 학습 감독 선생님들의 노고가 참 서글프다.

연금!

교사를 보는 오해의 시각 중에 하나가 '공무원 연금'이다. 마치 세금을 끌어다 교사들에게 특혜를 주는 것처럼 생각하시는 분들도 있을 것이다. 그러나 이 문제에 교사들은 '취업 사기'라는 말로 울분을 표하고 싶다. 대부분의 공무원들이 그렇겠지만 교사를 직업으로 택한 사람들은 안정된 근무 환경과 안정된 노후 생활도 그 선택의 기준이 되었을 것이다. 이 안정됨을 곱지 않은 시선으로 보시는 분들도 있을 것이다.

그러나 대부분의 사람이 모르는 게 있다. 필자 기준으로 40대 교사들은 월급에서 월 40만 원 정도의 기여금을 뗀다. 기여금은 매년 물가 상승률을 반영하여 오른다. 만약 월 40만 원의 기여금을 내던 교사가 휴직을 1년 하고 복직을 한다면 복직한 해에 매달 월 80만 원을 떼거나 한꺼번에 1년 치의 기여금 약 5백만 원을 일시 입금하고 복직을 해야 한다. 휴직 기간이 길어진다면 중간중간 기여금 정산을 한다.

왜냐하면 복직 후 연차가 쌓여 호봉이 오르면 물가 상승률이 반영된 기여금을 내야 하기 때문이다. 휴직 때의 기여 금액이 아닌 복직 후에 오른 기여금으로 밀린 기여금을 내야 하니 미리 기여금을 내려고 대출을 받는 교사들도 있다.

　필자가 말하고 싶은 건 교사들은 자기가 낸 만큼 추후에 연금을 받는 것이다. 교사들 평균 수명이 일반 직장인들의 수명보다 길지 않다는 조사를 본 적이 있는데 내가 낸 금액만큼은 받을 수 있을지 모르겠다.

　게다가 교사의 연금 개시일은 퇴직 직후가 아니다. 내가 40대에 퇴직해도 50대에 퇴직해도 연금은 현재 기준 만 60~65세가 되어야 받을 수 있다. 바뀐 연금 규정에 의해 퇴직 년도 대비 받는 나이의 순은 60세부터 65세까지 사람마다 다르다. 그렇다면 40대의 교사가 현 시점에 퇴직한다면 20년은 벌이가 없다는 이야기가 된다. 내가 낸 기여금이 있지만 법에 따라 그 돈은 보관되고 60대가 되어야 그것도 연금 개악으로 반토막 난 연금을 받게 된다. 20년 후의 백여 만 원이 현재 시점 어느 정도의 가치를 갖게 될 지는 모르겠지만 현재로 가정해도 노후에 백여 만 원으로 한 가정이 살아갈 수 있을지 걱정이다.

　또, 교사가 노후에 임대 소득이 있거나 이자 소득이 일정 부분 이상 발생하면 그나마 받는 연금도 깎인다. 평균 잡아 30만 원을 교직 생활 기간 동안 30년 불입하면 1억이 넘는데 만 60세 이상부터 한 달에 백여 만 원을 받는다면 내가 낸 돈을 이자 없이 원금만 받아도 최소 10년 이상은 살아야 본전이다. 그러니 연금이 공무원의 특혜인 것처럼 오해하지 말아 주길 바란다.

　필자는 오늘도 출근 전에 영양제 한 줌을 삼킨다. 물가 상승률과 이자 소득까지해서 본전을 찾으려면 오래 살아야 하니까 말이다.

그들의 계절을 응원하고 지지한다

교실 속에 30송이 꽃봉오리가 앉아 있다.

나는 모든 꽃이 봄에 피리라 기대하지 않는다. 여름에도 가을에도 눈 내리는 겨울에도 꽃은 피어야 하지 않겠는가!

모든 꽃이 봄에 피길 기대하는 교사는 되지 않으려 한다. 각자의 사연 대로 각자의 역량대로 각자의 계절에 필 것을 기대한다.

나는 내 아이가 자신에 맞는 계절에 꽃피우길 기대한다. 그래서 그들의 계절을 응원하고 지지한다. 속이 타고 애닳을 때도 있지만 참고 기다리 는 일에 익숙해지려 한다. 어떤 꽃은 4계절 내내 피고 어떤 꽃은 십 년 에 한 번 펴서 애를 태우기도 하지만 꽃을 기다리는 것도 인생의 묘미 가 아니겠는가?

아이가 피어나길 기다려 주는 일! 속도가 아니라 자신의 깜냥만큼 크고 자신의 속도대로 피어나는 아이를 기다려 주는 일이 부모와 교사가 해 주어야 하는 일이 아닐까 싶다. 이 세상의 개똥이, 소똥이와 무명 씨로 최선을 다해 오늘을 살아가는 개똥이, 소똥이의 부모들에게 박수를 보 내며 이 글이 오늘을 살아가는 위로가 되었으면 좋겠다.